राजेन्द्र यादव

राजेन्द्र यादव का जन्म 28 अगस्त, 1929 को आगरा में हुआ।

उन्होंने आगरा विश्वविद्यालय से एम.ए. (हिन्दी) किया।

उनकी प्रकाशित पुस्तकें हैं—'देवताओं की मूर्तिया', 'खेल-खिलौने', 'जहाँ लक्ष्मी कैद है', 'अभिमन्यु की आत्महत्या', 'छोटे-छोटे ताजमहल', 'किनारे से किनारे तक', 'टूटना', 'ढोल और अपने पार', 'चौखटे तोड़ते त्रिकोण', 'वहाँ तक पहुँचने की दौड़', 'अनदेखे अनजाने पुल', 'हासिल और अन्य कहानियाँ', 'श्रेष्ठ कहानियाँ', 'प्रतिनिधि कहानियाँ' (कहानी-संग्रह); 'सारा आकाश', 'उखड़े हुए लोग', 'शह और मात', 'एक इंच मुस्कान' (मन्नू भंडारी के साथ), 'मंत्र-विद्ध और कुलटा' (उपन्यास); 'आवाज तेरी है' (कविता-संग्रह); 'कहानी : स्वरूप और संवेदना', 'प्रेमचन्द की विरासत', 'अठारह उपन्यास', 'काँटे की बात' (बारह खंड), 'कहानी : अनुभव और अभिव्यक्ति', 'उपन्यास : स्वरूप और संवेदना' (समीक्षा-निबन्ध-विमर्श); 'वे देवता नहीं हैं', 'एक दुनिया : समानान्तर', 'कथा जगत की बाग़ी मुस्लिम औरतें', 'वक़्त है एक ब्रेक का', 'औरत : उत्तरकथा', 'पितृसत्ता के नए रूप', 'पच्चीस बरस : पच्चीस कहानियाँ', 'मुबारक पहला क़दम' (सम्पादन); 'औरों के बहाने' (व्यक्ति-चित्र); 'मुड़-मुड़के देखता हूँ...' (आत्मकथा); 'राजेन्द्र यादव रचनावली' (15 खंड)। अगस्त, 1986 से 27 अक्टूबर, 2013 तक प्रेमचन्द द्वारा स्थापित कथा-मासिक 'हंस' का सम्पादन। चेख़व, तुर्गनेव, कामू आदि लेखकों की कई कालजयी कृतियों का अनुवाद।

28 अक्टूबर, 2013 को उनका देहावसान हुआ।

जहाँ लक्ष्मी क़ैद है

राजेन्द्र यादव

राधाकृष्ण पेपरबैक्स

पहला पुस्तकालय संस्करण
राधाकृष्ण प्रकाशन प्राइवेट लिमिटेड द्वारा
1957 में प्रकाशित

राधाकृष्ण पेपरबैक्स में
पहला संस्करण : 2009
पाँचवाँ संस्करण : 2022

राधाकृष्ण पेपरबैक्स : उत्कृष्ट साहित्य के जनसुलभ संस्करण

राधाकृष्ण प्रकाशन प्राइवेट लिमिटेड
जी-17, जगतपुरी, दिल्ली-110 051
द्वारा प्रकाशित

शाखाएँ : अशोक राजपथ, साइंस कॉलेज के सामने, पटना-800 006
पहली मंजिल, दरबारी बिल्डिंग, महात्मा गांधी मार्ग, प्रयागराज-211 001
36 ए, शेक्सपियर सरणी, कोलकाता-700 017

वेबसाइट : www.radhakrishnaprakashan.com
ई-मेल : info@radhakrishnaprakashan.com

बी.के. ऑफसेट
नवीन शाहदरा, दिल्ली-110 032
द्वारा मुद्रित

मूल्य : ₹250

JAHAN LAKSHMI QAID HAI
Short Stories by Rajendra Yadav

ISBN : 978-81-8361-345-3

क्रम

जहाँ लक्ष्मी क़ैद है

ओवर-हीयरिंग

—हलोऽऽ, राजेन्द्र यादव हैं न ?

—जी, बोल रहा हूँ, आप कौन...? अरे, तुम हो—

—हाँ, हैं तो हम ही। तुम्हारी एक नई किताब 'जहाँ लक्ष्मी क़ैद है' हमारे हाथ में है। सोचा, पढ़ने से पहले कुछ पूछ ही डालें...

—देख लो, तुम्हें हमेशा यही शिकायत रहती है कि मैं कुछ लिखता नहीं। कितनी जल्दी लिखी है किताब !

—सच ?—झूठेऽऽ ! नई लिखी है ? ये कब लिख डाली ? कोई कहता था : कहानियाँ सब इधर-उधर छपी हुई हैं।

—तो क्या हो गया ? कहानियाँ तो इधर-उधर छपती ही हैं। कुछ राय दो न इन पर।

—हूँऽ, तो आप हमें पुरानी चीज़ों से बहका रहे हैं ! तुम बस नया कुछ लिखोगे ही नहीं, और झूठ पर झूठ बोलते जाओगे। तुम भी बस, हो गए ख़त्म।

—हिश्श्, क्या बकती हो ? अभी तो देखना ऐसी-ऐसी चीज़ें दूँगा कि चेतना के सारे स्तर और आयाम खुले रह जाएँगे।

—बस, बस, बस। लगे न अपनी तारीफ़ ख़ुद करने ! तुम यही अपने मुँह से मत किया करो। कुछ लिखो न नया...

—क्या करें भाई, तुमने लाकर ऐसी जगह फँसाया है कि लिखने-सोचने की फ़ुर्सत ही नहीं मिलती। ये बंगाली लेखक कैसे लिखते होंगे यहाँ...?

—हम कहते हैं, तुमसे कुछ नहीं होगा। अपने घर जाओ, आगरे...और कुछ अच्छी चीज़ें लिखो।

—आख़िर अच्छी चीज़ों की तुम्हारी परिभाषा क्या है ?

—अरे ऐसी कहानियाँ जो मन पर छाई रहें—जैसे कृष्णा सोबती की 'बादलों के घेरे' है।

—अच्छा, तुम्हें अमरकान्त की 'ज़िन्दगी और जोंक' नहीं पसन्द आई ?

—नहीं भाई, ऐसी कहानियाँ नहीं। हमें तो पहले जैसी कहानियाँ पसन्द हैं।

—तो सुनो, तुम्हारी इस विकृत रुचि को हालाँकि 'उखड़े हुए लोग' में पद्मा और जया शरद की साहित्यिक बहस में काफ़ी कण्डेम कर चुका हूँ, अब फिर बताए देता

हूँ कि मुझसे वे कहानियाँ नहीं लिखी जातीं, जिनमें लोग अपने-आपको निश्चेष्ट और निरुपाय होकर मरने-घुलने को छोड़ ही नहीं देते, उसमें एक शहीदाना आनन्द भी लेते हैं, और लेखक है कि उसे अतिरिक्त घुटन देकर चित्रित कर डालता है।

—क्यों, ऐसा होना क्या बिल्कुल अस्वाभाविक है ?

—देखो, मेरे पिता डॉक्टर थे और ज़िन्दगी के आठ-दस साल मैंने उन्हीं के साथ अस्पतालों में काटे हैं। हज़ारों लोगों को अलग-अलग बीमारियों से मरते-जीते देखा है। कैसे-कैसे केस मैंने देखे हैं कि तुम सोच भी नहीं सकतीं। लेकिन मुझे अभी तक एक भी उदाहरण ऐसा याद नहीं है जिसमें किसी ने सचमुच दिल से मरने की कामना की हो। मौत से एक-एक पल खुरच-खुरच कर जीने की इच्छा ही वहाँ देखने को मिलती है। उन्हें देखकर मालूम पड़ता है कि शरीर को जीर्ण वसन कहकर सुख पाने वाली ये दार्शनिक कल्पनाएँ कितनी झूठी हैं, और ज़िन्दगी कितनी प्यारी चीज़ है : भीषणतम यातनाओं में मैंने ज़िन्दा रहने की आकांक्षा देखी है। जहाँ मुँह से मरने की इच्छाएँ प्रगट की जाती हैं, वहाँ भी जल्दी-से-जल्दी इन यातनाओं से मुक्ति पाना ही प्रमुख है, मृत्यु-प्रेम नहीं। इसलिए इन शौक़िया मरने वालों की बातें मेरे गले नहीं उतरतीं। 'ज़िन्दगी और जोंक' में जीवन और मृत्यु की जो 'नैक-टु-नैक फ़ाइट' है उसने मुझे झंझोड़ डाला है।

—लगे न फिर लैक्चर पिलाने ! तुमने अपनी कहानियों में यही तो थीम ली होगी ?

—जी हाँ, आप कोई कहानी देख लीजिए। जड़ता, मौत और जहालत की प्रतिक्रियावादी शक्तियाँ और उनसे ज़द्दोजहद करता जीवन !

—बकवास ! तुम्हारी 'खेल-खिलौने' में यह है ! 'सारा आकाश' में है यह ?

—देखो, इतनी ऊपरी निगाह से मत देखो। लोग सच्चा-सुखी-शान्त जीवन पाने की अभिलाषा में संघर्ष करते-करते हार जाएँ, यह आज हमारी मजबूरी और सीमा है। जोश में आकर इससे आगे अक्सर ही हम लोग काल्पनिक आदर्शवादी और हवाई हो जाते हैं। जब उफनता और बलबलाता जीवन हारकर दम तोड़ देता है, तो क्या सचमुच हमारे मन में यह बात ज़ोर से नहीं उठती कि 'इसको बचाने का क्या कोई रास्ता है ही नहीं ? क्या ऐसा अमूल्य जीवन बच नहीं सकता ?' और यही प्रश्न हमें सुन्दरतर जीवन-निर्माण की ओर प्रेरित करता है। उस स्थिति में मरते हुए-से साधारणीकरण या तादात्म्य नहीं होता—उस समय उसके प्रति अनुरक्ति और सहानुभूति; उन मारनेवाली परिस्थितियों और शक्तियों के प्रति एक उदात्त क्रोध और सात्त्विक घृणा जगाकर हमारी कार्य-शक्ति को उद्वेलित करती है।

—बड़ी ऊँची-ऊँची बातें रट ली हैं। अपने इस कथन को 'कमज़ोर लड़की की कहानी' पर तो घटाना ज़रा।

—मान गए भाई, तुम्हारी निगाह तेज़ है। सच पूछो तो 'कमज़ोर लड़की' वाली कहानी को लोगों ने प्रायः गलत समझा है। यों भी कह लो कि उसमें मैं असफल रहा हूँ। अधिकांश उसकी ऊपरी तड़क-भड़क—शब्द-जाल में ही फँसे रह गए। यों मेरी निगाह में कहानी का कथ्य कमज़ोर नहीं है, लेकिन शायद उसे मैं शक्तिशाली रूप में

प्रस्तुत नहीं कर पाया। यह ठीक है कि उसमें आज के बहुत बड़े नेता की जीवन-घटना को ज्यों का त्यों उठाकर रख दिया गया है; क्योंकि उसमें आज की लड़की के जीवन की भयंकर ट्रेजेडी व्यक्त होती है। वह खुद किस प्रकार अपने को धोखा दिए चली जा रही है। वह प्रेमिका और पत्नी दोनों की भूमिकाएँ एक ही साथ ईमानदारी से निबाहने का ढोंग करती है—जबकि वह वास्तव में न तो सच्ची प्रेयसी है और न निष्ठामयी पत्नी। वजह यह है कि आज उसके लिए दोनों जीवन के दो अलग ध्रुव हैं। ट्रेजेडी यह नहीं है कि वह दोनों के प्रति सच्ची क्यों नहीं है, ट्रेजेडी यह है कि वह दोनों में से किसी को अपने जीवन से झटककर नहीं निकाल पाती। परिणाम में दोनों अपनी तलख़ी में उस पर कमज़ोर होने का आक्षेप करते हैं—और इस तलख़ी का भी कारण वह स्वयं ही बनती है। कोई सह लेता है, कोई नहीं सह पाता। आज की लड़की...

—छोड़ो भी, लड़की...लड़की...लड़की, तुम्हारे दिमाग़ पर सिर्फ़ लड़की छाई है। और कुछ लिखने को नहीं रह गया ?

—इस सादगी पर कौन न मर जाए ऐ खुदा...अच्छा, तुम्हीं बताओ, आज की लड़की के जीवन का यह द्वैत, आज के नारी-पुरुष के बीच, अर्थात् स्वस्थ सामाजिक सम्बन्धों की खाई नहीं है ? पुरुष अपने-आप में घुटता-उलझता है, औरत अपने में। स्वस्थ सम्बन्धों की कल्पना कैसे हो सकती है ? यह खाली प्रेम कहानियों वाली समस्या नहीं, एक भयंकर सामाजिक प्रश्न है कि इस सामूहिक निर्माण की बेला में कब तक वे आख़िर अपने-आपसे अलग-अलग लड़ते रहेंगे ? यह रोटी की समस्या, जीवित रहने की समस्या, युद्ध और शान्ति की समस्या...ये सब अकेले-अकेले ही निपटने की चीज़ें हैं ? आदमी की जीवनी-शक्ति को सबसे अधिक तोड़ती है ये धर्म और धन की दीवारें, रूढ़ियाँ, संस्कार, झूठे नैतिक ढकोसले जिनके पीछे एक मरती हुई आर्थिक व्यवस्था है। उन सबका शिकार क्या पुरुष की अपेक्षा नारी ही अधिक नहीं है ? उसे ही इन सबके बीच में रहते, इन्हीं से 'गुड कण्डक्ट' का सर्टिफिकेट लेते हुए सबसे अधिक कीमत नहीं चुकानी पड़ती ? और अपनी इन कमज़ोरियों और नाज़ुक पक्षों के कारण परिस्थितियों को बदलने में पुरुष का साथ देने की अपेक्षा उसके लिए वह एक समस्या नहीं बन जाती ? प्राकृतिक और मानवीय, किसी भी दृष्टि से छोड़ा उसे जा नहीं सकता। तो फिर कब तक उसे बाधा और समस्या का रूप दिए रखें ? सत्याग्रह के युग में पुरुष ने नारी के साथ प्रकृति विरोधी प्रयोग करके जो व्यापक और घातक फ्रस्ट्रेशन पाया था उसके अभिशप्त प्रेत क्या तुम्हें हर जगह आज हमारे समाज के कर्णधार बने नहीं दिखाई देते...?

—अच्छा, बस-बस। जनाब, आप टेलीफ़ोन पर बात कर रहे हैं, रामलीला के मैदान में मंच पर नहीं खड़े हैं। कहाँ से बात शुरू की और कहाँ पहुँचा दी ! कहाँ प्रेम-कहानियाँ और कहाँ ये गम्भीर मसले ! हमें शब्दों में मत बहलाओ।

—तब ठीक है। जब तुम्हारे लिए प्रेम और समाज-निर्माण के गम्भीर प्रश्न दो विरोधी बातें हैं तब मैं कह ही क्या सकता हूँ ! लेकिन याद रखो, जिस समाज में धर्म

और धन के कारण पत्नी और प्रेयसी; पति और प्रेमी—ये दो व्यक्ति न रहकर तीन होने को बाध्य हैं—वह समाज का स्वस्थ रूप नहीं है। तुम्हें इन त्रिकोणात्मक प्रेम-कहानियों के पीछे आज का कोई भयंकर मसला नहीं दिखाई देता ? प्रेम की समस्या को सिर्फ़ मध्यवर्गीय मानसिकता का विकृत और कुंठित प्रतिबिम्ब बताकर एक तरफ हटा फेंकना सारे सामाजिक ढाँचे को नज़रअन्दाज़ करना है, और उसी ग़लती को दुहराना है जो संकीर्णतावादी उतावले आलोचक कर चुके हैं। वे लोग आर्थिक रूप में आने वाली तीन व्यवस्थाओं की बातें सोचते थे और हर सामन्तवादी चिह्न को उखाड़ फेंकने के नारे लगाते थे; लेकिन नैतिकता अर्थात् नारी-पुरुष के सम्बन्धों और परिवार के नए रूपगठन के बारे में घोर सामन्तवादी ज़हनियत रखते थे। उनके लिए नारी और सेक्स उतना ही हेय है, जितना पुराने योगियों और ब्रह्मचारियों के लिए। भाई, प्रेम कोई हवाई चीज़ तो है नहीं—मूलतः व्यक्तियों के पारिवारिक गठबन्धन की प्राकृतिक स्फुरणा है जो समाज की सबसे स्वस्थ इकाई है। इसे मध्यवर्ग की...

—देखो, देखो, एक बात कहते-कहते अपने को दूसरे आरोप से मत बचाओ। तुम्हें दुनिया में मध्य-वर्ग के सिवा कुछ और लिखने को ही नहीं दीखता।

—आरोप से नहीं बच रहा। मैं तो खुलकर कहता हूँ कि मैं निम्नमध्यवर्ग को जानता हूँ और प्रायः उसी के बारे में लिखता हूँ। और यह भी कहता हूँ कि कुछ वर्गों पर ही लिखने को जो प्रगतिशीलता मानते हैं, उन्हें अभी इस शब्द तक का अर्थ समझने में समय लगेगा। प्रगतिशीलता आदेश नहीं, एक दृष्टि है और उस दृष्टि से समाज के हर वर्ग पर लिखा जा सकता है। उत्तर-प्रदेश में शहरी-मध्यवर्गीय लोगों की कहानियों को मैं तेलंगाना और केरल के गाँव वालों पर फ़िट करके कहानी नहीं लिख पाता। मेरी ग़ैरत और ईमानदारी इसे स्वीकार नहीं करती। गाँव के बारे में लिखना आज फ़ैशन है, यह ठीक है। लेकिन यह तो हमेशा ही हुआ है कि कुछ लोगों के लिए जो जीवन और मरण के प्रश्न रहे हैं, वे बहुतों के लिए फ़ैशन हैं। बढ़िया शानदार ड्राइंगरूमों में आज लोक-कला और चित्र फ़ैशन ही तो हैं। आज लोक-कला है, कल देशी-विदेशी कोई और कला आ जाएगी तो वे सब सज्जा और साज-सामान, पर्दे और फ़र्नीचर उठकर पीछे चले जाएँगे...

—अरे जाओ ! ये मध्यवर्गीय लोग ही सबसे ज़्यादा फ़ैशन-परस्त होते हैं...

—तो संसार में जो जैसा है उसे जैसे का तैसा ही स्वीकार करने का प्रण मैंने कब किया ?

—अच्छा छोड़ो, अब हमें किताब पढ़ने दो। ये दुनिया भर की बकवास अब बन्द ! कहानियाँ अच्छी लगीं तो तुम्हारी बातों पर भी सोच देखेंगे, नहीं तो कहते तो सभी एक से एक अच्छी बातें हैं। तुम लोगों के पास शब्द बहुत सस्ते हो गए हैं न आजकल।

—हाँ, यह शर्त तो सबसे पहले होनी चाहिए। लेकिन कुछ बातें बताना चाहता था। कहानियाँ पढ़ने से पहले उन्हें ध्यान में रख लेतीं तो बहुत अच्छा होता...

—नहीं, नहीं, यह सब बाद में। अब और बात मत करो। पढ़ने दो। इतनी ही

शामत क्या कम है कि किताब हाथ में लेकर इतना लैक्चर निगलना पड़ा। पढ़कर बताएँगे। तभी तुम्हारी बातें सुनेंगे...

—बताना ज़रूर। वह राय अच्छी कहानियाँ लिखने में मदद देगी। देख लो, यह भी ट्रेजेडी है कि लेखक से घृणा और लेखन से प्रेम...पढ़ने की जल्दी में उसकी इतनी-सी बात भी न सुनी जाए...कि इन कहानियों को इस रूप में लाने में भाई कमलेश्वर की मदद कितनी उल्लेखनीय रही है, और तुम तो दी'...

—अच्छा, बस !

1956

एक कमज़ोर लड़की की कहानी

भूमिका

पाठको, इसमें मैंने सुखान्त और दुखान्त दोनों प्रकार की रुचि रखने वालों के लिए कहानी कही है। आपमें से बहुतों ने अपनी सच्ची लगन से किसी पड़ोसिन लड़की से अवश्य ही प्रेम किया होगा, और बहुत सम्भावना है—बहुत क्या निश्चय ही—उस लड़की की शादी आपके देखते-देखते दूसरे के साथ हो गई होगी। तब आप रोए होंगे, मन-ही-मन घुले होंगे और अक्सर आत्महत्या की बात सोचा करते होंगे। लेकिन फिर सभी कुछ ठीक हो गया होगा। आप अपनी ज़िन्दगी के संघर्षों में, नौकरी की तलाश में या ऑफ़िस की फ़ाइलों में खो गए होंगे, लड़की अपने पति के साथ बच्चे पैदा करने में लगी होगी। और दोनों उस बात को बचपन की बात कहकर भूल गए होंगे। बड़े होकर आप अत्यन्त रखवाली रखते होंगे कि कहीं आपका लड़का भी किसी लड़की से बचपन का यही खेल न खेलने लगे, और आपकी भूतपूर्व प्रेमिका अपनी लड़की को हमेशा अपनी आँखों के आगे रखती होगी कि कहीं वह आप जैसे किसी पड़ोसी लड़के के चक्कर में न उलझ जाए और उसे 'जीवन-सर्वस्व' न समझने लगे; जैसा स्वयं उसने कभी आपको समझा था।

ख़ैर, मैं कहानी यहाँ से शुरू करना चाहता हूँ कि प्रेमिका की शादी को हुए बहुत थोड़ा, लगभग दो-तीन साल का समय बीता है। प्रेमी, सुविधा के लिए उसका नाम प्रमोद मानिए, एक प्रसिद्ध नेता बनकर उसी नगर में आया हुआ है जिसमें प्रेमिका रहती है; लेकिन ठहरा वहाँ नहीं है। फिर भी व्यस्तता में से थोड़ा समय निकालकर, जैसे भी हो, उसका इरादा उससे मिल आने का अवश्य है। वह बैठा संध्या को कार्यकारिणी में पढ़ने के लिए आवश्यक रिपोर्ट तैयार कर रहा है। मन-ही-मन प्रतीक्षा वह कर रहा है कि जिस अधिवेशन में वह आया हुआ है, उसके संयोजक से उसने कुछ आँकड़े माँगे थे, वे अभी तक क्यों नहीं आए। उसने उनके पास एक स्वयंसेवक भेजा था और इस समय वह उसी की राह देख रहा है। सुबह के दस बजे हैं, वह पलंग पर बैठा हुआ ही लिख रहा है, अभी जो चाय पी चुका है, वह ख़ाली प्याला पास में रखा है। सामने का दरवाज़ा बरामदे में खुला है—बरामदे में दरवाज़े तक धूप की एक चौड़ी पट्टी आई हुई है। समय जाड़े का है। एक ऊनी शॉल उसके कन्धों पर लापरवाही से पड़ा है। हाथ में फ़ाउण्टपैन खुला है और उसे पीछे से हल्के-हल्के दाँतों पर ठोककर वह कुछ सोच रहा है। बस,

कहानी शुरू करने के लिए इतना काफ़ी है, शेष कहानी के दौरान आता चलेगा।

कहानी दूसरे महायुद्ध से पहले की है।

कुआँ और गूँजती आवाज़

'हुँः, तो आपने मुझे ज़हर देने के लिए बुलाया है ! मैं आऊँगा। यह ज़हर भी तो देखें।' प्रमोद ने मन-ही-मन कहा और हाथ का पत्र मोड़कर जेब में रखने लगा, रखते-रखते फिर एक बार उड़ती निगाह डाली। उसमें चिर-परिचित अक्षरों में केवल यही लिखा था और हर अक्षर में किसी की अलकों की भीनी-भीनी गन्ध थी :

'प्रमोद भैया,

आप यहाँ आए हुए हैं, फिर भी आपने हमारे यहाँ आने की आवश्यकता नहीं समझी। यह तो आपको उचित नहीं है। क्या सन्ध्या को ठीक आठ बजे हमारे यहाँ खाने पर आएँगे ? सच, हम लोग बहुत प्रतीक्षा करेंगे। हाँ, एक बात है, आपसे छिपाना नहीं चाहती। आज का भोजन मैं अपने ही हाथों से बनाऊँगी, यह विशेष रूप से आपके ही लिए होगा, क्योंकि उसमें पोटेशियम साइनाइड मिला होगा। मज़ाक इसमें ज़रा भी नहीं है। लेकिन वह आपको खाना ही है। विशेष क्या ! आप आठ बजे आ ही रहे हैं। आ रहे हैं न ?

आपकी
सविता'

साथ का पत्र संयोजक जी का था, जिसमें कागज़ देर से भेजने के लिए क्षमा-याचना की गई थी, क्योंकि जो सज्जन इन कागज़ों को रख गए थे वे अभी तक नहीं आए थे। एक-साथ दोनों पत्रों को उसने बड़ी लापरवाही से मेज़ के एक कोने में फूलदान से टिकाकर खड़ा कर दिया और स्वयं उस रिपोर्ट में उलझ गया। दो घंटे तक सब कुछ भूलकर वह रिपोर्ट लिखता रहा।

काम समाप्त करके जब उसने सिर ऊपर उठाया और एक थकी साँस ली तो अनजाने ही उसके होंठों से निकल गया, "तो तुम ज़हर खिलाओगी सविता ? अच्छी बात है।" और स्मृतियों की फुहार में हँस पड़ा। पीछे दीवार से पीठ टिकाकर सहारा लिया और गुनगुनाने लगा, 'अमृत हो जाएगा विष भी, पिला दो हाथ से अपने'...अतीत की गुंजलिका धीरे-धीरे खुलने लगी, खुलती चली गई...वह बुदबुदाया, "अब कौन-सा ज़हर रह गया है कि..."

"सचमुच, शर्म तो आपको आ नहीं रही होगी ?"

"किस बात की ?"

"किस बात की ?" उसने चिढ़कर मुँह बनाते हुए दुहराया, "बड़े आए हमें अपनी जूठी कॉफ़ी पिलाने वाले ! पहले शीशे में जाकर अपना मुँह तो देखिए ! जाइए, हम नहीं पीते।" वह ठनक उठी, "पता है, मैं ब्राह्मण की बेटी हूँ, अपनी हैसियत से रहा

कीजिए !"

"बहुत बक-बक मत कर, खोपड़ी तोड़ दूँगा। घर में क्यों घुस आने देते हैं...यहाँ आकर रौब झाड़ने लगी, तेरे पुरखों ने भी देखी होगी कॉफ़ी वहाँ ? वहाँ तो तुलसी का जुशान्दा उबालते हैं।"

"नहीं जी, हमें कॉफ़ी क्यों देखने को मिलेगी ? हिन्दुस्तान के सारे कॉफ़ी के बग़ीचे तो आपके हैं न ! आप ही तो एक इंग्लैंड से नए लौटकर आए हैं न, बड़े आए चलकर हमें कॉफ़ी पिलाने !" मुँह बिचकाकर वह बोली।

"इंग्लैंड से नहीं आए तो तेरी तरह से घर में ही बैठकर पढ़े हैं ? पता है, आप एक बैरिस्टर से बातें कर रही हैं इस समय, बाहर से ही चपरासी भगा दिया करेगा।"

"जी हाँ, बहुत बैरिस्टर देखे हैं, आते हैं तो बड़ा रौब और शान रखते हैं, फिर तो झाड़ू ही लगाते बनता है सड़कों पर !" वह खिलखिलाकर हँस पड़ी।

"अच्छा, बक-बक मत कर, कॉफ़ी पीती है कि नहीं ? ठंडी किए डाल रही है।"

"फिर वही रट; कह दिया कि हे लन्दन-पलट बैरिस्टर प्रमोदजी! आप इस समय लन्दन के किसी क्लब में, किसी मेम के साथ नहीं बैठे हैं कि एक-दूसरे की 'तन्दुरुस्ती' पी जा रही है, जूठी शराब और कॉफ़ी चल रही है; आप इस प्रसिद्ध तीर्थ-नगरी में अपने घर में हैं और कुमारी सविता शर्मा, समझे, शर्मा से बात कर रहे हैं; यह तो कहिए, मैं आपके यहाँ का पानी तब भी पी लेती हूँ, हमारी जाति का कोई सुने तो निकाल बाहर करे—कायस्थों के यहाँ का पानी? राम-राम!" उसने कानों पर हाथ रख लिए।

"तो मुझे भी ज़िद है कि आज तुझे कॉफ़ी पिलाकर ही छोड़ूँगा, बैरिस्टरी मैंने पढ़ी है, छाँट आप रही हैं।"

प्रमोद ने झपटकर उसकी बाँह पकड़ ली और अपना प्याला उठाकर उसके मुँह से लगाकर गुर्राया, "पी...पी...नहीं तो फैलती है..."

"भैया, यह बात ठीक नहीं है, मैं भाभी को आवाज़ देती हूँ...भाभी!" वह नाराज़गी से बोली, "कॉफ़ी-वाफ़ी हम नहीं पीते, हमें स्वाद नहीं आता। हुक्के का-सा पानी, अरे ...मानो..."

"स्वाद नहीं आता? सारी दुनिया कॉफ़ी पीती है, इन्हें अनोखा ही स्वाद नहीं आता।" बाँह छोड़कर प्रमोद ने गर्दन पकड़ ली, और दूसरे हाथ का प्याला खट् से उसके होंठों से लगा दिया। सविता के होंठ जल गए और दो घूँट मुँह में भर गई। एकदम वह सटक गई। सारा मुँह लाल हो उठा, गले की नसें उभर आईं और आँखों में पानी भर आया। उसने दोनों हाथों से प्याला पकड़कर इस तरह साँस ली जैसे डूब जाने पर उबर कर साँस ली हो। प्रमोद ने कप हटा लिया।

"ले अब, रो भाभी से जाकर कि मेरा धर्म नष्ट कर दिया, न जाने क्या पिला दिया!" उद्दण्ड स्वर में वह बोला, फिर कॉफ़ी के प्याले को होंठों की ओर बढ़ाया।

सविता का गला जल गया था और दोनों हाथों से अभी तक गला पकड़ रखा था।

"तुझे तो सीधे मुँह कभी कुछ करने को कहे ही नहीं। बस, गर्दन पकड़ी और काम

करा लिया।'' बात समाप्त करके उसने फिर प्याला अपने होंठों की तरफ़, जहाँ कुटिल मुस्कराहट नाच रही थी, बढ़ाया।

''तुम्हारी भी आज बाबूजी से शिकायत नहीं की तो मेरा नाम नहीं। लन्दन से लौटकर आए हैं, इस मारे यहाँ आदर करते-करते मरे जाते हैं, और आप साहब हैं कि किसी को बदते ही नहीं, अपने सामने। हमारा सारा गला जल गया। अरे, अब उसे क्यों पीते हैं, मेरे मुँह से निकल आई थी–हाय-हाय, कैसे गन्दे हैं! छिः छिः!'' घिन से दोनों हाथ झटककर वह बोली, ''भैया, सच, तुम तो जब से पढ़-लिखकर आए हो, बिलकुल मलेच्छ हो गए हो, और लेके अपनी जूठी कॉफी पिला दी। भैया, सच बात है, ऐसे तुम मेरा धरम नष्ट करोगे तो मैं यहाँ झाँकूँगी भी नहीं, समझे!'' उसने ऐसा भाव दिखाया जैसे कॉफ़ी उसके पेट से वापस उमड़ी आ रही हो।

''झाँकने को कौन मैं तेरे हाथ-पाँव जोड़ने गया था कि हे सविता रानी जी, आपके बिना हमारा घर सूना पड़ा है, आप चलिए, नहीं तो मुहूर्त निकला जा रहा है।''

''हाय, कोई सुने तो क्या कहे? जाने क्या-क्या बके जा रहे हो ! भैया, हमें ये सब बातें अच्छी नहीं लगतीं। तुम्हें तो कुछ शरम-लिहाज़ है नहीं। जब से आए हो, जो मुँह पर आता है, बक देते हो, एक तो अपनी जूठी-जूठी चीज़ खिलाकर हमारा धरम नष्ट कर दो और ऊपर से ये सब कहनी अनकहनी कहो।''

''बड़ी आईं धरम-करम की रट लगानेवाली ! धरम की बच्ची, धरम तो तेरा तभी नष्ट हो गया जब तू जान-बूझकर यहाँ आई।'' फिर एक ओर मुँह फेरकर जैसे किसी अनुपस्थित व्यक्ति को सम्बोधित करके बोला, ''भैया, इन ब्राह्मणों की माया ये ही जानें! बाप-भाइयों ने हमारी बिरादरी वालों को भड़काकर जात से निकाल दिया, लड़का इंग्लैंड हो आया है और बेटी है कि चौबीस घंटे बस हमारी ही छाती पर सवार रहती है, न पढ़ने देती है न लिखने।'' एकदम उसकी ओर मुँह करके बोला, ''अच्छा, आप भागिए यहाँ से वर्ना फिर मैं बुलाता हूँ पंडितजी को। खबरदार, फिर जो कभी यहाँ आई–बस, वहीं से बैठी अपनी खिड़की से झाँका करो, समझी! वैसे तो जूठी-जूठी है की रट लगा दी, पिलाया तो एक घूँट में आधा कप खाली कर दिया।''

''हाय, झूठ की हद हो गई है भैया, सच! एक तो हमारे होंठ जला दिए, नहीं तो मैं एक घूँट नहीं पीती।''

''पी तो सही। अच्छा, बता, कैसी लगी हमारी जूठी कॉफ़ी?'' उसने ललककर पूछा।

''कड़वी ज़हर, थू-थू, जाने मांस-मच्छी क्या-क्या खाते हैं !'' सविता ने ऐसा मुँह बनाया जैसे नीम की पत्तियाँ चबा ली हों।

''आहा, हमें तो बड़ी मीठी लग रही है, अमृत जैसी ! भई वाह, क्या कहने हैं!'' बाकी कॉफ़ी को आनन्द से एक ही घूँट में पीते हुए वह बोला।

''तो लाओ, थोड़ा और थूक दूँ उसमें। ज़रा और मीठी हो जाएगी।'' धृष्ठता से वह बोली।

“थूकना क्या, तुमने तो छू दिया होंठों से बस, उसमें शहद घुल गया।” उसी तरह से उसने उत्तर दिया।

“तो बस, मैं भाभी से कहे आती हूँ, आज से चीनी-बूरा घर में ज़रा भी नहीं आएगा। मैं कुल्ला करके पानी रख दूँगी, दूध-चाय—सबमें वही पड़ेगा।”

दूर बरामदे में आती भाभी की झलक प्रमोद को मिल गई। वह झटककर सीधा बैठ गया, इधर-उधर पड़ी किताबें सामने खिसकाकर ठीक कर लीं। एक घूँसा सविता की पीठ में मारकर बोला, “बड़ी आप स्वर्ग की देवी चली आ रही हैं कि हमारे खाने में थूकेंगी। अपना मुँह तो देख, महीने भर से दाँत साफ नहीं किए हैं, तमाम बदबू आ रही है। चली आई मटकती हुई, ‘अमें पड़ा दो।’ फिर ऊपर से ये कि हम आपके खाने-पीने में थूकेंगे।”

“हाय राम रे, मार डाला!” सविता दुहरी हो गई।

पाठको, मुझे लगता है कि यह कहानी बहुत हल्की और बचकानी चल रही है। इसलिए इसे थोड़ा गम्भीर रंग देना ज़रूरी है।

तभी भाभी ने प्रवेश किया, “क्यों मारे डाल रहे हो लालाजी, परायी लड़की को? सारी दुनिया में घूम आए, यह आदत नहीं छोड़ी! अरे, अब तो कुछ ढंग सीखा होता। अभी कुछ हो गया तो उसके बाप-भाई जान लेने आ जाएँगे, वैसे ही हमें तो काले पानी की सज़ा है।”

“तो यह हमारे खाने-पीने में थूकने को क्यों कह रही थी?” नकियाकर अपराधी की तरह वह बोला।

“मैं कहाँ कह रही थी...?” मेज़ के पास से हटकर सविता, भाभी से सटकर खड़ी हो गई और भुनभुनाते हुए बोली, “खुद ही तो मुझे...”

“अच्छा, तू नहीं कह रही थी कि आप तभी शुद्ध हो सकते हैं जब गोमूत्र पिएँ, गोबर खाएँ और एक ब्राह्मण कन्या से सात दिन अपने खाने की हर चीज़ में रोज़ थुकवा लिया करें...?”

“मैंने कब कहा?” उसने भाभी का हाथ अपनी पीठ पर ले जाकर अपने हाथ से टटोलकर वह जगह, जहाँ घूँसा पड़ा था, दिखलाते हुए कहा, “देखो, कैसी जगह उछल आई है।”

“हाय, सच्ची लालाजी, कुछ तो सोचा करो। बिचारी के गोला बन गया है। अभी हड्डी-पसली टूट जाती तो कहीं शादी-ब्याह भी नहीं होता...” भाभी ने सहानुभूति से कहा। वे गम्भीर थीं।

“अरे भाभी, सच, तुम भी किसकी बातों में आ गईं ? यह बहुत चालाक है। इसके ज़रा भी नहीं लगी होगी, तभी तो इसने इतना हल्ला मचा रखा है। हल्ला मचाना तो इसके पूरे खानदान का काम है ही, एक तो अपना सारा समय नष्ट करके साहबज़ादी को पढ़ाओ, इनका काम देखो, ऊपर से यह हमारी एक-न-एक उल्टी-सीधी बातें बनाकर भिड़ाएँगी। जाओ, हम नहीं पढ़ाते। ले जाओ अपनी किताब-कापियाँ सब...” उसने

सविता की किताब-कापियाँ मेज़ से नीचे फेंक दीं।

तभी दरवाज़े पर नौकर ने आकर बताया, "बहू जी, छोटे बाबूजी ने बुलाया है।"

"अरे हाँ, लालाजी, मैं तो भूल ही गई, तुम्हारे भाई साहब ने तुम्हें बुलाया है। बाबूजी भी वहीं बैठे हैं। इस बचपने को छोड़ो, ज़रा जल्दी चलो, कुछ ज़रूरी काम है।" भाभी जल्दी से चली गईं।

"बच गए बच्चूजी, अभी सब दाल-आटे का भाव मालूम पड़ जाता। कह देती, अपनी जूठी कॉफी पिलाते हैं।" वह विजेता-सी हँसकर बोली।

प्रमोद ने नहीं सुना। उसके चेहरे का सारा उल्लास और बचपना ग़ायब हो चुके थे, बोझीली छाया उसकी भौंहों पर उतर आई थी जैसे कोई भारी चिन्ता, फ़िक्र और परेशानियों का पहाड़ उस पर टूटने को है। वह खुद ही बड़बड़ाया, 'उँह, एक बार कह दिया, दस बार कह दिया, अब पता नहीं क्यों हर बार पेशी होती है ! ज़िन्दगी सारी तलख़ कर दी।' वह टाई की गाँठ ठीक करता-करता चिन्तामग्न-सा चल दिया। पर जैसे कुछ याद आ गया तो दो क़दम लौटकर अचानक दरवाज़े पर ही धीरे से बोला, "कापी देख लेना।" और वह बाहर निकल गया।

नीचे पड़ी हुई किताब-कापियाँ सविता ने समेट लीं। फिर वह उसी कुर्सी पर बैठ गई जिस पर अभी प्रमोद बैठा था। किताब पास खोल ली और इधर-उधर सावधानी से देखकर कापी खोलकर उस पर झुक गई। कापी में जल्दी-जल्दी में लिखा था :

'सविता मेरी,

इधर घरवालों ने बहुत-बहुत परेशान कर डाला है। फिर से बिरादरी में मिलने की बस यही तरकीब इन लोगों की समझ में आ रही है कि जल्दी-से-जल्दी मेरी शादी कर दें ताकि उनका दल मजबूत हो जाए। उनके साथ तब फिर एक घराना और होगा। मुझे सिर्फ़ एक ही झिझक है कि मेरे विलायत जाने की वजह से ही यह सब मुसीबत आई है। भाई साहब और बाबूजी पीछे पड़े हैं कि दो-दो छोटी बहनें हैं, इनका सब कैसे करोगे, बिरादरी से अलग होकर कैसे और कब तक चलेगा। लेकिन...लेकिन मैं जानता हूँ कि शादी मेरी होगी बस एक के साथ, नहीं तो नहीं होगी। आजीवन यों ही रहूँगा। तुम मेरा साथ दो तो मैं यम से भी नहीं डरता! तुम मेरी प्रेरणा हो, दिग्दर्शक-यंत्र हो, शक्ति हो। शक्ति को लेकर ही तो शिव शिव हैं, और उनमें साहस है कि वे कालकूट पचा सकें! मैं भी यह सारा विष हँसते-हँसते पी जाऊँगा। तुम जहाँ भी रहोगी मेरे सपनों में सुरभित रहोगी, मेरी वाणी में मुखरित रहोगी। सविता, तुम मेरी पूर्णता हो, और अपनी पूर्णता को पाकर ही मैं शेष जगत् की शोषित जनता की अपूर्णता का निदान खोज सकूँगा, एक सधे हुए सन्तुलित जहाज की तरह इन लहरों और आँधियों में अपने मार्ग की ओर बढ़ सकूँगा, वर्ना कॉर्क की तरह यहाँ से वहाँ, अपनी ही अपूर्णता में भ्रान्त फिरने से क्या लाभ? अच्छा हो, आदमी एक किनारे पर बैठा रहे। और यही निश्चय मैंने सूचित कर दिया है उन लोगों को कि शादी या तो जहाँ मैं चाहूँगा वहाँ होगी, नहीं तो समय पड़ने पर एक लम्बा चीवर मैं तैयार करा लूँगा, भिक्षा-पात्र हाथ

में और सारी धरती पैरों के नीचे। तुम बताओ, मैं क्या करूँ? मेरा तो दिमाग़ ख़राब हो गया है।

तुम्हारा ही—प्र.'

सविता पत्र पढ़ चुकी, तभी लीला ने आकर कहा, ''सविता जीजी, भाभी बुला रही है।''

''क्यों, अभी तो वे यहाँ से ही गई हैं?''

''हाँ, कुछ काम है। शायद बैठक में कोई आया है, नाश्ता भिजवाना है। आप ज़रा तैयारी करा दें।''

''अच्छा।''

लीला चली गई तो सविता ने काग़ज फाड़कर ब्लाउज़ में रख लिया और चौके में आ गई। रसोई में भाभी प्लेटें फैलाकर नाश्ता रख रही थीं, सविता को देखते ही बोलीं, ''सविता, ज़रा ये सेब काटकर इनमें लगा दो, मार हल्ला मचा दिया, चार बार भेज चुके हैं नौकर को, नाश्ता भेजो, नाश्ता भेजो। ज़रा जल्दी से ये नाश्ते की तश्तरियाँ तैयार कर ले, बिटिया मेरी।''

सविता नाश्ता लगाने लगी, भाभी ने चाय केटली में भरी और नौकर जब दो बार में उठाकर सारा नाश्ता ले गया तो एक थकी साँस लेकर धम से वे दीवार के सहारे बैठ गईं।

''आज तो सच, बहुत थक गई, सविता!'' फिर बात बदलकर कहा, ''और कहो, तुम्हारे यहाँ क्या हो रहा है? बहुत दिनों से मौसी को लाई नहीं तुम।''

''कौन आ गए हैं ये, जो इनकी ख़ातिरदारी हो रही है?'' सविता ने पहली बात पूछी।

''कुछ नहीं है सविता, हमारा तो सारा घर परेशान है, बाबूजी, तुम्हारे भाई साहब, अम्माजी, सभी एक सिरे से पागल हैं। पता नहीं, लालाजी क्या चाहते हैं?''

सविता मन-ही-मन चौंकी, फिर भी भोलेपन से पूछा, ''क्यों?''

''अरे, क्यों क्या? जब से इंग्लैंड से होकर आए हैं, सारी तो बिरादरी खार खाए बैठी है। सब कुछ, हमारा उठना-बैठना, हुक्का-पानी बन्द कर दिया है। और लालाजी हैं कि अपनी ज़िद पर अड़े हैं, कुछ समझ में नहीं आता। अब तुम्हीं सोचो, दो-दो छोटी बहनें हैं, उन्हें कहाँ देंगे? यों ही चलते-फिरते के हाथ तो पकड़ा नहीं देंगे। उनकी इच्छा ज़रूर पूरी हो जाएगी, लेकिन देख लेना, सारा घर बरबाद हो जाएगा। अम्मा तो शर्तिया ज़हर खा लेंगी।'' उनकी आँखों में आँसू आ गए।

दोनों थोड़ी देर चुप रहीं। फिर जैसे बड़े झिझकती हुई भाभी बोलीं, ''एक काम करोगी, सविता?''

सविता ने प्रश्न-चिह्न भरी आँखों से उधर देखा।

''तुम न समझा देखो ज़रा! सच, रानी, हमारा घर बन जाएगा।'' अनुनय से वे बोलीं।

"मेरी भी कहाँ मानते हैं वे? दो घूँसे मारेंगे, तीन मील दूर जाकर गिरूँगी।" असमंजस में वह बोली।

"तुम्हारे पैरों पड़ती हूँ, तुम समझा दो। देखो, और किसी के बस की बात नहीं है। अब भी तुम देख लो जाकर बैठक में, आदमी आया है। ऐसा-ऐसा पीछे पड़ रहा है, लेकिन कहे जा रहे हैं कि मैं तो संन्यासी हो जाऊँगा।"

भाभी के अनुरोध से कातर होकर, या न जाने क्यों सविता रुआँसी हो आई और घुटे स्वर में बोली, "देखो, मैं कहूँगी तो, लेकिन देख लेना, मानेंगे नहीं। मुझे तो बिलकुल बच्ची समझते हैं।"

भाभी ने इस बार ज़रा ध्यान से उसके चेहरे को देखा और एक बहुत ही महीन मुसकराहट की रेखा उनके उदास बाएँ गाल और होंठों के बीच में झलकी और तत्क्षण ही अदृश्य हो गई; लड़की सबको बेवकूफ़ समझती है। दोनों चुप हो गईं। भाभी बैठी उसके चेहरे के उतार-चढ़ाव का तटस्थ अध्ययन करती रहीं।

उसे दिया गया काम कितना कठिन है, इसे सविता ने उस समय तक नहीं जाना जब तक वह प्रमोद के सामने न आ गई। अगर वह उसे समझा नहीं पाती तो भाभी कहेंगी, यह समझा सकती थी, लेकिन जान-बूझकर ही इसने चाहा नहीं, और अगर समझा लेती है तो? फिर अन्धकार—महान् अन्धकार की अथाह गहराइयों में वह खो जाएगी...

"आपसे कुछ ज़रूरी बात कहनी है।" भाभी के पास से आकर वह चुपचाप गुमसुम उसकी मेज़ पर आकर बैठी रही थी, सामने यों ही किताब-कापियाँ खोल ली थीं, लेकिन पता नहीं क्यों, बार-बार आँखों में आँसू भर आते थे। फिर भी उसने दृढ़ निश्चय कर लिया था कि यहाँ नहीं रोना। रोना घर जाकर है कि मन का सारा गुबार निकल जाए, जी भरकर रोना है। जब प्रमोद आया तो वह चुपचाप कुर्सी से उठकर मेज़ से सटकर खड़ी हो गई और काँपती उँगलियों वाले हाथों से किताब-कापियाँ टटोलने लगी, जैसे उन्हें समेटना चाह रही हो। प्रमोद एक कुहनी मेज़ पर टेककर, उस पर अपना सिर टेके कुछ गम्भीरता से सोच रहा था, शायद बाहर कुछ ऐसी ही बात हो गई थी...

"कहिए, अब आप भी अपनी ज़रूरी बात कह डालिए। जितनी भी ज़रूरी बातें हैं, सब आज ही मेरे सिर पर थोप देना सब लोग; कोई बचने न पाए।" उसने तलख़ी से कहा।

वह अपनी बात कहने के लिए साहस इकट्ठा कर रही थी, लेकिन इस बात से उसने पलकें ऊँची करके प्रमोद को देखा तो उसकी ठोड़ी और होंठ काँप रहे थे, जैसे खाल के भीतर सैकड़ों सुइयाँ एक साथ उठ-गिर रही हों। वह एक क्षण चुपचाप खड़ी रही, फिर ज़रा सकुचाकर बोली, "तो मैं चलती हूँ।" वह मुड़ पड़ी।

"अरे, उस ज़रूरी बात का क्या हुआ?" चौंककर उसने पूछा।

सविता की चाल एक क्षण को ठिठकी। बिना मुड़े ही उसने कहा, "नहीं, कुछ नहीं।"

"रुको!" प्रमोद ज़ोर से बोला और एक ही झटके में उसके पास आ गया। उसकी

बाँह पकड़कर रोकते हुए कहा, "बोलो..."

वह कुछ नहीं बोली, दूसरे हाथ से उसकी कसी उँगलियों को बाँह से हटाकर छुड़ाने का प्रयत्न करती रही। उसने गर्दन दूसरी ओर मोड़ ली।

"भैया...!" उसने कहा, और अगले शब्द जैसे प्रयत्न करने पर भी उसके गले से निकले नहीं। वह एकदम अपना सिर प्रमोद के कन्धे पर रखकर फफक पड़ी।

चिन्तित-चकित प्रमोद स्तब्ध रह गया। सिर्फ़ एक शंका उसके दिमाग़ में गूँजती रही—कोई आ जाए तो! उसकी समझ में इस अप्रत्याशित विस्फोट का कारण नहीं आया। फिर भी उसने सांत्वना के लिए उसके सिर और बालों पर हाथ फेरकर थरथराते गले से कहा, "अब बोल न..."

"तुम मान क्यों नहीं जाते..."

प्रमोद जैसे ऊपर से नीचे तक सन्न रह गया। उसने उसके फैले बालों को पकड़कर अपने कन्धे से चिपका सिर उठाया, बड़ी कठिनाई से उसने कहा, "तुम...तुम... सविता...यी टू ब्रूट्स!" सविता का सिर वहीं आ चिपका।

दोनों थोड़ी देर चुपचाप खड़े रहे, फिर प्रमोद ने निरुद्विग्न स्वर में कहा, "अच्छा सविता, अब तुम जाओ।"

सविता नहीं गई।

"कुछ और ज़रूरी बात?" हल्के व्यंग्य से प्रमोद ने एक क्षण रुककर पूछा, "तुमसे भाभी ने कहा है न? तुम चाहती हो, घरवालों की बोली पर मैं नीलाम की तरह बिकूँ?"

करुण याचना-भरे स्वर में सविता इतना ही कह सकी, "तुम मुझे ग़लत समझ रहे हो।"

"अभी तक तो ज़रूर ऐसी बात थी, अब तो ग़लत समझने का कोई कारण नहीं रह गया।" अपने उद्वेग को अधिकार में रखने की उसमें जितनी भी ताकत थी, उससे वह अपने को इस समय संयत रखे था। स्वर को बहुत स्वाभाविक बनाकर कहा, "मैं तुम्हें काफ़ी मजबूत समझता था। ख़ैर..."

सविता अपराधी की तरह चौखट में लगे किवाड़ों को रोके रखने वाले गुटके को खोल-बन्द कर रही थी...

"लो, देखो..." उसका हाथ पकड़कर प्रमोद उसे भीतर ले आया और अपने कपड़े टाँगने की अलमारी खोलकर उसने बड़ा-सा चैस्टर उतारकर एक ओर गिरा दिया। उसके नीचे एक रुद्राक्ष की माला और ख़द्दर का लम्बा-चौड़ा चोग़ा झूल रहा था। पहले तो विस्मित उत्सुक सविता उसे देखती रही, नासमझ की तरह खुली आँखों से...फिर एकदम दीवार से बाँह टिकाकर फूट-फूटकर रो पड़ी...

प्रमोद ने अधलेटे ही जैसे तन्द्रा से जागकर देखा और दुहराया, "हुँह, ज़हर देगी, मैं भी तो देखूँ कैसा ज़हर देगी...कमज़ोर लड़की!" फिर उसे सहसा याद आया कि कार्यकारिणी

की मीटिंग में कुछ बातें तय हो चुकने के बाद शायद घंटे-आधे घंटे बाद ही खुला अधिवेशन है। जो चीज़ें कार्यकारिणी में तय होंगी उनको ज़रा प्रभावशाली ढंग से रखकर डेलीगेटों से वोट भी तो लेने हैं...अब जो भी हो, वहाँ तो जाना ही है। चाहे दस मिनट का समय निकालकर ही सही। उसने अपने अलसाए मन में ज़रा-सा साहस इकट्ठा किया और समय देखने के लिए फिर फूलदान से टिके रखे उस लिफ़ाफे को उठा लिया। हल्का हरा लिफ़ाफ़ा—वह उसे अधमुँदी आँखों से देखता रहा। स्मृतियों के शहद में डूबी मुस्कान तितली की तरह उसके होंठों पर खेलती रही। फिर भीतर का काग़ज और वही पुराने चिर-परिचित अक्षरों को बाहर निकालने के लिए छूते हुए उसे ऐसा लगा जैसे वह सजीव है। दो तह किया हुआ एक छोटा-सा लम्बा, लिफ़ाफ़े के ही रंग का काग़ज और उस पर सविता के होंठों की रह-रहकर कल्पना में आने वाली फड़फड़ाहट की याद दिलाने वाले अक्षर...सुन्दर इन्हें न कहा जा सके, लेकिन कितने अधिक मुखर हैं—हर अक्षर जैसे अभी बोल पड़ेगा और इन अक्षरों ने उसे क्या-क्या नहीं बोला है! उसने कोने पर, जहाँ काग़ज को पकड़ रखा था, वहाँ देखा, रोमन अक्षरों में लिखा हर अक्षर एम्बॉस किया हुआ था : 'लोकेश भारद्वाज, डी. एस-सी., प्रोफ़ेसर ऑफ़ फ़िज़िक्स'। उसके बाद कॉलेज का नाम...वह धीरे-धीरे डूब गया...

दोराहा, भँवर और दिग्भ्रान्त

लोकेश भारद्वाज, डी. एस-सी.
प्रोफ़ेसर ऑफ़ फ़िज़िक्स

नेम-प्लेट देखकर स्वयंसेवक साइकिल से उतर पड़ा और कोठी का फाटक खोलने को उसने हाथ बढ़ाया ही था कि भीतर से एक चाइना पपी क़िस्म का छोटा-सा, बड़े-बड़े बालों वाला कुत्ता भौंकता हुआ लपका। दोपहर के समय खाना-वाना खाकर सविता छोटी-सी बाँस की कुर्सी पर धूप की ओर पीठ किए, और दोनों पाँव कुर्सी पर ऊपर समेटकर रखे झुकी हुई ज़रा अलसाई-अलसाई-सी नेलकटर से नाखून काट चुकने के बाद उन्हें गोल घिस रही थी। पता नहीं, किसी पार्टी में जाने के समय लगाई गई पॉलिश अब छूटकर लाल धब्बों-सी रह गई थी। आज नई पॉलिश लगा ली जाए या इसे भी छुड़ा डाला जाए—सविता अभी घिसते-घिसते यही सोच रही थी। उसे मालूम था कि गालों से ढुलकते हुए आँसू उसके नथुनों को छूकर सूखे-सूखे होंठों पर बड़ा खारा-खारा स्वाद पैदा करते हैं, फिर उसकी चूड़ियों, पाँव के अंगूठों और नाखून घिसते हाथ की उँगलियों पर टपक पड़ते हैं। पत्र भेज चुकने के बाद वह इसके सिवा कुछ भी सोच ही नहीं पाती थी कि प्रमोद ने कैसी उत्सुकता से पत्र लिया होगा, किस ढंग से खोला होगा और पढ़कर कैसे मुँह बिचकाया होगा। प्रमोद के विषय में वह इतना कुछ जानती है कि किस समय वह क्या करेगा, इस बात का एक-एक चित्र वह साधिकार सोच सकती है। पत्र पढ़कर विद्रूप से टेढ़े हुए होंठों, व्यंग्य से हँसती निगाहों को तो सचमुच वह अपने सामने इतनी साफ़ और साकार देख सकती है कि यदि हाथ बढ़ाए तो छू

ले। लेकिन उसी व्यंग्य पर वह झुँझलाकर कुढ़ जाती है—कभी किसी बात को गम्भीरता से लेना तो सीखा ही नहीं है! हमेशा वही बचपना, चाहे कोई कैसी ही महत्त्वपूर्ण बात क्यों न हो। तभी कुत्ते के भौंकने से उसका ध्यान टूटा और चौंककर पल्ले से आँखों और मुँह को पोंछा। नेलकटर हाथ में लिए ही फाटक तक आई तो स्वयंसेवक ने नाम पूछकर बाहर से ही लिफ़ाफ़ा बढ़ाकर दे दिया । लिफ़ाफ़ा हाथ में लेते ही समझ गई कि वह प्रमोद का है। उसके मन में आया, भगवान् करे, मना कर दिया हो—बहुत व्यस्त हूँ, इसलिए आने में असमर्थ हूँ। लेकिन पता नहीं कैसे लिफ़ाफ़ा हाथ में लेते ही वह समझ गई, वह आ रहा है, इस बात की स्वीकृति ही इसमें है। मालूम नहीं यह क्या रहस्य है कि वह प्रमोद की हर बात को इतनी अच्छी और सच्ची तरह समझ गई है कि किस बात से उसके भीतर क्या और किस तरह की प्रतिक्रिया होगी, फिर वह क्या करेगा! अपने इस प्रकार के विचित्र रूप से विकसित प्रातिभ ज्ञान पर उसे हमेशा ही आश्चर्य और अधिकारपूर्ण प्रसन्नता हुई है। लिफ़ाफ़ा लेते ही जब उसने ऊपर केवल 'सविता' लिखा देखा तो जैसे उसकी आँखों के आगे वे लिखते हुए हाथ, क़लम और कागज़ की पकड़, लिखने से पहले प्रमोद के मन में 'श्रीमती' लिखने में या बाद में 'भारद्वाज' लगाने में जो द्वन्द्व हुआ होगा—सब जैसे बिलकुल-बिलकुल स्पष्ट रूप से मूर्त हो उठे, और गर्व के क्षणों में उसे लगा जैसे प्रमोद के आँसुओं में घुटे अन्तिम शब्द नए अधिकार और नई शक्ति के साथ जागकर उसके कानों में गूँज उठे हैं : 'अच्छी बात है, जो तुम्हारा मन हो सो करो, जहाँ चाहो रहो, लेकिन याद रखना, तुम्हारी आत्मा चिर-कुमारी है और उसका किसी के साथ विवाह नहीं हो सकता। उस पर तो मेरा और केवल मेरा ही अधिकार है।' इन शब्दों की गूँज से उसके प्राण रोमांचित और गद्‌गद हो उठे। उसका मन हुआ कि वह धीरे से बुदबुदा उठे, 'हाँ प्रमोद, उस पर सिर्फ़ तुम्हारा ही तो अधिकार है।' इतना महान् और इतना पवित्र एक है जो उसके एक भ्रू-भंग पर सचमुच पहाड़ खोदकर नहर बना सकता है, इस अनुभूति के आह्लाद से उसकी आँखों में आँसू उफ़न आए। विक्टर ह्यूगो की लाइनें एक-एक अक्षर करके अँधेरे के पार जलती रेखाओं में जैसे चमक उठीं : 'जीवन में चरम सुख के क्षण वे हैं जब आप सच्चे मन से यह अनुभव करें कि कोई आपको अपने सम्पूर्ण व्यक्तित्व से प्यार करता है, उसके मादक नयनों के सपने केवल आपके लिए हैं, आपकी अपनी कमज़ोरियों और कमियों के बावजूद वे आपके हैं।' तुम नहीं हारे प्रमोद, लेकिन सविता तो सचमुच बिलकुल टूट गई है! और वह करे भी तो क्या? होंठों के बीच में नेलकटर दबाए हथेलियों के बीच में लिफ़ाफ़ा लिए वह ऐसे खड़ी रही जैसे अदृश्य शक्ति को नमस्कार कर रही हो—खोले या न खोले? लिफ़ाफ़ा तो उसी के नाम है। कुछ क्षण असमंजस में खड़े रहने के बाद वह धीरे-धीरे हथेलियों में दबाए ही भीतर चली आई और टेबल लैम्प जलाकर मोटी-सी किताब खोलकर पढ़ते पन्ने पर लोकेश के सामने चुपचाप लिफ़ाफ़ा रख दिया। उसे दिन में भी चारों तरफ से किवाड़ बन्द करके टेबल-लैम्प जलाकर पढ़ने की आदत थी, बिना इसके उसका मन एकाग्र ही नहीं हो पाता था।

चौंककर लोकेश ने अपना लिफ़ाफ़ा समझकर उसे उल्टा-पल्टा, लेकिन सविता का नाम देखकर थोड़े चकित ढंग से पढ़ने का चश्मा लगी आँखों से उसकी ओर देखा, उनमें साफ प्रश्न था, 'मैं इसका क्या करूँ?'

"प्रमोद जी का उत्तर है।" उसने यों ही निर्लिप्त स्वर में सूचना दी।

"तुम्हारे नाम है न, तुम देखो!" लोकेश ने एक बार फिर लिफ़ाफ़े की लिखाई देखी और चश्मा उतारकर हाथों में लेते हुए कहा, "सविता, तुम मुझे ग़लत समझ रही हो। मुझे उस आदमी से व्यक्तिगत रूप से कोई शिकायत नहीं है।"

उसकी बात न सुनकर बीच में काटकर वह बोली, "नहीं, आप ही देख लीजिए।" मन में तो उसके आया कि कह दे कि मैं क्या देखूँ, मैं तो अक्षर-अक्षर जानती हूँ, उसमें क्या लिखा है।

और वह बिना अधिक रुके, बिना अधिक प्रतीक्षा किये एकदम पलटकर लौट पड़ी। उस समय उसकी चाल की हर बात में एक शहीदाना गर्वपूर्ण आत्मविश्वास था। पीछे मुड़कर उसने नहीं देखा; लेकिन वह ज़ानती थी कि उसकी इस दृढ़ता को, अंग-अंग से अभिव्यक्त होने वाली इस दीप्त बलिदान-भावना को लोकेश आँखें उठाकर देख रहा है, प्रभावित हो रहा है और लिफ़ाफ़ा वह उसी समय खोल सकेगा जब वह कमरे से बाहर आ जाएगी...वह फिर उसी कुर्सी पर आ-बैठी, उसी तरह उसने लाल रंग के बाथरूम स्लीपरों को नीचे ही छोड़कर पैर ऊपर समेट लिए और फिर नाखूनों में उलझ गई—उन्हें घिसकर गोल करने लगी। पर पता नहीं उसके पेट में क्या बगूला-सा उठा कि वह कुर्सी की पीठ पर बाँह रखकर, उस पर सिर टिकाए ज़ोर से बिलख-बिलखकर रो पड़ी। वह पत्र क्यों दे आई लोकेश को? वह तो सिर्फ़ उसका ही था। प्रमोद ने अपने निश्छल हृदय से उसे प्यार किया था और उसका बदला यह हो कि वह उसे यों बुलाकर ज़हर दे? ऐसी क्या विवशता थी कि वह यों कह बैठी? हाँ, वह उसे ज़हर दे सकती है! कितनी हल्की तरह बातचीत चल रही थी। ज़रा भी तो ज़रूरत नहीं थी कि उस बात का यों अनिवार्य अन्त होता।

सुबह लोकेश के पलंग की पाटी पर बैठकर मेज़ पर रखी चाय की ट्रे में से प्याला बनाकर चीनी हिलाते हुए उसने बिना उधर देखे ही कहा, "लीजिए, फिर यह चाय ठंडी हो रही है..." उसकी निगाहें अपनी गोद में फैले अखबार पर थीं और हाथों से वह चाय का प्याला बढ़ा रही थी।

रज़ाई को छाती से नीचे खिसकाते हुए लोकेश पलंग के सिरहाने से टिका हुआ अधलेटा उठ आया और उसने जैसे ही प्याला सविता के हाथों से लिया वैसे ही वह चौंक उठी, "अरे यह तो प्रमोद भैया हैं...।"

मुँह की ओर बढ़ता प्याला रुक गया। थोड़ा और उठकर वह अखबार की ओर झुक आया। एक बार ग़ौर से फ़ोटो देखी, नीचे का परिचय पढ़ा और फिर बड़े इत्मीनान और संतोष से उसी तरह सहारा लेकर बैठ गया।

जब वह प्रमोद के विषय में तस्वीर के नीचे लिखी गई लाइनों को निगल रही थी,

तब लोकेश ने बड़ी तन्मयता से चाय पीते हुए पूछा, जैसे कोई अत्यन्त ही महत्त्वहीन बात कह रहा हो, "इन्हें तो तुम बहुत दिनों से जानती हो..."

"जानती क्या, हमारे पड़ोसी ही थे, और..." सविता का एक-एक रोम आह्लाद की पुलक से उमग आया था।

"पड़ोसी ही नहीं, बहुत-कुछ थे।" स्वर में बड़ी हल्की-सी दृढ़ता अवश्य थी, लेकिन जैसे चाय और प्याले से खेलने के लिए ही लोकेश ने अपने स्वभाव के विरुद्ध प्लेट में चाय उँड़ेल ली और थोड़ा-थोड़ा सिप करने लगा।

"बहुत-कुछ क्या?" सविता अभी तक उमंग में डूबी थी, उसने अबोध सरलता से ही दुहरा दिया, "वे मेरे बड़े भाई हैं...गुरु हैं..."

"बस...?" चाय से गीले होंठों में हल्का व्यंग्य उभर आया था, लेकिन इतना आक्रमण-रहित जैसे एक सरल परिहास हो।

"बस!" सविता तनकर बैठ गई और दोनों हाथ ज़ोर से तस्वीर पर ढँक दिए, उसने सीधी आँखों से लोकेश की आँखों में झाँका। हाथों के बोझ से अखबार खड़खड़ा उठा।

अपने चेहरे के अविश्वास को छिपाने की कोशिश नहीं की...।

उस समय दोनों चुप रहे लेकिन शेव करते समय, नहाते समय, हर क्षण लोकेश को ऐसा लगा जैसे सविता उसके आस-पास मँडरा रही है, उससे कुछ कहना चाहती है, जैसे अवसर खोज रही हो या स्वयं ही बात शुरू करने का बहाना चाहती हो। आखिर नाश्ते के समय उसने स्वयं अवसर दिया। अत्यन्त ही निष्कपट भाव से वह बोला, "प्रमोद को आज खाने पर बुला लो न।"

"मैं तो बुलाने नहीं जाऊँगी, अधिकार समझते तो खुद आते।" उस समय वह लोकेश की पैंट में बकसुआ लगा रही थी। डोरे को दाँत से काटती हुई बोली, "आप हम लोगों के बारे में क्या सोचते हैं?" प्रयत्न करके भी उसकी आँखें उठीं नहीं, वह दृष्टि गड़ाकर सुई में डोरा पिरोती रही।

"कोई ख़ास नहीं, जैसा कि हम-उम्र लड़के-लड़कियों में होता है, वैसा ही शायद तुम लोगों में था...कम से कम मैंने ऐसा ही सुना..." लोकेश ने बिलकुल ही निरुद्विग्न भाव से बात को शुद्ध वार्तालाप के स्तर पर रखते हुए ही कहा, जैसे वह किसी असम्बद्ध व्यक्ति के सम्बन्ध में बात कर रहा हो।

लोकेश प्रतिक्रिया देखता रहा और सविता मन में साहस इकट्ठा करती रही। हाथ उसके सी रहे थे लेकिन दिमाग़ बड़ी तेज़ी से चल रहा था। झुकी आँखों और बड़े झिझकते कंठ से धीरे से उसने पूछा, "क्या तुम्हें ऐसा लगा कि हमारे बीच में कहीं वे हैं?"

"इसी बात का तो मुझे ताज्जुब होता है कि क्या हमारे-तुम्हारे बीच में वह नहीं ही हैं? या जो कुछ मैंने सुना था, वह ग़लत ही था, या फिर..." वह झिझका।

"या फिर...?" एक अनिमेष जिज्ञासा।

''या फिर साफ़ है कि तुम दोनों जगह ईमानदार नहीं रही हो।''

थोड़ी देर चुप्पी रही और सविता आहत की तरह देखती रही। फिर बोली, ''सच बताएँ? जो तुमने सुना था वह भी ग़लत नहीं था और हमारे-तुम्हारे बीच में वह नहीं हैं, यह भी सही है...''

''यानी ?''

''यानी कुछ नहीं। जब लड़की घर से आती है तो अपने सारे सम्पर्कों और सम्बन्धों को वहीं छोड़ आती है, उसमें बहुत-से अच्छे होते हैं और बहुत-से बुरे; बहुत-से आवश्यक होते हैं, बहुत मधुर होते हैं, लेकिन उनमें कुछ को वह भूल जाती है, कुछ को वह भुला देती है। इस तरह ससुराल वह बिलकुल ही नई होकर जाती है, और ऐसा कौन लड़की कह सकती है कि उसके किसी भी तरह के कोई सम्बन्ध पहले थे ही नहीं?''

''तो आप कहना यह चाहती हैं कि उसके प्रति आपके हृदय में कोई 'इमोशनल फ़ीलिंग' नहीं है अब...?''

''हाँ, अपनी तरफ़ से मैं शायद ऐसा कह ही सकती हूँ।'' पैंट को पलंग पर रखते हुए वह बोली। कोशिश के बाद भी बात करते समय वह अपने हाथ के काम में या व्यस्तता में अन्तर नहीं आने दे रही थी।

लोकेश समझदारी से मुसकराया, लड़की चालाकी से बातें कर रही थी। बच-बचकर अपनी तरफ से 'शायद' जैसे शब्द लगाकर बोलती है। उसने पूछा, ''अगर वह मर जाए आज, तो तुम्हें कोई दुःख नहीं होगा...?''

''मेरा तो ख़याल यही है।'' यह सोचकर सविता मुसकराई कि इस समय इन लोगों के बीच में कैसे नाज़ुक विषय पर कैसे सचेत अनजानेपन से बातें हो रही हैं। अभी ही ज़रा-सी बात ग़ज़ब कर सकती है।

''मान लो, तुम्हें उसे ज़हर देना पड़े तो?'' लोकेश अपने भोले प्रश्नों से एक-एक कदम धकेलता हुआ सविता को किधर ले जा रहा है, इसे वह नहीं जान सकी। उसकी कोई भी प्रतिक्रिया उसकी आँखों से नहीं छिपी थी।

''अव्वल तो ऐसा मौक़ा आएगा नहीं, लेकिन अगर आया भी तो मेरा तो विश्वास है, मैं झिझकूँगी नहीं...लेकिन ऐसा मौक़ा आएगा ही क्यों?''

''तो सविता!'' इस बार बहुत ही दृढ़ और निर्णयात्मक ढंग से लोकेश बोला, 'मेरी इच्छा है कि इस बार तुम उसे ज़हर दो, मेरे सामने। मैं देखना चाहता हूँ कि उसे ज़हर देते हुए तुम्हारे हाथ काँपते हैं या नहीं। तुम झूठ कह रही हो या सच। यह सिर्फ़ सुरक्षित आत्म-स्वीकृति का बहाना मात्र ही तो नहीं है?''

"जब चाहें..." सविता मुसकराई। इन मज़ाकों से वह डरने वाली नहीं है।

"जब का सवाल नहीं है। यह बहुत अच्छा मौक़ा है। तुम आज ही उसे बुलाओगी। मैं बहुत ही गम्भीरतापूर्वक यह बात इसलिए कह रहा हूँ कि हमारा दाम्पत्य-सुख इसी घटना पर आधारित होने जा रहा है।"

उठकर कमरे की ओर जाते हुए लोकेश ने कहा, "तुम अभी उसे मेरे सामने पत्र लिखो और उसमें साफ़ लिख दो कि तुम्हारा इरादा उसे ज़हर देने का है...वह आएगा?"

"रुक नहीं सकते।"

सुनकर एक क्षण के लिए लोकेश ने मुड़कर देखा, और फिर कुछ देर चुप ही चलकर बोला, "अच्छा, तो तुम ख़त लिखो , मैं ज़रा वकील की तरफ़ भी जाऊँगा, ख़त भी साथ ले जाना होगा। उधर से ही भिजवाना होगा न।"

और तब सविता ने जाना कि वह बातों-बातों में क्या कह चुकी है, क्या कह बैठी है और उसकी स्थिति कैसी भयंकर हो उठी है। फिर भी अब, जब ख़त पहुँच चुका है और प्रमोद की स्वीकृति आ चुकी है तब भी शुरू की तरह उसे विश्वास है, यह सब एक मज़ाक है और इसमें ज़रा भी सत्य और गम्भीरता नहीं है। ऐन मौके पर ज़रूर कोई न कोई ऐसी घटना हो जाएगी कि सारी स्थिति एकदम सँभल जाएगी। सब कुछ एकदम पलट जाएगा। या हो सकता है, आने से पहले ही अचानक कोई ऐसा काम आ पड़े कि प्रमोद को जाना पड़े, या ऐन मौक़े पर अचानक कोई तार आ जाए...मतलब, कुछ न कुछ होगा ज़रूर कि सारी चीज़ सँभल जाएगी।

और तब रोते-रोते भी सविता को आश्चर्य था कि वह इतने आत्म-विश्वास से कैसे दुहरा सकी कि वह रुक नहीं सकते ? इतनी हिम्मत कहाँ से आई उसमें? और जब वह जानती है कि वह रुक नहीं सकते तो फिर यह सब असम्भव कल्पनाएँ क्यों कर रही है? हिम्मत पर ही उसे ध्यान आया प्रमोद का एक वाक्य! कितनी व्यथा, शिव की तरह कैसा ज़हर का घूँट पीकर उसने केवल इतना कहा था—'कमज़ोर लड़की!' हाँ, वह कमज़ोर ही तो थी जो अपनी कमज़ोरी को दूसरों के वाक्यों की आड़ में छिपाना चाहती थी। दुनिया-भर के शब्दों का बहाना लेकर...उफ़! कितना द्रावक दृश्य था वह! उसे वह शायद इस जन्म में तो भूल नहीं सकती—जैसे हर क्षण वह वाक्य, उसका एक-एक शब्द उसकी आत्मा के 'फ़्लास्क' में तैरती मछलियों की तरह है जो अपने विहार से पानी को ज़रा भी नहीं कँपातीं, लेकिन हमेशा तैरती हैं, अनुभव होता है कि वे हैं। वह स्टूल पर बैठा रहा और सविता उसके मुड़े घुटनों पर कनपटी टिकाए उससे सहारा लेकर धरती पर बैठी थी। प्रमोद के हाथ उसके खुले बालों पर थे—लेकिन जैसे निर्जीव, निस्पन्द! साँझ का अँधेरा गहरा आया था और दोनों चुप थे—जैसे कुछ भी कहने को नहीं है, सब कुछ समाप्त हो चुका है, बस, केवल एक मौन ही बचा है जिससे उन्हें समझौता करना है, जैसे किसी यूनानी शिल्पी ने यह मूर्तियाँ गढ़ दी हैं जो किसी सुनसान-उजाड़ बस्ती के किनारे इसी तरह जाने कब से खड़ी हैं। और न जाने कब तक यों ही खड़ी रहेंगी। शाप के प्रभाव से पत्थर बनी मूर्तियाँ—वे गवाह हैं कि यह बस्ती उन्हीं के सामने बनी, जागी और उजड़ गई। एक बहुत बड़ी चील, सारे क्षितिज को ढँक डालने वाले, अपने बहुत बड़े-बड़े डैने फड़फड़ाती आई और मूर्ति के सिर पर बैठ गई। उसने अपने फैले पंखों को दो-चार बार फड़फड़ाकर शरीर साधा और ताश की फैली गड्डी की तरह पंख समेट लिए, फिर इधर-उधर देखा और ज़ोर से अपनी कुल्हाड़े जैसी

चोंच एक मूर्ति की आँख में मार दी... 'ठक'...क्षितिज में शब्द गूँजा, दूर...उफ़! प्रमोद के घुटनों पर सिर रखे सविता सिसक रही थी...

"अच्छा, उठो और बत्ती जला दो..." प्रमोद ने आँसुओं के गीलेपन से सचेत होकर कहा।

सविता ने बिना कुछ कहे उठकर बत्ती जला दी। फिर वहीं असमंजस में खड़ी रही, रुके या चली जाए ?

"सविता...!" उसने सुना।

बिना बोले वह छाया की तरह पास आ खड़ी हुई। प्रमोद ने बैठे हुए ही उसके कन्धे पर हाथ रख दिया और देर तक उसकी ओर देखता रहा—कहे या न कहे? सविता को ऐसा लगा कि वे अगस्ती-निग़ाहें जैसे उसके अणु-अणु में समाई जा रही हैं, वे अभी उसकी सारी चेतना और शक्ति को सोख लेंगी और वह सूखी बालू की मूर्ति की तरह धरती पर बिखर जाएगी। नहीं-नहीं, उससे अब वे निग़ाहें नहीं देखी जा सकेंगी। वह दूसरी ओर देखती रही।

"हम लोग..." थूक सटककर प्रमोद जल्दी से बोल गया, "हम लोग कहीं और नहीं जा सकते?"

"कहाँ? " और इस कहाँ का सीधा अर्थ था कि कैसी बातें करते हो...कितनी असम्भव!

फिर चुप्पी।

"सविता..."

"हूँ..."

"मेरी ओर देखो..."

"कहिए..." सविता ने नहीं देखा, उसके कान का इयरिंग बिलकुल नहीं हिल रहा था।

"देखो..." स्वर में करुण याचना।

"क्या?" मुँह घूमा, लेकिन आँखें नहीं उठीं। अपनी कमज़ोरी पर एक हल्की छाया जैसी मुसकराहट का आभास उभरा।

"देख रही हो...?" जैसे धार की काट से घसक उठने के एक क्षण पहले कगार बोले।

सविता ने देखा, पुतलियों पर पानी की एक हल्की परत। बच्चन के एक गीत की लाइन उसके मन में उभरी—

> खींच ऊपर को भ्रुओं को
> रोक मत इन आँसुओं को,
> भार कितना सह सकेगी यह नयन की नाव।

"कुछ दीखता है...?"

एक साथ दोनों के मन में एक मधुर क्षण पर दुहराई पन्त की लाइन टकराई :

'तुम्हारे नयनों का आकाश, खो गया मेरा खग अनजान!' सविता का निचला होंठ फड़का। वह दूर जैसे आँखों के पार कहीं देखती रही—ऊपर की छत में जलती बत्ती की दो परछाइयाँ नीली पुतलियों पर चमक रही थीं—जैसे वे दो झरोखे हैं जहाँ से झाँककर वह अतीत के विशाल विस्तार को देख सकती है।

"कुछ नहीं दीखता?" प्रमोद उसकी दोनों कनपटियों पर हाथ रखे उसकी खुली आँखों में गौर से देखता रहा, "सचमुच तुम्हें कुछ भी नहीं दीखता सविता...?"

"न...हीं..." गोली खाकर साँस तोड़ते पक्षी की तरह शब्द फड़फड़ाए। वह उन्हें देखने में ऐसे डरती थी जैसे दो अथाह-अँधेरे गड्ढों में देखने से डरती हो ।

"नहीं दीखता...? ध्यान से देखो न..."

सविता को लगा, जैसे उसका मनोबल कहीं हवा में घुलकर खोता जा रहा है, जैसे वह हिप्नोटाइज़ हो रही है, जैसे वह धीरे-धीरे डूबती जा रही है, जैसे एक विस्मृति का अँधियारा धीरे-धीरे चेतना पर उतर रहा है—सब कुछ शान्त-सुनसान। केवल झींगुरों की अविराम झंकार, जैसे जंगल में बहते झरने की झंकृति...

"दीखता है न ? देखो, एक विशाल रेगिस्तान है, चारों तरफ़ कैसा फैला हुआ है...! उसके एक किनारे, दूर पर, एक बाढ़ पर आई-सी फैली नदी बही जा रही है। देख रही हो न? उसके किनारे खड़ा हुआ बबूल का वह नंगी बाँहें उठाए, नसों के जाल के नक्शे-सा वह पेड़...कैसा है, अकेला-अकेला! जैसे किसी ने उसे निर्वासन दे दिया हो, देशनिकाला! और देखो, उसकी एक डाली पर कितने गिद्ध बैठे हैं, हैं न? दूर से तो बिलकुल काले-काले धब्बे-से दिखते हैं... और नीचे एक चिता जलती नहीं देखती? पास वह कुत्ता कैसी जीभ निकाले हाँफ रहा है? ग़ौर से देखो...जानती हो, वह चिता किसकी है...?"

अचानक उसके गले में बाँहें डालकर, उसके कन्धे पर लटककर सविता फूट-फूटकर रो पड़ी... सिसकती साँसों में उसने सुना, "कमज़ोर लड़की..."

नहीं, वह कन्धा नहीं था, वह किसी का गला नहीं था; जिसमें बाँहें डालकर वह रोई थी...उसे पता भी नहीं था कि धूप वहाँ से जा चुकी है।

कहानी का प्रारम्भ

पाठको, मैं जानता हूँ कि मेरी कहानी दो लड़के और एक लड़की वाले पुराने त्रिकोण पर आ गई है, फिर भी मैं चाहता हूँ कि यह त्रिकोण कहानी की समाप्ति न हुआ करे।

"आपको दुनिया भर में घूमने की फुर्सत है, नेतागीरी करने को वक्त है, बस, हमारे यहाँ आने को ही टाइम नहीं है।" सविता ने ताना मारा, उसका दिल धक्-धक् बजा। गला सूखने-सा लगा !

बाँहों में भरे लोकेश को छोड़ते हुए प्रमोद ने पुलककर पूछा, "कैसी रही, सविता? अरे तू, बड़ी मोटी हो गई है, क्या पानी-वानी यहाँ का बहुत अच्छा है? शहर तो बड़ा गन्दा है, बस, यही हिस्सा ज़रा खुला समझ लो।"

"कहाँ? अभी तो बीमार हो चुकी हूँ, फिर नज़र लगा दो।" सविता लजा उठी। उफ़, झूठा कहीं का! ऊपर से कैसा खुश है, हँस रहा है, भीतर से चाहे जो हो रहा हो !

"तब तो भाई भारद्वाज, तुमसे हमें बड़ी सहानुभूति है। बीमारी के बाद जब यह हाल है तो अच्छेपन का भगवान् ही मालिक है..."

तीनों खुलकर हँस पड़े। अचानक जैसे याद आ गया हो, प्रमोद ने सँभलकर कहा, "अच्छा भई सविता, क्या खिलाना-पिलाना है, खिला दो, फिर चलें; मीटिंग बीच से छोड़कर आया हूँ, अभी खोज होगी, पता चल गया तो...खुला अधिवेशन है न, उसमें पहुँचना है।"

"हाँ-हाँ, पता है, बहुत बड़े नेता हो गए हो। क्यों हल्ला मचाते हो?" एक क्षण सविता उस विकट परिस्थिति को बिलकुल भूल गई। वह जैसे बताना चाहती थी कि देखो लोकेश, प्रमोद बहुत बड़ा नेता है और मैं उसके साथ ऐसे अधिकार से बोल सकती हूँ।

"नहीं-नहीं, फिर आऊँगा, इस समय तो ज़रा जल्दी है। अब तो घर देख लिया है न!" वह खुलकर हँस पड़ा।

सविता के भीतर जैसे कुछ ज़ोर से कसक उठा, यह अब भी उसी तरह गला फाड़कर हँस सकता है, दिल में ज़रा भी द्विविधा नहीं उठती...?

खाने की मेज़ पर केवल तीन ही थे।

"अगर मैं ज़रा जल्दी-जल्दी खाऊँ तो बदतमीज़ी के लिए माफ़ कीजिए..." प्रमोद ने लोकेश से कहा।

लोकेश कुछ नहीं बोला, वह गम्भीर था।

जल्दी-जल्दी खाने की व्यस्तता में मुँह चलाते हुए प्रमोद ने पूछा, "यह ठीक-ठाक रहती है या बहुत तंग करती है...?"

कमबख़्त कैसा मस्त होकर खाए जा रहा है! ज़रा भी चिन्ता नहीं है, विश्वास नहीं करता कि सविता भी उसके साथ यह सब कर सकती है! कैसे तोड़े ऐसे निश्छल आदमी के विश्वास को वह? नहीं, वह खुद खा लेगी। सविता की एक-एक धड़कन जैसे घड़ी की टिक-टिक हो और उसे मालूम हो कि पच्चीसवीं धड़कन पर गिलोटिन का गँडासा गिरेगा और नीचे रखा सिर खच्च से कटकर दूर जा गिरेगा! एक-दो-तीन...उफ़, कैसे रोके वह इन सुइयों को ? सुनते हैं, मानसिक-शक्ति (विल-पॉवर) से बहुत से काम रोके जा सकते हैं। क्या उसकी इच्छा-शक्ति फुफकारते नाग-सी एक-एक पल सरकती इस दुर्घटना को नहीं रोक पाएगी?

"जैसी आपने बना दी है वैसी ही है..." मुँह में ले जाते कौर को रोककर लोकेश बोला।

"कैसी?" चौंककर प्रमोद ने ग़ौर से लोकेश को देखा और फिर ज़ोर से हँस पड़ा, "क्या घर में ही क्रान्ति करने लगी है? क्यों री, क्या सुन रहा हूँ?"

इस वक्त भी मज़ाक नहीं छोड़ रहे! उसे साफ़ दीखता है डैमोक्लीज़ की बाल में बँधी लटकती तलवार एक-एक पल नीचे सरक रही है। उससे बोला नहीं गया। उसकी आँखों के आगे 'पो' की कहानी का वह तेज़ धार वाला पेंडुलम घूमने लगा जो कुएँ में बन्द आदमी की आँखों के आगे घूम रहा था। वह केवल इधर-उधर चुग-सी रही है, उससे खाया नहीं जा रहा, मेज़ पर बैठी वह सिर्फ़ प्रमोद की चलती उँगलियों को देख रही है—लोकेश सब मार्क कर रहा था।

और खाना ख़त्म करके प्रमोद ने जल्दी से गोद में रखी नैपकिन से हाथ पोंछे तो लोकेश बोल उठा, "अरे, ये पुडिंग तो लीजिए न !" फिर उसने स्टेनलेस स्टील की खूबसूरत तश्तरी में जमाए गए चाँदी के वर्कों में मढ़े पुडिंग की ओर इशारा करके कहा, "सविता, भाई साहब को पुडिंग दो न...!"

नहीं-नहीं, अभी कोई अप्रत्याशित घटना होगी, अचानक ज़ोर से बिजली कड़कड़ाकर, छत फाड़कर यहाँ आ गिरेगी कि पुडिंग की तश्तरी के टुकड़े-टुकड़े बिखर जाएँगे।

"हाँ भई, दो...फिर देर हो रही है।" प्रमोद ने चम्मच उठा लिया।

अंगूठी का नग झिलमिलाया, कलाई की चूड़ियाँ हिलीं, तश्तरी के किनारे पर टिका अंगूठा और नीचे से उठाती उँगलियाँ काँपीं। उसे लगा, वह अभी ज़ोर से तश्तरी बाहर फेंक देगी और पागलों की तरह चीखें मारती बाहर भाग जाएगी। क्या यह तश्तरी वह लोकेश की तरफ...नहीं...नहीं, अब उसकी चीख किसी भी तरह नहीं रुक सकती। उसने फेफड़ों में साँस खींची।

अनजाने ही तश्तरी प्रमोद की ओर बढ़ गई और काँपते हाथ को तश्तरी में से लेने में दिक्कत न हो, इसलिए एक हाथ नीचे लगाकर उसने चम्मच भर ली और तेज़ी से चम्मच होंठों की तरफ़ बढ़ाई।

दुखान्त कहानी के पाठकों के लिए मेरी यह कहानी ख़त्म हो गई है और वे बिना आगे बढ़े, बड़े मज़े में सन्तोष कर सकते हैं।

सुखान्त पसन्द करने वाले नीचे की पंक्तियाँ और जोड़ लें।

अचानक प्रमोद की कलाई को लोकेश ने पकड़ लिया, भरे गले से बोला, "बस!"

चौंककर प्रमोद ने उसकी ओर देखा। दोनों एकदम घबराकर उठ खड़े हुए, क्योंकि सविता कुर्सी से नीचे लुढ़क गई थी। उस ओर झपटते हुए लोकेश के मुँह से निकला, "कमज़ोर लड़की!"

किराये का काम

दफ़्तर जाने के लिए सीढ़ियों से उतर रहा था तभी अपने मकान-मालिक सेठ की ज़ोर-ज़ोर की आवाज़ सुनाई दी—वह किसी से लड़ रहा था। ज़ीने से बाहर आते ही देखा, पन्द्रह-बीस आदमियों की अच्छी-खासी भीड़ वहाँ जमा थी। बीच में सेठजी का सह-गर्जन सुनाई दे रहा था। भीड़ में झाँकने से पता चला कि प्रतिद्वन्द्वी मुहल्ले के उतने ही प्रसिद्ध पुजारी जी हैं। पटेबाज़ी की मुद्रा में पैंतरे बदलते हुए सेठजी चीख़-चीख़कर कह रहे थे, ''हराम का है दूसरे का पैसा, जेब काट लो, डाका डालो, लूट लो ! काम तो कुछ करो मत और लेने को छाती पर चढ़-चढ़कर आओ। लेने को शेर, काम को भेड़!''

''अरे, सेठ होगा अपने घर का होगा ! रुपये तो हम तेरे सात पुरखों से वसूल कर लेंगे। हमें किस बात का डर है? भगवान् हमारे साथ हैं, तेरी सात पीढ़ियों को ग़र्क करेगा—जो नरक में भी जगह मिल जाए। बने हैं धन्नासेठ, पचास हवेलियाँ खड़ी हैं, गोदामों में ब्लैक की गाँठें भर रखी हैं, रोज़ लाखों सट्टेबाज़ी में लूटता है और पैसे देने में दम निकलती है, कोढ़ फूटेगा साले! दूसरों से काम करा लो और पैसे मत दो।''

पुजारी जी सेठ जी की छाती पर कटखने कुत्ते की तरह चढ़-चढ़कर आ रहे थे। वास्तव में उनके आत्मविश्वास से लगता था कि उन्हें इस संसार में डर किसी बात का नहीं है, क्योंकि उनके पीछे भगवान् है। बड़ा चादरा चीवर की तरह कन्धों पर डाले, हाथ में पूजा की लुटिया लिए, वे क्रोधी दुर्वासा के कोई निकट सम्बन्धी जान पड़ते थे।

एक से पूछा, ''मामला क्या है?'' उसने बताया ही था कि 'कुछ नहीं जी, चार आने का झगड़ा...' तभी सेठजी फिर गरजे, ''हमारी तो सात पीढ़ियाँ नरक में जाएँगी, पर तू भगवान् की आँखों में धूल झोंक-झोंककर अपने सात पुरखे तारता रहियो!...बने हैं पुजारी जी ! चन्दन लगा लिया, चादरा पहन लिया, चल दिए खड़ाऊँ खटखटाते हुए! नाकों चने नहीं चबवा दिए तो मैं सेठ मलूकराम का बेटा नहीं। पुजारी जी, तुम्हें सवा रुपये के हिसाब से लेना हो तो लो, नहीं तो रास्ता नापो!''

पुजारी जी और भी ताव में आ गए, कन्धे पर चादर को और भी खिसकाकर, बिलकुल सेठ जी के पास तक झपटकर दुनालियों की तरह अपनी दोनों उँगलियाँ ठीक उनकी आँखों की सीध में करके क्रोध से थर-थर काँपते दहाड़े, ''डेढ़ रुपया ? एक पाई कम नहीं। साले तेरी आँखें फोड़ के ले लूँगा। तूने समझा क्या है? ब्राह्मण का बच्चा

हूँ। सराप दे दूँगा तो ढेर हो जाएगा—फिर रोता फिरेगा। तुम्हारी तरह नहीं हैं कि बाहर ऐश करे और घर में...'' और अपनी ब्रह्मतेज से लड़खड़ाती ज़बान से पुजारी जी ने सेठ और सेठानी दोनों के सम्मान में ऐसे अपशब्द कहे कि सेठ जी ने आव देखा न ताव, उनकी गालियाँ उन्हें वापस करते लपके और पुजारी जी का टेंटुआ भींचकर भवसागर से लगे तारने! तब लोगों ने बीच में आकर सेठ जी को पकड़ा, पुजारी जी को हटाया। उन्हें शान्त करते हुए एक सज्जन ने पूछा, ''अरे छोड़िए सेठ जी, गुस्सा थूक दीजिए...मामला आखिर क्या है?''

सेठ जी मामला बताएँ, इससे पहले ही लोगों द्वारा रुके हुए पुजारी जी वहीं से गरजे, ''यह क्यों बताएगा, मैं बताता हूँ मामला! इक्कीस दिन के अनुष्ठान के लिए इस साले ने मुझे तय किया। बोल, झूठ कह रहा हूँ? तब तो आया घिघियाता हुआ—'पुजारी जी, तुम्हारे चरण पकड़ूँ, एक अनुष्ठान किया है मैंने...बस, ज़रा मेरी गाँठें अच्छे भाव बिक जाएँ। तुम ज़रा रोज़ एक घंटे आकर पूजा कर जाया करो।' पूजन जाने किससे पूछ आया, मैंने समझाया कि यज्ञ की ज़रूरत है। नहीं माने! ख़ैर, डेढ़ रुपया तय हुआ। सो कभी साला कहता—तुम पन्द्रह मिनट पहले उठ गए। कभी कहता, दस मिनट पहले काम छोड़ दिया। कभी कहता कि पुजारी जी, ज़ोर-ज़ोर से पढ़ा करो, पता चले, तुम कुछ कर तो रहे हो। बोलो, ये तो पूजा है। हमारे जैसे जी में आएगी वैसे करेंगे, कपड़े नापने का काम तो है नहीं कि दो गिरह खींच दिया। खुद तो साले हमें बैठाकर बेत हिलाते घूमने चले जाते थे हमारे सामने; अब हमें पता लगा कि जासूसी करता है, दूसरे दरवाज़े से लौटकर खिड़की में बैठकर देखता है या नौकर से कहकर जाता है। पहले ही दिन बोला—'पुजारी जी, सीधा ज़्यादा लेते हो'—बोलो, साले हम अपने लिए लेते हैं ? जितना भगवान् के लिए चाहिए उतना ही तो लेंगे, कम कैसे लें? शास्त्रों में लिखा है—सेर भर घी, तो हम पाव भर लेकर क्या नरक में पड़ें? अगर न हो तो तू हमारी छाती पर चढ़कर आए! और सौ बातों की एक बात तो यह कि कोई दूसरा सस्ता मिलता तो दूसरा लगा लेता—क्यों हाथ-पैर जोड़े थे?'' पुजारी जी के मुँह में झाग आने लगे। सेठ जी चिंघाड़ रहे थे, ''जेब काट ले...''

कमज़ोरी

जाड़े के दिन। तेज़ वर्षा के साथ ओले। तीखी हवा और बिजली की कड़क। उपेक्षा भाव से मस्त खड़ा पेड़ लहरा रहा था, जैसे नहा रहा हो। यह उसकी नई उम्र की शक्ति का अभिनन्दन था। ओले उसे फूलों-से लगते; रग-रग में उसकी शक्ति और आत्म-विश्वास हिलोरें लेते।

काँपती-ठिठुरती, घायल, चोट खाई नेवली ने आकर कहा, "भैया, मुझे जगह दो।"

"जगह? जगह ही जगह है। जहाँ चाहो लो।" पेड़ ने लापरवाही से कहा।

"नहीं, मुझे शरण चाहिए—तुम्हारे स्नेह की शरण! तुम शक्तिशाली हो, प्रकृति के प्रहारों को हँसते-हँसते सह सकते हो। प्रकृति तुम्हारा कुछ नहीं बिगाड़ पाती। मुझे अपनी छाया में ले लो, बचा लो।" ठंड से थर-थर काँपती नेवली गिड़गिड़ाई।

पेड़ उस छोटे-से निरीह प्राणी को देखकर दयार्द्र हो उठा। बोला, "अच्छा, मेरे पास जहाँ भी तुम्हें अपने लायक जगह मिले, जहाँ भी तुम उचित समझो, रहो।"

कृतज्ञ नेवली ने पेड़ का एक चक्कर लगाया। ऊपर गई, नीचे आई, बोली, "भैया, तुम्हारी बनावट इतनी मजबूत है कि मुझे कहीं जगह ही नहीं मिल रही। तुम स्वयं ऐसा भाग बता दो, जहाँ मैं अपने रहने लायक जगह बना लूँ।"

पेड़ स्नेह से हँसा, दया से बोला, "मेरे बाईं तरफ़ मेरा सबसे कमज़ोर हिस्सा है, वहीं अपने लायक खोद लो।"

नेवली ने जगह खोद ली और रहने लगी।

कुछ समय बाद उसका प्रेमी नेवला आया। जगह की कमी पड़ी तो उसने फिर पेड़ से प्रार्थना की, "भैया, थोड़ी जगह और। इसके बिना मैं रह नहीं सकती।"

और अनुमति पाकर उसने और जगह खोद ली। उस परिवार में बच्चे आए तो नेवली ने बिना अनुमति लिए ही और जगह बना ली। पेड़ उसके इस स्नेह के अधिकार पर पुलक कर बड़प्पन से मुसकराया।

एक साल बीत गया।

फिर जाड़ा आया। वर्षा हुई, ओले पड़े। नेवली परिवार के कारण इस बार पेड़ की जड़ इतनी खोखली हो चुकी थी कि इस झोंके को वह सह नहीं सका और भहराकर सिर के बल गिरा पड़ा।

लेकिन नेवली इस आँधी-पानी से पहले ही अपने परिवार के साथ दूसरा सहारा खोज चुकी थी।

लंच-टाइम

अपना काला चोग़ा चमगादड़ के परों की तरह फड़फड़ाते वकील साहब ने कमरे में घुसते हुए पूछा, ''क्यों इतनी ज़ोर-ज़ोर से हँस रहे हो? क्या बात हो गई?''

वकील साहब के आते ही तीनों चुप हो गए थे–लेकिन हँसी थी कि मुसकराहट बनकर फूटी पड़ रही थी। ज्योति ने ब्रज की तरफ देखा और मेज़ के कोने पर सिर टेककर खिलखिलाकर हँस पड़ी–उसने साड़ी का पल्ला मुँह से लगा लिया। ब्रज दूसरी ओर मुँह करके हँसी पर अधिकार पाने की असफल कोशिश करता हुआ फट पड़ता था। उनकी आँखों में आँसू आ गए। दत्त ने साँस रोककर अधिक-से-अधिक ध्यान इन हँसते हुए लोगों से हटाकर जैसे अनजान बनकर पूछा, ''लंच हो गया?''

''हाँ जी।'' मुँह में सिगरेट लगाकर वकील साहब माचिस की डिबिया पर सींक मार रहे थे–उन्होंने सिर हिलाया।

''क्या हुआ? सरकारी वकील ज्यादा क्रॉस कर रहा है क्या?'' दत्त ने न चाहते हुए भी देख लिया कि ब्रज ज्योति की तरफ़ उसके बारे में इशारा कर रहा है–देखा, साला कैसा गम्भीर बनकर बातें कर रहा है ! उसके पेट में बगूला-सा उठा और सारी गम्भीरता झटके से उड़ गई–वह भी फटकर हँस पड़ा, और एकदम उठकर बाहर बरामदे में भाग गया। दोनों मुंशी और एक मुवक्किल–आश्चर्य से आँखें फाड़े, मुसकराते हुए इनकी हँसी में सहयोग दे रहे थे।

वकील साहब ने पहला ज़ोर का कश खींचा और इधर-उधर देखकर पूछा, ''क्यों भाई, आखिर कुछ बात भी तो बताओगे?'' वे यहाँ का माहौल देखकर मुसकराए।

इस पर दोनों फिर हँस पड़े, दत्त बाहर बरामदे में खम्भे के पास खड़ा हँस रहा था। वकील साहब ने मुंशी रामस्वरूप से कहा, ''मुंशी जी, क्या बात है ?''

मुंशी जी ने हाथ की मिसिल के कागज़ों को उल्टा-सीधा करना छोड़कर इन दोनों की ओर देखा, फिर मुसकराते हुए कहा, ''साहब, अभी देवीसहाय जी आए थे...?''

''आपको ढूँढ़ते हुए तो गए ही थे, मिले नहीं?'' ज्योति ने तर्जनी से सुनहली कमानी का चश्मा ज़रा ऊपर उठाकर, साड़ी के पल्ले से आँखों की कोरों का पानी पोंछते हुए पूछा।

''कौन देवी सहाय?'' वकील साहब ने याद करने की कोशिश की। असल में उनके दिमाग़ में अभी चलते मुकदमे के सवाल-जवाब ही गूँज रह थे। लंच के टाइम में झुंझलाते

हुए वे चैम्बर में भागे आ रहे थे। दिमाग़ परेशान था—और भी अधिक चिड़चिहाड़ट हो रही थी उन्हें, कुतिया के पीछे लगे पिल्लों की तरह अपने साथ दोनों ओर चलते मुवक्किलों से—'वकील साहब, इस मुकदमे में क्या होगा?' सरकारी वकील तो ये कहता है।' इत्यादि पूछ-पूछकर उसकी नाक में दम किए डाल रहे थे। वकील साहब ने उन्हें झिड़क दिया था, "अरे भाई, मुझे कुछ सोचने भी दोगे या यों ही दिमाग़ चाटे जाओगे? मुकदमा खराब हो जाएगा तो कहोगे कि ये हुआ, वो हुआ।" मोटी-मोटी किताबों का गट्ठर और लॉ-रिपोर्टर की फाइलें लिए दोनों मुवक्किल सहमकर पीछे ही रह गए थे। वकील साहब ने सिगरेट का कश खींचकर बाहर खड़े दत्त से कहा, "चाय के लिए कह दिया?"

"जी साहब, अभी आ रही है।" दत्त ने बड़ी तत्परता से उत्तर दिया। फिर वह भीतर आकर अपनी कुर्सी पर बैठ गया।

"वही देवीसहाय सा'ब, टल्लूमल फर्म से जिनका छः महीने की तनख़ा का मुकदमा है।" मुंशी ने बताया।

"ओ!" वकील साहब को याद आ गया, फिर उन्होंने इधर देखा।

"कह रहे थे, हमारी तनख़ा वकील साहब दिला दें तो अपनी लड़की की शादी कर दें। बड़ी लड़की को 'छूछक' भेजना है। कोई उनकी भाँजी ब्याही जा रही है, सो उसे भात देना है।" दत्त ने बताया। वह एक बार साहब की ओर देखता और एक बार ब्रज और ज्योति की ओर। वे दोनों एकदम हँस पड़ने के मूड में मुँह पर हाथ रखकर देख रहे थे।

"वकील साहब क्या अपनी जेब से दे दें? वाह, यह अच्छी कही ! तुम्हारा तो अदालत में मुँह न खुले और वकील साहब रुपये दिला दें!" गुस्से के मारे वकील साहब ने एक झटके से नाक से ढेर-सा धुआँ निकाल डाला और दो उँगलियों से चोगे के भीतर से झाँकती कमीज़ के कालर पर बँधी कलफ लगी सफेद मलमल की पट्टी को ज़रा ठीक किया। उनकी अंगूठी का हीरा ज़ोर से चमक उठा।

"देखिए, वे आ गए।" ब्रज ने कहा। ज्योति और दत्त ने भी आँखें उठाकर उधर देखा। वकील साहब जान-बूझकर गम्भीर बने बैठे रहे। सारा वातावरण शान्त हो गया।

बीच की एक लम्बी चली जाती गैलरी के दोनों ओर वकीलों के कमरों के दरवाज़े थे और इन दरवाज़ों के बिल्कुल सामने कमरों के दूसरे दवजाज़े इस गैलरी के समानान्तर चले जाते बरामदे में खुलते थे। इस ओर के कमरे वाले बरामदे में सैकड़ों आदमी—वकील, मुवक्किल, टाइपिस्ट, चपरासी, गवाह और अन्य लोग आ-जा रहे थे। अदालत के लंच का समय था, इसलिए फल वाले, दालसेव वाले और वकीलों के कमरों में चाय-पानी पहुँचाने वाले नौकर इधर से उधर भाग रहे थे। इस भाग-दौड़ में आधे वकीलों के मुंशी थे जो अदालत के समय उनकी किताबों-मिसिलों के बस्ते सँभालते थे और शेष वक्त में साग-सब्ज़ी लाने और बच्चों को स्कूल पहुँचाने का काम कर देते। बरामदे के दरवाज़े में तभी लगभग अड़तालीस साल का एक व्यक्ति नमूदार हुआ। यह व्यक्ति बहुत

धीरे-धीरे जैसे घिसट-घिसटकर चल रहा था। पीला और बहुत पुराना-सा मुड़ा-तुड़ा कोट, घुटनों से ज़रा नीचे लटकी धोती–काली पतली-पतली टाँगें और बाटा के किरमिच के जूते। शायद खरीदने के बाद से उन पर सफ़ेदी नहीं हुई थी और फीतों का दूर-दूर तक पता नहीं था–दोनों जूतों की जीभें दुमकटे कुत्तों की पूँछ की तरह उठ आई थीं। अंगूठे और छोटी उँगली की जगह दो छेद हो गए थे। कमीज़ के बटन नहीं थे और सिकुड़ी छाती के सफ़ेदी की ओर बढ़ते भूरे बाल झाँक रहे थे। बनियान नहीं थी। दोनों कंधे इस तरह ऊपर उठे थे और कमर कुछ इस तरह झुक गई थी, जैसे उनके दोनों कंधों को पकड़कर किसी ने ज़ोर से दबा दिया हो ! गर्दन अपेक्षाकृत लम्बी और टेंटुआ उभरा हुआ। नाक के दोनों ओर आँखों के नीचे से होंठों के सिरों तक दो मोटी-मोटी झुर्रियाँ चली आई थीं। दो दिन की बढ़ी दाढ़ी वाली चमड़ी में सफ़ेद बाल चमक रहे थे। टीन के फ्रेम का अंडाकार मैले गन्दे काँचों का चश्मा–जिसका एक काँच टूट गया था और दूसरी ओर से मैले-से डोरे से कान पर बाँधा गया था। कान ज़रा बाहर की ओर निकले हुए। निस्तेज आँखें और आधे पागलों की-सी बेवकूफ़ निगाहें। झुर्रियोंदार माथा और आध-आध इंच के खिचड़ी बालों की चारों ओर पट्टी–क्योंकि चाँद के बीच की बड़ी-सी गोल चिंदियाँ गंज के कारण गायब थीं। हाथ में डोरों से बुना एक थैला लेकर इन्होंने प्रवेश किया। इनकी चाल-ढाल और सूरत-शक्ल से लगता था कि इन्होंने निश्चय ही बही के आगे बैठकर ज़िन्दगी भर कलम घिसी है।

"आओ बाबू देवीसाहय जी, वकील साहब आपको ही पूछ रहे थे।" कमरे के बीचोबीच रखी मेज़ के चारों ओर ये लोग बैठे थे और उस दरवाज़े की ओर वकील साहब की पीठ पड़ती थी। ब्रज बिल्कुल सामने था–बायीं ओर दत्त और दाहिनी ओर ज्योति ब्रज ने उन्हें देखते ही स्वागत में कहा। ये लोग इसी साल ग्रेजुएट होकर आए थे और इन वकील साहब के यहाँ काम सीखते थे। तीनों ही एक-दूसरे की दृष्टियों को बचा रहे थे।

तभी नौकर इन लोगों के बीच में ट्रे रख गया। इस बड़ी-सी प्लेट में ककड़ी के पाँच-छः सैंडविच थे। वकील साहब ने आखिरी कश खींचकर सिगरेट एक ओर कोने में फेंक दी और झटके से उठकर सीधे होते हुए बोले, "आओ बाबू देवीसहाय जी, बैठो।" और अत्यन्त ही व्यस्तता से वे इस तरह सैण्डविच उठाकर खाने लगे जैसे यह वाक्य उन्होंने किसी को भी सम्बोधित करके नहीं कहा हो। दत्त चार प्यालों में चाय बना रहा था। वहाँ कोई बैठने की जगह नहीं थी।

बिलकुल वकील साहब के पास आकर देवीसाहय ने इधर-उधर बैठने के लिए जगह देखी। पास पड़े तख्त पर अपने लाल बस्ते, मिसिलों के पुलन्दे और अन्य काग़ज़ात फैलाए दोनों मुंशी दीवार से लगे बैठे थे। वे दोनों ही मिसिल में से देखकर किसी के सम्मन पर नाम और वल्दियत लिख रहे थे। एक बोलता, दूसरा लिखता। एक ने काग़ज़ ज़रा नाममात्र को हटाकर तख्त के कोने पर ज़रा-सी जगह बनाकर उन्हें बैठने को जगह देते हुए कहा, "बैठो बाबू जी, यहाँ बैठो।" वे फिर काम में लग गए।

देवीसहाय ने बड़े सँभालकर बेंत को तख़्त से इस तरह टिकाया, जैसे ज़रा ज़ोर से रख देंगे तो उसके चोट लग जाएगी ! फिर स्याही के धब्बों से भरी बहुत ही पुरानी फटी दरी वाले तख़्त के कोने पर हाथ टेककर उस पर बहुत धीरे से बैठ गए। बड़े आहिस्ता से उन्होंने गोद में थैले को रख लिया और उस पर सावधानी से दोनों हाथ रखकर वे जैसे किसी रहस्य को खोलने की मुद्रा में वकील साहब की ओर झुक गए। वे इस तरह हाँफ रहे थे, जैसे बहुत दूर से चले आ रहे हों !

"हूँ !" वकील साहब ने जल्दी जताने के लिए घड़ी की ओर देखा और घोड़े की नाल की साइज़ का कटाव बनाते हुए मुँह भरकर सैंडविच कुतर ली। फिर चाय का कप होंठों की ओर बढ़ाया। इस 'हूँ' का मतलब था—जल्दी कहो, क्या बात है।

देवीसहाय ने तीनों की ओर देखा, फिर नाक के स्वर में भिनभिनाते हुए कहा, "वकील साहब, हमारी तनखा कब तक मिल जाएगी?"

तीनों सिखाड़ी फिर हँसने को हो आए। वकील साहब ने कहा, "बाबू देवीसहाय जी, तुम तो कभी-कभी बेवकूफ़ों की-सी बातें करते हो। जब तक मुक़दमा ख़तम नहीं होगा तब तक रुपये कैसे मिल जाएँगे?" होंठों से कप लगाकर उन्होंने ज्योति की ओर देखा।

इसी बीच में दत्त ने ज़रा ज़ोर से, जैसे किसी ऊँचा सुनने वाले से कह रहा हो, कहा, "वकील साहब कहते हैं, आपसे अदालत में बोला तो जाता नहीं है?"

देवीसहाय ने वकील साहब की ओर देखा, जैसे पुष्ट करना चाहता हो, क्या सचमुच वे ऐसा कह रहे हैं ? फिर डरे हुए अपराधी बच्चे की तरह कहा, "अबके तो वकील साहब, मैंने बयान बड़े अच्छे दिए थे।"

"हाँ, अबके तो ठीक थे।" वकील साहब ने गैलरी के पार सामने वाले वकील के कमरे में देखते हुए कहा।

"एक बयान और करवा दो, अबके ऐसे दूँगा कि बस मामला पार हो जाए।" देवीसहाय ज़रा जोश में आ गए।

"वह तो जब होगा तब होगा।" वकील साहब ने प्याला ट्रे में रख दिया।

"नहीं, एक बयान मेरा वेरी गुड और करा दो।" देवीसहाय ऐसे गिड़गिड़ाए जैसे पैर छू लेंगे।

"वकील साहब कह रहे हैं, तुम्हारे वेरी गुड बयान हो जाएँगे। चिन्ता मत करो।" वकील साहब ने विरक्तिपूर्वक ब्रज को देखा कि टालो इस बला को। इस 'वेरी गुड' शब्द पर तीनों फिर इधर-उधर गर्दन घुमा-घुमाकर हँसने लगे थे।

"हाँ, वकील साहब, मुझे रुपये की बड़ी ज़रूरत है। साला मकान वाला तंग कर रहा है। तुम्हारी बड़ी लड़की को लड़का हुआ है सो छूछक जाना है। भानजी को भात देना है—और घर पर तुम्हारी बहू बीमार पड़ी है दो महीने से। रुपये दिला दोगे तो छोटी लड़की के हाथ पीले कर दूँगा।" वे कहते रहे।

शायद यही बातें वे इसी तरह पहले कहकर गए थे, क्योंकि इस बार तीनों बुरी

तरह खिलखिलाकर हँस पड़े। ज्योति के मुँह में चाय थी—उसे एकदम सटकनी पड़ी, बुरी तरह खाँसी आ गई।

तभी मुंशी रामस्वरूप बोले, "बाबू देवीसहाय जी, वकील साहब का शुकराना तो दिलवाओ।"

"सब दिलवाऊँगा, चिन्ता मत करो।" उन्होंने मुंशी जी की ओर पंजे फैलाकर उन्हें सांत्वना दी।

मुंशी खिसककर मेंढक की तरह मिसिल और किताबें पार करते देवीसहाय जी के पास आ गए, "चिन्ता तो कर ही नहीं रहे। आज तो कुछ दिलवाओ।"

"अभी कहाँ ! रुपये मिल जाएँगे तो।" वे बुद्धू की तरह इधर-उधर देख रहे थे। असल में उन्हें इन लोगों की हँसी का कारण नहीं समझ में आ रहा था।

"भैया, बाबू लोगों को जब तक कुछ खिलाओ-पिलाओगे नहीं, इन्हें जोश कैसे आएगा?" मुंशी उनके कन्धे पर हाथ रखकर बोला।

"मुंशी जी, तुमने इनकी अर्ज़ी दाखिला दे दी?" वकील साहब ने नई सिगरेट जला ली थी और बात करते समय उनकी नाक और मुँह दोनों से धुआँ निकल रहा था।

तभी वे दोनों मुवक्किल, जिनसे पीछा छुड़ाकर वकील साहब आए थे, कमरे में आ गए। तख़्त पर किताबें सँभालकर रखते हुए उन्होंने फिर सहमी-सी निगाह से वकील साहब की ओर देखा और आज्ञा की प्रतीक्षा में अर्दली की तरह खड़े हो गए।

"अभी नहीं साहब!" मुंशी जी ने वकील साहब की बात का जवाब दिया, फिर देवीसहाय के कान के पास मुँह लाकर कहा, "बाबू देवीसहाय, एक रुपया सात आने दिलवाओ, अर्ज़ी-दाखिला देनी है।",

"एक रुपये सात आने! पहले रुपये दिए थे सवा सौ..." देवीसहाय के मुँह पर हवाइयाँ उड़ने लगीं।

"अरे, पहले रुपये कोर्ट-फ़ीस थी, ये तो देखो, छः आने छापने के..." मुंशी ने उँगलियाँ हवा में सरगम की तरह चलाईं, जिसका अर्थ था—टाइप। "एक आना काग़ज़ और एक रुपये के स्टाम्प। लाओ, निकालो।"

देवीसहाय ने जैसे सहायता के लिए देखा। वकील साहब ऊपर मुँह करके पंखे पर आँखें गड़ाए मुँह से धुआँ निकालते कुछ सोचने लगे थे। तीनों सिखाड़ी ताक लगाए घूर रहे थे कि अब क्या बेवकूफ़ी की बात आती है कि तीनों हँस पड़ें। देवीसहाय ने फिर जेबें टटोली।

"जब तक अर्ज़ी नहीं दी जाएगी तब तक अगली पेशी कैसे होगी?" मुंशी उन्हें समझा रहा था।

उन्होंने बड़े मरे और काँपते हाथों से चारों जेबें टटोलने के बाद कहीं भीतरी जेब से चश्मे की एक बहुत पुरानी डिबिया निकाली, उसके चारों ओर सुतली से लपेटे दिए गए थे। सब लोग ऐसी उत्सुकता से उन्हें देखने लगे जैसे अब उसमें से कोई साँप निकलेगा। देवीसहाय ने सुतली खोल डाली, फिर बड़े सँभालकर डिबिया खोली। बहुत

पुराने नीले-गन्दे मखमल पर कुछ कागज, जिनमें एक पर जन्म-कुण्डली के नक्शे चमक रहे थे, एक अस्पताल का पर्चा और एक-एक रुपये के कुछ नोट रखे थे। उन्होंने डिबिया तख़्त पर रख दी और नोट उठाकर मुँह से उँगली द्वारा थूक लेकर इस तरह गिनने लगे जैसे सौ-दो सौ नोट हों, लेकिन वे थे चार ही। एक बार गिनकर दुबारा गिनना शुरू किया...

"अभी तो एक बार और गिनेंगे।" दत्त ने ज्योति को बताया।

"आपसे तो नोट भी नहीं गिने जाते हैं। लाओ, मैं गिनूँ।" और एक तरह से मुंशी ने रुपये उनके हाथ से छीन लिए, वे रोकते रह गए।

"मुंशी जी, एकाध रुपया इनसे ज्यादा ले लीजिएगा। बाद में ज़रूरत पड़ती है। नोटिस की रजिस्ट्री होगी।" वकील साहब को जैसे याद हो आया।

नौकर ट्रे उठा ले गया।

"सरकार..." देवीसहाय जैसे एकदम बौखला गए। एक बार मुंशी जी की ओर मुड़े और एक बार वकील साहब की ओर।

"सरकार क्या होता है? फिर एक अर्ज़ी भी दाखिल करनी हो तो हमें रुकना पड़ता है। हम तुम्हारे पीछे कहाँ-कहाँ मारे फिरेंगे?" वकील साहब ने झिड़का।

"वकील साहब कहते हैं, तुम तो रोड इंस्पेक्टर की तरह सड़कें नापते हो।" ब्रज ने फिर ज़ोर से कहा, तीनों फिर हँस पड़े। सब रुपये मुंशी जी ने मोड़कर जेब में रख लिए और तख़्त पर रखी डिबिया को ज़ोर से बन्द कर दिया।

"देवीसहाय जी, ये बीबीजी कह रही हैं, कुछ मछली-वछली नहीं खिलवाओगे। ये कहती हैं, वकील साहब और मुंशी जी को तुम कैसे ही न कैसे समझ लोगे—कुछ हम बाबू लोगों को भी तो मिल जाए।" दत्त ने बड़ी गम्भीर मुद्रा बनाकर ज्योति की ओर संकेत किया।

रुपये छिन जाने से देवीसहाय बड़े हतप्रभ हो गए थे। मुँह पर एक झुर्री आती, एक जाती—जैसे बड़े उद्विग्न हों। उन्होंने बड़ी निर्जीव आँखों से ज्योति की तरफ देखा, यह जानने के लिए कि क्या सचमुच बीबी जी ऐसा कह सकती हैं? ज्योति ने कुहनी मेज़ पर टिका ली थी ओर हथेली पर ठोड़ी टिकाए, चुपचाप दार्शनिक मुद्रा में यह सब देख रही थी। जब तक वह हँसती नहीं थी, उसकी आँखें बड़ी निस्तेज और बुझी-बुझी-सी रहती थीं, मुख ऐसा भावहीन जैसे कभी हँसना-मुसकराना और चमक नाम की चीज़ इसने जानी ही न हो। एक ऐसा बुझापन और रूखापन उसके चेहरे पर था जो अक़सर निर्जीव विषय को रात-रात भर पढ़ने वालों के चेहरे पर आ जाता है। उसने कोई भाव नहीं दिखाया।

"ये कहती हैं, हमें गोल वाली मछली खिलाना, चपटी नहीं।" ब्रज ने जोड़ा।

वे कुछ कहें, इससे पहले ही मुंशी जी बोले, "खिलाएँगे सा'ब, खिलाएँगे। ज़रा इनका मुकदमा ठीक हो जाए, बस...फिर चाहे जितनी खाइए। उनकी छोटी लड़की तो मछली बड़ी अच्छी पकाती है। आप सबकी दावत करेंगे।"

"हमें कैसे मालूम हो, अभी तक तो इन्होंने एक पान भी नहीं खिलाया।" दत्त बोला, "क्यों देवीसहाय जी, देखो, बाबू लोग क्या कह रहे हैं?" मुंशी जी ने इस तरह कहा, जैसे इस बात का उन्हें ज़रा भी पता नहीं था। फिर उन्हें समझाने के स्वर में बोले, "ऐसे कहीं कुछ काम होता है, बाबू लोगों को खुश रखा करो। इस थैले में क्या है?" उन्होंने थैले की ओर हाथ बढ़ाया।

देवीसहाय जैसे तंद्रा से चौंक उठे हों—उन्होंने जल्दी से थैला बचाने के लिए दूसरी तरफ रख लिया, बड़ी मुश्किल से हकलाकर बोले, "कु...कुछ...नहीं।"

"अरे, तो ऐसे मरे क्यों जाते हो? लाओ, मैं देखूँ।" मुंशी जी ने झपटकर थैला छीन लिया। देवीसहाय ने उसे पकड़कर थोड़ा खींचा लेकिन मुंशी जी का खिंचाव ज़्यादा था। उन्होंने बड़ी असहाय और निरीह दृष्टि से चारों तरफ़ देखा।

मुंशी जी ने थैला हाथ में लेकर उन्हें समझाया, "जब तक बाबू लोगों को खुश नहीं रखोगे, कैसे ये लोग वकील साहब से आपके काम की सिफ़ारिश करेंगे ?" कहकर उन्होंने थैले की आपस से बँधी तनियाँ खोल डालीं और उसमें से एक मैली तौलिया निकालकर एक तरफ रख दी।

देवीसहाय के होंठ फड़फड़ाए। उन्होंने फिर एक बार विरोध करने के लिए हाथ फैलाए, लेकिन मुंशी जी ने झिड़क दिया और थैले से दो शीशियाँ निकालकर तख्त पर खड़ी कर दी थीं—एक छोटी, एक बड़ी। दोनों में दवा भरी थी और काग़ज़ के खुराकों के निशान काटकर चिपकाए हुए थे। सब लोग फिर ग़ौर से देखने लगे थे—देखें, अब इसमें से क्या निकलता है।

मुंशीजी ने चार संतरे, तीन मोसम्मी और एक सेव निकालकर मेज़ के सिरे पर रख दिए।

"आज तो देवीसहाय जी, बड़ा माल लिए आ रहे हो और कह रहे थे, कुछ नहीं है।" दूसरा मुंशी वहीं दीवार के सहारे से बोला।

"अरे साहब, ये देवीसहाय जी बड़े खुशमिज़ाज आदमी हैं। ज़रा आपकी थाह ले रहे थे।" कुटिलता से मुसकराकर मुंशी रामस्वरूप ने कहा, "क्यों, है न देवीसहाय जी?"

"तो ये हमारे लिए लाए हो ?" ब्रज की आँखों में चमक आ गई।

"हाँ, हाँ, खाइए।" इस बार बड़ी मुश्किल से जैसे गले में अटके कफ़ को साफ़ करके देवीसहाय मुसकराए। लगा, रोने लगेंगे।

"अरे खाइए बाबू साहब, आप तो देख रहे हैं।" मुंशी जी ने संतरे के छिलके में अंगूठा गड़ाकर छील डाला।

फलों में हिस्से-बाँट हो गए, और देवीसहाय ने मरे-मरे हाथ से तौलिया थैले में डाला, ऊपर से शीशियाँ ठूँसीं और थैला खड़ा करके चुपचाप संतरे और मोसम्मियाँ चूसी जाती देखते रहे।

तीनों सिखाड़ी बड़े प्रसन्न थे। कुछ हिरसा मुंशियों को भी मिल गया था। वकील साहब बड़े ग़ौर से सामने खुली किताब में कुछ पढ़ते हुए दूसरे हाथ में छिले हुए संतरे

की फाँकें पकड़े रहे—याद आ जाता तो मुँह में एक डाल लेते। देवीसहाय बुद्धू की तरह इधर-उधर देखते रहे। सब लोग अपने-अपने कामों में व्यस्त थे। उन्होंने छड़ी उठाई, थैला पकड़ा और उठ खड़े हुए।

"तो बाबूजी, मैं जाऊँ?" कुछ देर खड़े रहकर उन्होंने वकील साहब से झिझकते स्वर में पूछा।

वकील साहब सोते से जागे। खूब ज़ोर से सिर हिलाकर बोले, "हाँ, अब तुम जाओ। और हाँ, चिन्ता मत करो...सब हो जाएगा। तुम्हारे पैसे हम दिला देंगे।" वे फिर डूब गए।

मुंशी ने तभी कहा, "ऐसे थोड़े ही मिलते हैं रुपये। सबको तो तुमने खुश कर दिया—मुंशी जी क्या भाड़ में जा पड़ें? अरे, एक-दो आने बीड़ी के तो देते जाते।" और उसने निःसंकोच और बेलाग होकर देवीसहाय जी की जब सारी जेबें ऊपर से टटोल डालीं—फिर टेंट भी इस तरह टटोली जैसे थाने में किसी जेबकतरे की तलाशी ली जाती है।

"जाने दो बेचारे को, ज्यादा तंग मत करो।" वकील साहब ने बीच में डिस्टर्ब होकर कहा।

"अच्छा, जाइए, लेकिन भूलना मत...।" मुंशी ने काफ़ी अनुकम्पापूर्वक कहा।

देवीसहाय पाँव घिसटाते-घिसटाते बाहर की ओर चल दिए। ज्योति एकदम सचेत होकर अपनी उँगली मेज़ पर रख-रखकर बता रही थी, "पहले यह कह रहे थे...कैसे उन्होंने 'वेरी गुड' बयान दिया था। जज ने पूछा, ये बात हुई—इन्होंने कहा 'नो', लिखो 'नो', और उस वक्त तक अपना बयान रोके रखा जब तक जज ने 'नो' नहीं लिख लिया..." तीनों फिर हँस पड़े।

"बेवकूफ़ है..." वकील साहब कह ही रहे थे कि बाहर किसी कोर्ट में चपरासी ने ऊँची आवाज़ में बाँग दी, "रघूमल मुन्नेलाल हाज़िर हैऽऽ?" लंच टाइम खतम हो गया था। वकील साहब झटके से उठे। उनके गले की दोनों पट्टियाँ और कॉलर हिले।

उस समय बाहर वकील साहब के दरवाज़े के सामने बरामदे में खड़े देवीसहाय ने थैले में से एक-एक करके दोनों शीशियाँ निकालीं और डाट खोलकर करौंदे की झाड़ी में औंधी कर दीं। जब सारी दवा फैल गई तो उन्हें ज्यों-की-त्यों थैले में ठूँसा, ज़ोर से नाक साफ़ की और उँगलियों को खम्भे से पोंछते हुए डगमगाते कदमों से सीढ़ियाँ उतरने लगे।

तभी बरामदे से काली मुर्गी की तरह वकील साहब गुज़र गए—चूज़ों की तरह उनके साथ मुवक्किल दोनों ओर लगे थे।

साइकिल

एक बड़ा पहिया जैसे उसके दिमाग़ में छा गया और फिर बड़ी तेज़ी से घूम उठा। उसे सब कुछ ऐसा धुँधला-धुँधला दीखने लगा जैसे वह बरसते पानी में भीगती खिड़की के काँचों के पार देख रही हो। फिर वह पहिया दूर—पीछे अँधेरे में हटता गया, हटता गया और सहसा दो पहियों में बदलकर उसकी खुली अपलक ताकती आँखों की पुतलियों में घूमने लगा। उसकी निग़ाह सामने कच्चे रास्ते पर जाती हुई बैलगाड़ी के मोटे-मोटे पहियों पर अटक गई। गाड़ी पर करब लदी थी और गाड़ीवान उसके ऊँचे पहाड़ के पीछे छिपा हुआ था। अक़्सर उसका चाबुक लेकर उठता हुआ हाथ दिखाई दे जाता था। चाबुक पड़ते ही सिर हिला-हिलाकर बैल पीछे चौड़ी लीकें छोड़ते हुए दौड़ने लगते थे। पास वाले पहिए के ऊपर ही धुएँ से काली लालटेन लटक रही थी। गाड़ी से ज़रा पीछे हटकर एक ग्रामीण युवक सिर पर एक पोटली और कन्धे पर लाठी रखे, चमरौंधा चरमराता जा रहा था। गले में पड़े उसके दुपट्टे का एक छोर उसकी बगल में होकर पीछे गया था और लाल लहँगा पहने, घूँघट काढ़े एक स्त्री की पीली ओढ़नी के छोर से बँधा था। स्पष्ट ही, पीछे-पीछे चुपचाप चली आने वाली उसकी नवविवाहिता पत्नी थी जिसे वह संभवतः विदा कराके ला रहा था। आसमान में नीचे उतरते सूरज की किरणों में उसकी ओढ़नी का गोटा चमक रहा था। कैसी गाय-सी वह पीछे-पीछे चुपचाप चली जा रही थी! रश्मि उसे देखकर सोचने लगी कि आगे जाती बैलगाड़ी और पीछे की इस जोड़ी में कितना साम्य है। बैल चल रहे हैं, और गाड़ी घिसट रही है। उससे अधिक नहीं देखा गया तो उसने झटके से खिड़की बन्द कर दी।

कुर्सी पर बैठे-बैठे ही आनन्द ने पीछे मुड़कर देखा, 'क्यों?' दृष्टि में प्रश्न मुखर हुआ, 'खोल दो न? एकदम अँधेरा हो गया।'

तब सहसा सचेत होकर रश्मि ने खिड़की खोल दी, पर्दे ठीक कर दिए और बीच की पीतल की मेज़ पर कागज़ के सिकुड़े हुए फूलों को खोलती और पीतल के गमले के आस-पास सजे हाथी-घोड़े और बारहसिंगों को ठीक से रखती हुई बोली, "नहीं आ रहा तो आप क्यों अपनी चाय ठंडी किए दे रहे हैं ? पी लीजिए, उसके लिए फिर बन जाएगी।"

होंठों के कोने में हाथी दाँत के होल्डर में लगी सिगरेट दबी थी और दोनों हाथों से अखबार फैलाए हुए आनन्द पीछे खिड़की से आने वाले प्रकाश में अखबार पर निगाह

अटकाए हुए था। यों ही ज़रा-सी कलाई घुमाकर घड़ी पर निगाह फेंककर उसने होंठों के दूसरे कोने से धुआँ निकालते हुए कहा, "क्या हुआ? पाँच बजकर कुल दस मिनट ही तो हुए हैं। आता ही होगा।" वह फिर अखबार में खो गया। दो क्षण बाद, जैसे उसे सहसा कुछ बात याद आ गई हो, एकदम बोला, "हाँ, तुम तैयार क्यों नहीं हो जातीं जल्दी से? यह क्या कर रही हो? सब ठीक है। जाओ, कपड़े पहनो।"

"भई, मैंने तो कह दिया कि मेरा मन नहीं है।" दबे स्वर में रश्मि बोली।

"फिर वही बात! कुछ दूसरे का भी ध्यान रखा करो। अब एक भले आदमी से कह दिया है, तो ज़रा मन भी मारना पड़ता है।" आनन्द ने अखबार कपड़े की तरह समेटकर एक ओर फेंक दिया और सीधा तनकर सामने चाय की मेज़ की ओर झुकते हुए बोला, "जाओ, ज़िद नहीं करते हैं। पिक्चर अच्छी है। मन लग जाएगा। चैस्टर ले लेना। उधर से आने में ठंड हो जाएगी।"

"अच्छी नहीं है।" ठिनककर रश्मि ने कहा, "मिसेज बत्रा कह रही थीं कि किसी काम की नहीं है। आप हो आइए।"

"मिसेज बत्रा के पुरखों ने देखी भी है कभी पिक्चरें? बड़ी आई राय देने वहाँ से! किसी काम की नहीं है!" मुर्गे के आकार की टी-कोज़ी को उतारकर एक ओर रखते हुए आनन्द भड़क उठा, "बेकार सही, मैं कहता हूँ, तुम्हें चलना पड़ेगा। एक भले आदमी से एप्वाइंटमेण्ट कर लिया है और बीबीजी के नख़रे ही नहीं मिल रहे। बेचारे ने पास का इंतज़ाम किया होगा, गाड़ी लेकर आएगा और आपसे यहाँ से निकला तक न जाएगा।"

हाथ का काम रोककर एक बार रश्मि ने उधर देखा और जब वह ज़रा चुप हुआ तो बड़े डरते हुए बोली, "मेरी तरफ़ से एप्वाइंटमेण्ट करते वक्त ज़रा पूछ ही लेते फ़ोन से।"

क्रोध के मारे सिगरेट को बुरी तरह ऐश ट्रे में ठूँसते हुए आनन्द ने कहा, "फिर वही अपनी ज़िद! उस दिन साइकिल वाली बात की तरह आज फिर..."

अभी तक रश्मि ज़रा चुप थी, दब रही थी। अब एकदम तेज़ स्वर में बोली, "साइकिल-साइकिल! मैंने बीस बार कह दिया, मुझे नहीं सीखनी साइकिल! फिर क्यों मेरे पीछे पड़े हो ? कॉलेज जाती थी तब तो सीखी नहीं—अब सीखूँगी?" विद्रूप से उसने ज़ोर से सिर झटका और उसकी आँखों में आँसू छलछला आए।

"एक चीज़ सीख जाओगी तो क्या बुरा है?" हालाँकि रश्मि की इस बेकार की ज़िद से गुस्सा तो आनन्द को काफ़ी आ गया था, लेकिन आँसू देखकर वह सहम गया। अभी थडानी आता होगा और उसके सामने यह सब बखेड़ा अच्छा नहीं लगता।

"मुझे नहीं सीखनी। आख़िर कोई बात भी हो कि एक दिन उसने कह दिया कि आज की हर लड़की के लिए साइकिल बड़ी ज़रूरी चीज़ है, अब दिन-रात मेरे पीछे पड़े हैं। कल कह देगा, खेत जोतना अच्छा है। बस, मैं वह शुरू कर दूँ—मेरी अपनी कोई इच्छा ही नहीं है?"

"लोग रोते हैं कि वे जो कुछ करना चाहते हैं, उसके लिए सुविधा नहीं मिलती।

यहाँ उसने इतनी बढ़िया साइकिल लाकर पटक दी है और मेम साहब के मन को ही नहीं भाती।''

''अच्छा, मुझे बताइए, अच्छी लगूँगी मैं अब साइकिल पर चढ़ती? और मुझे आख़िर जाना कहाँ है? दफ्तर जाना नहीं, पढ़ने जाना नहीं। मैंने तो उससे नहीं कहा था कि तू साइकिल पटक जा। और साफ़ सुन लीजिए, मुझे आप लोगों की पिकनिक-विकनिक में कहीं नहीं जाना...आपको जहाँ जाना हो—क्लब, पिकनिक, सभा, सोसायटी—वहाँ शौक से जाइए। मैं दोनों हाथ जोड़ती हूँ, मुझे माफ़ करो बाबा, मैंने तो सब कुछ भर पाया।'' और ज़ोर से रश्मि ने इस तरह दोनों हाथ जोड़े कि कलाइयों की चूड़ियाँ बुरी तरह झनक गईं। वह तेजी से दूसरे कमरे में जाते-जाते दरवाज़े पर परदा कर रुक गई और एकदम घूमकर बोली, ''और ऐसा ही शौक है तो ड्राइविंग सिखाइए न, देखें कितनी हिम्मत है!''

तभी अभ्यासवश हाथ बढ़ाकर दरवाज़े के एक ओर लगी हुई घण्टी बजाते हुए थडानी ने प्रवेश किया। हँसकर बोला, ''ड्राइविंग की क्या बात कह रही हैं भाभी जी?''

''बड़ी देर लगा दी! तमाम चाय ठंडी हो गई।'' आनन्द का अपना प्याला बन चुका था। वह उत्तेजना शान्त करने के लिए प्याले में चीनी चलाते हुए सिर हिलाकर बोला, ''असल में एक चीज़ पर निगाह पड़ गई। मैंने कहा, अब इसे लेता ही चलूँ।'' थडानी रश्मि की ओर देखता आनन्द की ओर बढ़ा। परिस्थिति भाँपने के लिए एक बार रश्मि और एक बार आनन्द को देख अपने चौड़े हरे मर्करी काँच के चश्मे की पतली-सुनहली कमानी मुट्ठी में पकड़कर चश्मा घुमाते हुए आनन्द के पास आ बैठा। दूसरा प्याला प्लेट में सीधा करते हुए उसने पूछा, ''ड्राइविंग की क्या बात हो रही थी?'' आनन्द ताज़े कटे हुए सेबों की प्लेट थडानी की ओर खिसकाकर, उसके कप में चाय डालने लगा। दूध डालता हुआ बोला, ''कह रही थीं, क्या साइकिल सिखलाते हो! हिम्मत हो तो ड्राइविंग सिखाओ।''

''बस?'' थडानी ने अपने स्वर से तुच्छता का भाव प्रकट किया। अपनी बाँहें झटककर विचित्र भाव दिखलाया। ''अरे कोई और बड़ी बात कही होती! भाभी जी ने भी भई क्या बात कही है ! ड्राइविंग कोई ऐसी अलभ्य चीज़ है ? ज़्यादा-से-ज़्यादा कार दस हज़ार की आ जाएगी। चलो, तो फिर आज 'ताराचन्द झाऊमल' के यहाँ यही काम ख़त्म किया जाए। मारो गोली सिनेमा को। वह फिर कभी सही!...भाभी जी, आप तो तैयार भी नहीं...''

''अरे पागल हुए हो? मुझे ज़िंदा रहने दोगे या नहीं? वैसे ही लोग कानाफूसी करते हैं कि पता नहीं थडानी क्यों आनन्द का घर भर रहा है। दो-चार ठेके और मिल जाएँगे।'' और मुसकराते हुए आनन्द ने बढ़िया सिगरेट का डिब्बा खोलकर एक सिगरेट ज़रा आगे खींचकर थडानी की ओर बढ़ा दी।

''अजब बात करते हो।'' एक ही घूँट में वह ठंडी चाय का आधा प्याला पी गया और सिगरेट लेते हुए आँखें तरेरकर बोला, ''इंजीनियर के यहाँ कार होना कोई ऐसी

अनोखी बात है? और भरने का क्या, किसी के बाप का तो नहीं भरता?"

"नहीं यार, फिर भी नए इंजीनियर के यहाँ का यह सब ठाट-बाट लोगों की निगाहों में खटकता ही है। वैसे ही तुम्हारा चार-पाँच हज़ार सिर पर चढ़ गया है। यह सब कहाँ से दूँगा? मुझे तो रात को नींद नहीं आती।"

"पार्टनर, यही सब बातें सुनकर मेरे तन-बदन में आग लग जाती है। मैंने कभी इस तरह की कोई बात कही? मैं अब आगे इस घर में क़दम नहीं रखूँगा।" थडानी ने काफी ऊँचे स्वर में उत्तेजित होकर कहा, "घर पड़े-पड़े इस रुपये का क्या होता? बंदा सबकी शराब पी जाता...।"

कृतज्ञता के भाव से मुसकराकर जैसे उसे मनाते हुए आनन्द ने बिस्कुटों वाली प्लेट उसकी ओर बढ़ाकर कहा, "मेरा मतलब कहने का यह था कि बेकार पैसे क्यों फेंकते हो? वॉयलिन ले आए थे, वह पता नहीं कहाँ पड़ा है ! अब साइकिल लाकर डाल दी। तुम जानते हो, वह नहीं सीखेंगी।" फिर आवाज़ दी, "पहाड़ी, चाय का पानी दे जाओ।"

"अरे सब सीखेंगी, सीखेंगी कैसे नहीं ? ड्राइविंग सीखेंगी, सायकिलिंग सीखेंगी—सब।" और रश्मि को सुनाकर कहा, "मैं बिलकुल मेमसाहब बना दूँगा। देखिए भाभी! क्या लाया हूँ?" उसने एक ओर झुककर जेब से एक नीले मखमल की डिबिया निकालकर कहा, "आपका नाम 'र' से शुरू होता है न? 'र' वालों के लिए हीरा बहुत ही शुभ माना गया है। ड्राइविंग में किसी बात का ख़तरा नहीं रहेगा..."

रश्मि परदा पकड़े ही सुन रही थी, अब उसे छोड़कर वह अन्दर चली गई।

"नाराज़ हैं।" बहुत धीरे से आनन्द ने बताया और प्रशंसा और कृतज्ञता-मिश्रित निगाहों से छोटे-छोटे हीरों जड़ी सुन्दर अंगूठी को हाथ में लेकर देखने लगा। उसे देखकर उसकी तबियत तो प्रसन्न हो गई थी, लेकिन चिन्ता के स्वर में पूछा, "कितने की है?"

"छोड़ो।" थडानी ने हाथ बढ़ाकर अंगूठी छीन ली, "तुम्हारी किस्मत में यह सब नहीं है।"

"रश्मि, देखो तो।" आनन्द ने बेशर्मी से मुसकराते हुए दरवाज़े की तरफ इशारा करके कहा, "भीतर है, वहीं पहना दो।"

थडानी उठ खड़ा हुआ और घूमकर कमरे के दरवाजे की ओर बढ़ा।

"ज़रा जल्दी तैयार होने को कह देना।" पीछे से आनन्द ने कहा। वह एक बड़े-से बिस्कुट को दोनों हाथों से पकड़कर धीरे-धीरे कुतरने लगा। और बस इसी बात से रश्मि कुढ़ जाती है। रश्मि को थडानी ज़रा भी अच्छा नहीं लगता, और आनन्द है कि हर समय उसे बीच में लाकर खड़ा कर देता है। वह जल्दी से दरवाज़े से हट गई। एकदम पूरा जूड़ा खोल डाला और सीधे ड्रेसिंग टेबिल के सामने जाकर खड़ी हो गई। पीछे से घुमाकर सारे बाल सामने कर लिए और उन्हें एक हथेली पर फैलाकर दूसरे हाथ के कंघे से बालों पर ज़ोर-ज़ोर से प्रहार कर उन्हें इस प्रकार सुलझाने लगी मानो रुई धुन रही हो। ज़ोर के सर्राटे के साथ कंघा बालों में तैरता, कभी-कभी एकाध चिनगारी फूटती और टूटे हुए बालों का गुच्छा कंधे में उलझ रहता। अनजाने ही उसके होंठ कस गए।

कंघा उठाते हुए उसने शीशे में देख लिया कि थडानी भीतर आ रहा है।

"भाभी, यह क्या आदत है आपकी? जल्दी तैयार हो जाइए न!"

रश्मि को अपनी भौंहें ढीली करनी पड़ीं, होंठों की ऐंठन में मुसकान भरनी पड़ी। उसने मुड़कर कहा, "सच कहती हूँ थडानी साहब, मेरा मन जाने को ज़रा भी नहीं है। आप लोग हो आइए न!"

"ड्राइविंग सीखने को कह रही थीं न, चलिए, चलते हुए किसी अच्छी गाड़ी का नया मॉडल देखते चलेंगे। जल्दी कीजिए, अब यों सुस्ती का काम नहीं है।" बिना उसे जवाब देने का मौका दिए हुए थडानी कहता गया और बिलकुल पास जाकर ड्रेसिंग-टेबिल की ज़रा-सी खुली दराज़ पर एक पाँव रखकर बोला, "आपको पता है, आपकी राशि पर हीरा है? देखिए, आज मुझे यह चीज़ बहुत पसन्द आ गई...।"

रश्मि पीछे हट गई। सबसे ज़्यादा झुँझलाहट उसे आनन्द पर आ रही थी। क्यों इतना सिर चढ़ा रखा है इस लफंगे को? आए हो, ड्राइंग रूम में बैठो। उसके मन में हुआ, ज़ोर से डाँटकर बाहर भगा दे। लेकिन उसने प्रशंसापूर्ण नेत्रों से डिब्बी की ओर देखते हुए अनजान बनकर पूछा, "किसके लिए? रानी के लिए लाए हो?" रानी थडानी की बहन है।

"बता तो रहा हूँ, आपकी राशि पर हीरा है। देखिए, कैसी लगती है?" और थडानी ने अंगूठी इस तरह उठाई कि रश्मि अपनी उँगली इधर बढ़ा दे। रश्मि को अपने पर नियंत्रण अब असह्य लगा। हाथ के कंघे को उसने मुट्ठी में कसकर पकड़ लिया। गम्भीर भाव से हथेली फैला दी कि रख दो।

"उहूँ!" हाथ हिलाकर थडानी ने इस तरह कहा, जैसे पहनना हो तो उँगली में पहनो।

रश्मि का हाथ एक क्षण असमंजस में यों ही रहा, उसने बड़ी तीखी नज़रों से एक क्षण को थडानी के मुसकराते चेहरे को देखा, लापरवाही से; लेकिन सावधानी से बिखरे हुए रूखे-सुनहले बालों को देखा, उसके छिदे कानों को देखा, शायद बचपन में उसे कीलें पहनाई गई थीं, और फिर एकदम हाथ खींचकर अत्यन्त व्यस्तता से उसकी ओर से जैसे बिलकुल तटस्थ होकर कंघा चलाने लगी। अपने मुख पर उभर आए भावों को छिपाने की ज़रा भी ज़रूरत नहीं समझी।

थडानी थोड़ी देर देखता रहा और फिर छत की ओर मुँह कर ज़ोर से खिलखिला पड़ा। उसने डिबिया नीचे मेज़ पर रख दी और ड्राइंगरूम में आ गया।

बाहर आनन्द, सामने की दीवार पर टँगे एक रेगिस्तान का चित्र देखता हुआ, खड़े-खड़े टाई की गाँठ को ठीक कर रहा था।

कंघा ज़ोर से मेज़ पर पटककर रश्मि इतनी ज़ोर से पलंग पर जा गिरी कि पलंग की कमानियों ने दो-तीन बार उसे उछाल दिया।

अँधेरे और सन्नाटे में खर-खर करती चमकदार तस्वीरोंवाली रील चलती रही, और रश्मि

आँखें फाड़े भीतर भुनती रही। गोद में रखे पर्स की घुंडियों को वह ज़ोर से मरोड़कर कभी पर्स खोल देती, कभी बन्द कर देती। साफ़ बात है, उसे यह आदमी ज़रा भी पसन्द नहीं है। लेकिन आनन्द है कि...उसे ऐसा लगता है जैसे उसके 'भाभी' संबोधन में ही कहीं कुछ ऐसा है जो उसे सिहरा देता है। उसकी हर निग़ाह जैसे उसे तौलती है। रश्मि इस सब की अभ्यस्त नहीं है। वह हृदय से इसे नापसन्द करती है लेकिन...लेकिन इसके अहसान...फिर भी कैसे आनन्द इतना अंधा हो गया है...वह यह सब नहीं देखता? थडानी की निगाहें नहीं देखता? फिर भी...कैसा जादू कर दिया है?

सचमुच कल सुबह से तो वह बहुत अधिक उद्विग्न हो उठी। धोबी को कपड़े देने के लिए जब वह आनन्द की पैण्ट से बकसुए निकाल रही थी तो कागज़ का एक पर्चा भी जेब में मिला—बुरी तरह मुड़ा था, जैसे मुट्ठी में कस-कसकर मोड़ा गया हो। खोलकर यों ही देखा, किसी होटल का बिल था। 'ह्विस्की एक बोतल' पेन्सिल से घसीट में लिखा था। वह इस तरह चौंक गई जैसे हाथ में सहसा अंगार आ गया हो। हूँ, तो यह होता है रात को दो-दो बजे तक!...यह थडानी कमबख्त...! अब उसकी समझ में आ गया, आनन्द के गालों की उभरी हड्डियों पर काले-काले दाग़ क्यों हैं।

बड़ी देर आँखें फाड़े वह शून्य में ताकती रही और फिर एक बड़ी गहरी साँस लेकर रो पड़ी। शनिग्रह की तरह यह थडानी आनन्द के पीछे पड़ा है। दोनों भाड़ में जाएँ! लेकिन वह उसे क्यों घसीटता है? ज़रा-सी साइकिल के पीछे कितनी कहा-सुनी हो गई थी उस दिन!...थडानी ने कहीं कह दिया था, "चलो आनन्द, चार-छः दिन को कहीं साइकिल पर घूम आएँ—लम्बे चलो। ज़रा शूटिंग-उटिंग का मज़ा रहेगा। भाभी को भी ले लो।"

"वे तो बाइसिकिल पर चढ़ना जानती ही नहीं हैं?" झिझककर आनन्द ने आपत्ति की थी।

"भाभी साइकिल चलाना नहीं जानतीं?" थडानी इस तरह विस्मय से बोला था जैसे कोई आश्चर्य की बात सुन रहा हो, "कैसे कॉलेज में पढ़ी हैं?" फिर खुद ही बोला था, "तो सीख लेंगी। मेरे यहाँ एक पड़ी है बिलकुल नई। सिस्टर के लिए लाया था, तुम्हारे यहाँ भेज दूँगा।"

और जिस दिन उसका नौकर बिलकुल नई चमचमाती साइकिल दे गया था, उस दिन पति-पत्नी में ज़ोर का महाभारत हुआ। सामने आँखें गड़ाए वह एक-एक बात को दिमाग में घोंटती रही।

दोनों में दो दिनों तक अनबोला रहा था। लेकिन इस बीच में भी रश्मि को लगा था, जैसे मन-ही-मन आनन्द भी उस बात को नापसन्द करता है, पर शायद थडानी को अप्रसन्न नहीं करना चाहता। अचानक भक से इन्टरवल हो गया और सिनेमा की बत्तियाँ चमचमा उठीं। वह चौंक पड़ी और आँखें मींजने लगी।

"कैसा लगा भाभी?" थडानी ने पूछा। उसने इधर की तरफ मुँह करके सामने वाली सीट की पीठ पर कुहनी टेक ली।

"हाँ, अभी तक तो ठीक है।" रश्मि को पता ही नहीं था कि तस्वीर में क्या चल

रहा है।

"अच्छा, हाँ, ज़रा आप लोगों को कुछ ठंडा-गरम..." अचानक उसे याद आ गया। वह झटके से उठ खड़ा हुआ और दोनों के रोकने पर भी बाहर चला गया।

यहाँ बैरे घूम रहे थे और नीचे बड़ा शोर हो रहा था। "मैं बिलकुल साफ़ कहे देती हूँ, अंगूठी-बंगूठी मैं न लूँगी। फिर आप कहें कि आपके मित्र का अपमान हुआ।" चैस्टर के अस्तर की सिलाई में कोई डोरा टूट गया था, उसे खींचते हुए रश्मि ने कहा।

आनन्द ने सहसा कोई जवाब नहीं दिया, फिर बड़ी खुशामद के स्वर में बोला, "रश्मि, कभी-कभी तो तुम बिलकुल पागलों की-सी बातें करने लगती हो।"

"पागलपन की क्या बात है! आपका दिमाग़ तो गया है चरने। सुन लीजिए सही बात..." रश्मि उत्तेजना का घूँट भरकर पी गई, "उधार पर उधार करते जा रहे हैं, शर्म नहीं आती!"

"शर्म की बात तो तब हो जब मेरा देने का इरादा न हो। मैं उसकी एक-एक पाई चुका दूँगा।" रश्मि की इस बात से गुस्सा तो आनन्द को बहुत आया, लेकिन आस-पास देखकर चुप हो गया। समझाने के लिए बड़े नम्र स्वर में बोला, "तुम एक बात नहीं सोचतीं। उसे आखिर हमसे लालच क्या है? बाप उसका लाखों का ठेकेदार है, ज़्यादा-से-ज़्यादा यही लालच होगा। फिर भी स्नेह तो देखा ही जाता है। नहीं तो नौकरी के चार महीने बाद ही यह फर्नीचर, यह रेडियो, यह सब ठाट-बाट आखिर कहाँ से आ जाता? इतना सब करने पर भी यदि हम ठीक तरह से बोले भी नहीं तो किसी का सिर तो फिरा नहीं है।" आनन्द ने हल्के से अपना हाथ रश्मि के पीछे सीट पर फैला दिया। पूछा, "कार तुम्हें कैसी लगी? भई, मेरा तो मन..."

न चाहने पर भी रश्मि के गालों पर एक हल्की-सी चमक उभर आई, आँखों में स्निग्धता छा गई...तभी पीछे-पीछे बैरे से 'ट्रे' में कुछ सामान लिवाए, अपनी सर्ज की पतलून की जेब में हाथ डाले और लम्बे डग भरता हुआ थडानी बीच की गैलरी से इधर मुड़ा।

"तो क्या खाना यहीं होगा...?" आनन्द ने तकल्लुफ़ में कहा।

"शट् अप..." थडानी ने नकली क्रोध से उसे झिड़का।

"अच्छा है, मेरी मेहनत बच गई..." रश्मि परिहास से बोली...उसके दाँत चमक उठे।

लेकिन जैसे ही दुबारा अँधेरा हुआ, फिर वही घुटन और अँधेरा उसके दिमाग़ में मँडराने लगा। सामने विज्ञापन चल रहे थे—क्रीम की शीशी, शृंगार के पुराने प्रसाधनों से उसकी तुलना...

साइकिल...हर हिस्सा मज़बूत है। अचानक रश्मि के दिमाग़ में संध्यावाला बैलगाड़ी का दृश्य आ गया...साथ चलता जोड़ा, आगे बैल चलता है, उसके पीछे गाड़ी घिसटती है। अगला चलता है, पिछला घिसटता है। यह साइकिल है—यहाँ सामने आड़ करके पिछला अगले को धकेलता है...और ज़ोर से फिर एक पहिया उसके दिमाग़ में घूमने लगा और बराबर घूमता रहा।

तीन पत्र और आलपीन

पता नहीं, यह कौन-सा नियम है कि एक बार जहाँ चोट लग जाती है, लाख बचाने पर भी चोट फिर-फिर वहीं लगती है!

आज ज़रा-सी असावधानी से फिर पिन वहीं चुभ गई जहाँ आज से कुछ समय पहले चुभी थी और चोट अभी तक ठीक नहीं हुई थी।

और असावधानी भी मैं इसे क्या कहूँ ! कोई बात भी हो असावधानी की! ज़रा-सी बात कि तीन पत्र एक आलपीन से नत्थी थे और वह उन पत्रों से चिपके रहने से ज़ंग खा गई थी। इन तीन पत्रों के अलावा उस आलपीन में कुछ और भी कागज़ के कोरे टुकड़े इस तरह चिपके थे कि अनायास ही लगता था, अवश्य ही कुछ और पत्र भी उससे बिंधे होंगे जो बाद में फट गए या फाड़ डाले गए। और अब उनके ज़रा से टुकड़े चिपके रह गए हैं। बहरहाल, मैं इतना जानता हूँ कि होश मुझे उस समय आया था जब इन पत्रों और कागज़ के टुकड़ों से अलग करने के प्रयत्न में यह आलपीन टूट गई थी और उसका टूटा हिस्सा निर्दयतापूर्वक मेरी उँगली के पहले घाव में घुस गया था। तीनों पत्र धरती पर जा पड़े थे और दर्द से मैं कराह उठा था।

सबसे अधिक आश्चर्य की बात तो यह है कि उँगली में चोट भी आलपीन से लगी थी। वह कैसे लगी, एक बड़ा किस्सा है जो समय और धैर्य दोनों चाहता है। इस घटना और उस घटना में फ़र्क इतना ही है कि उस बार आलपीन चुभने से मैं बेहोश हो गया था, इस बार जैसे बुरी तरह चौंककर दर्द के सहारे किसी गहरे कुएँ में उतर गया। उस बार जो आलपीन चुभी तो उँगली पक गई, रात भर जैसे कोई प्राण खींचता रहा, ऐसी कसक मारती रही। सो नहीं सका। सुबह डाक्टर को दिखाया तो बोला कि अभी ठीक से पका नहीं है, पकेगा तो ऑपरेशन होगा और उसने ऐसी दवा बाँधी कि वह और पके...अब आप कल्पना कीजिए मेरे दर्द की! जब उसने दूसरे-तीसरे दिन चीरा तब जाकर आराम हुआ। और अब यह जैसे-तैसे ठीक होने को आया तो ठीक उसी जगह यह चोट लग गई...ये कमबख़्त आलपीनें...

संक्षेप में तो पहली बार बात यह थी कि मैं अत्यन्त व्यस्त भाव से एक लेख के कुछ पन्नों को एक जगह इकट्ठा करके पिन लगा रहा था कि अचानक रेडियो की तरफ ध्यान खुद ही चला गया। उफ़! कैसे मशीन की तरह एनाउन्सर ने यह बात कह दी थी—उसके स्वर में ज़रा भी कंपन नहीं था, ज़रा भी गीलापन नहीं था, ज़रा भी...कोई

विशेष बात थी ही नहीं। उसी भावहीन स्वर में, जिसमें ज़रा देर पहले एक नए दियासलाई के कारखाने के खुलने की बात बताई थी, फिर कहा था : 'कल अपनी एक टुकड़ी के साथ घिर जाने पर बड़ी बहादुरी के साथ लड़ते हुए कैप्टन किशोर वर्मा वीरगति को प्राप्त हुए। आज उनका शव हवाई जहाज द्वारा श्रीनगर से दिल्ली लाया जा रहा है...'

"भैया..." मैं अचानक चीख उठा। सब घरवाले इकट्ठे हो गए। रोना-पीटना मच गया। जिस घर का पच्चीस वर्ष का जवान लड़का लड़ाई में यों ही मर गया हो, आप उसकी हालत सोचिए। घर से भी जब तार आ गया तो खबर पक्की हो गई। यह खबर पहले घर पहुँची थी, फिर घर वालों ने हमें तार दिया। मेरी आँखों में रेखा का आँसुओं से भीगा—बिखरे बालों वाला बेहाल चेहरा घूमता रहा—जो पिछले पाँच वर्षों से हठ किए बैठी थी कि शादी होगी तो किशोर भैया से, नहीं तो जीवन-भर कुमारी रहेगी। नर्स, टीचर कुछ भी बनकर वह रहेगी। अगले महीने भैया छुट्टी लेकर आने वाले थे और विवाह की प्रारम्भिक रस्में होने वाली थीं...अब...अब? कागज़ नत्थी करता हुआ हाथ विवश हो गया—हाथ की आलपीन पूरी तरह उँगली में घुस गई। उसे मैंने निर्दयता से निकाल दिया था और खून को दबाकर रोक दिया था क्योंकि ऐसी खबर के सामने इस ज़रा-सी आलपीन चुभने का क्या महत्त्व?

और उस बात को चार महीने होने को आए। घर में इन दिनों ऐसी मनहूसियत छाई रही कि बयान नहीं की जा सकती। हर समय ऐसा लगता, जैसे अभी-अभी भैया की लाश को लोग जलाने ले गए हों। मनहूसियत कम होती गई और दिल के घाव की तरह उँगली का घाव भी पुरता गया। और आज या कल में यह घाव बिलकुल ठीक हो ही जाता—अगर यह पिन फिर ठीक उसी जगह न जा चुभती...

बात सिर्फ़ कल की है। लेकिन ऐसा लगता है जैसे उसी वातावरण में मैं वर्षों से रह रहा हूँ—रहूँगा। जैसे अब भी वहीं बैठा हूँ।

जिस स्थान पर मैं इस समय बैठा हूँ, वह रेल के पुलिस स्टेशन का कमरा है। बाबू जी स्टेशन इंचार्ज़ हैं। गर्मियों की छुट्टियाँ हो गई हैं सो यहाँ आ गया हूँ। सुबह-शाम जब भी इच्छा होती है या जी ऊबता है तो मैं घूमने या रेल देखने के लिए यहाँ आ जाता हूँ। रेल आने के समय की प्लेटफॉर्म की हलचल, लोगों का उतरना-चढ़ाना—तरह-तरह की आवाज़ें, इनमें आनन्द लेना मेरा शौक है। कभी पुल पर खड़ा हो जाता हूँ तो नीचे से गुज़रती रेलें देखकर मन एक स्वर्गीय पुलक से भर उठता है। प्लेटफॉर्म पर घूमते-घूमते जब मन उकताता है तो बाबू जी के दफ्तर में आ जाता हूँ। किसी सिपाही से कह दिया—'एक कोल्डड्रिंक या चाय लाने को बैरा से बोल दो।' मज़े में पंखे के नीचे बैठकर एक से एक नई घटनाएँ सुनता हूँ—आज यह जेब काटते यों पकड़ा गया, ये स्त्री-पुरुष कहीं भागकर जा रहे थे, पाँच साल का फ़रार है। हाँ, दफ़्तर के बाहर—प्लेटफॉर्म के नोटिस बोर्ड पर इनामी लोगों की फोटो और इतिहास देखना भी एक बड़ा रोचक विषय है। दो घण्टे आप किसी भी थाने में बैठ जाइए, आपको

ऐसा लगेगा जैसे संसार में पाप, हत्या, लूटमार, व्यभिचार के सिवा कुछ भी बचा ही नहीं है।

आज बाबूजी रात भर यहीं रहे हैं। हालाँकि मुश्किल से दो कदम पर क्वार्टर है—लेकिन खाना यहीं मँगाया था। सुबह भी आठ बजे ही वर्दी पहने खड़े-खड़े खाना खाया था। स्टेशन पर एक विचित्र ढंग की निस्तब्धता और एक विशेष ढंग की हलचल एक साथ ही देखी जा सकती थी, जैसे सभी लोगों के दिल धसक गए हों—या ब्लॉटिंग पेपर लगाकर किसी ने चेहरे की रौनक सोख ली हो। बात यह हुई कि कल शाम को छः बजे यहाँ से दूसरे-तीसरे स्टेशन के बीच—सत्रह मील—फ़िफ़्टीन डाउन एक्सप्रेस और एक मालगाड़ी लड़ गईं। जब दोनों तरफ़ से लाइन-क्लियर दिए जा चुके, तब बाद में पता लगा कि दोनों गाड़ी एक ही पटरी पर चल दी हैं। गुड्स ट्रेन में मिलिटरी की लारियाँ, ट्रक, पैट्रोल की टंकियाँ थीं। सुनते हैं, एक्सप्रेस के अगले तीन डिब्बे तो जैसे एक-दूसरे में घुस गए। डिब्बे चूर-चूर हो गए, इंजन नीचे जा गिरा। सुनते हैं, इंजन के बाद दूसरा या तीसरा डिब्बा आर. एम. एस. का था—वर्ना पता नहीं कितने का नुकसान और होता। ट्रॉलियाँ, क्रेन, एम्बूलैन्स, दर्शक और अधिकारी सभी पहुँच चुके थे। गार्ड हिरासत में था और ट्रेनगार्ड अस्पताल में बेहोश पड़ा था। पहले दोनों असिस्टेण्टों और दूसरे सिपाहियों के साथ बाबू जी वहीं जमे थे। जितनी लाशें मिली थीं, उनमें अभी दो की शिनाख्त नहीं हो पाई थी।

मैं स्वयं बड़ा उद्विग्न और उत्सुक था। सुबह ही बाबू जी के साथ स्टेशन पर आ गया था। आज स्टेशन के सारे अधिकारी वहीं गए हुए थे।

प्लेटफॉर्म पर घूम-फिरकर बाबू जी के दफ़्तर में आ गया। उनकी खाली कुर्सी पर बैठकर पैर मेज़ के काँच पर फैला दिए। बगल में बन्द दरवाज़े की ओर मुँह करके पुकारा—"मुंशी जी!"

थाना एक तरह से खाली पड़ा था। उधर से आते समय देख आया था—जेल के मोटे सींखचों के पीछे एक गिरहकट बड़े आराम से बैठा बीड़ी पी रहा था। दरवाज़े पर सन्तरी खड़ा था। उसने साफ़ा उतारकर किवाड़ की चटखनी पर टाँग दिया था और बन्दूक एक तरफ टिकाकर बड़े आध्यात्मिक 'मूड' में हथेली पर अंगूठे से चूना-तम्बाकू मल रहा था। उसने एक हाथ से अपनी बाहर निकल आती चुटिया को जबर्दस्ती अपनी चिकनी खोपड़ी पर साफ़ा रखकर उसे घुमाते हुए भीतर करने की कोशिश के बीच आकर पूछा, "भैया जी, मुंशी जी तो ए. एस. एम. के दफ्तर गए हैं—कुछ पूछकर टाइप कराने। शायद कोई आदमी वहाँ से लौटा हो! कुछ काम है क्या?"

"और कोई नहीं है?" मैंने पूछा।

"रामगुलाम है—वह ज़रा सुरती लेने गया है पानवाले तक, अभी आता होगा।"

"अच्छा, किसी कुली से कह दो, बैरा से एक बोतल कोकाकोला लाने को बोल दे।"

किवाड़ बन्द करके वह चला गया तो सिर को कुर्सी के पीछे वाले हिस्से से

टिकाकर मैं ऊपर पंखे की घूमती हुई पँखुड़ियों को देखने लगा। दो-चार मिनट बाद यों ही बाएँ हाथ से मेज़ की दराज़ खोल डाली। उसमें कागज़ भरे थे। बिना देखे ही हाथ से टटोलकर एक लिफ़ाफ़े जैसा कागज़ उठा लिया, सामने की ओर लाकर अधखुली आँखों से देखा—पीला बादामी-सा कागज़ का लिफ़ाफ़ा था, उस पर बाबू जी के हाथ की लिखावट में लिखा था—'उसकी जेब में पाए गए।' ख़तों से चौंककर सीधा हुआ—किसकी? झुककर दो-एक लिफ़ाफ़े और देखे, जिन दो लाशों की शिनाख़्त नहीं हो पाई है, इन्हीं में से किसी की जेब में यह ख़त पाए गए थे।

फ़ौरन लिफ़ाफ़े में से कागज़ निकाले। पत्र चार मोड़ में थे। गन्दे किनारों और तह के निशानों से पता चलता था कि काफी दिनों उसकी जेब में रखे रहे थे—और ये तीनों ही उस ज़ंग लगी आलपीन से नत्थी थे, इसके साथ ही कागज़ के कुछ फटे कोने भी थे। उन पत्रों के अवशेष जो इसी पिन से बिंधे होंगे। यह असम्भव था कि ऐसी हालत में पाए गए उन पत्रों को मैं न पढ़ता!

सामने ही पत्र पर निगाह पड़ी :

डियर दोस्त,

जब से सुना है, कुछ अजब पशोपेश में हूँ। विश्वास नहीं होता। न कोई चिट्ठी, न समाचार। तुम्हें आख़िर हो क्या गया कि यों भाग खड़े हुए? न किसी से कुछ कहना न सुनना। ज़रा-सा हिंट तो दिया होता मेरे यार ! छुट्टियों में जब अचानक घर गया तो तुमसे मिलने भी पहुँचा—बाबू जी ने जब बताया तो सच जानो, मेरे ऊपर तो जैसे आसमान टूटा। चार-पाँच महीने से तुम्हारा कोई पता नहीं है—बाबू जी से पता चला।

तुमसे तो, सच मानो, इस तरह की ज़रा भी उम्मीद नहीं थी कि यों घर छोड़कर भाग खड़े होगे। मुझे आश्चर्य है कि तुम्हारे जैसा आदमी कैसे ज़िन्दगी के संघर्षों से घबराकर भाग गया! कॉलेज का सबसे गम्भीर प्रतिभाशाली विद्यार्थी! दूसरे लड़के जिसका दिन-रात ज़िक्र करते थे, प्रोफेसर क्लास में हमेशा डरता था कि कहीं कुछ ग़लत न कर जाए, आँख हमेशा सतर्क रहती थी। प्रशंसा और मुग्ध भाव से लड़कियाँ जिसे हमेशा छिपी नज़रों से देखा करती थीं—जो हमेशा क्लास में फ़र्स्ट आया, उसे आख़िर हो क्या गया?

घर छोड़ने से पहले तुम्हारी मानसिक स्थिति का अन्दाज़ा मैं तुम्हारे बाबूजी के वर्णन से लगाता हूँ। यह समझकर कि तुम मेरे पास अवश्य आए होगे या कम-से-कम मैं तुम्हारा पता ज़रूर जानता होऊँगा, तुम्हारे बाबू जी ने साथ वाला पत्र मेरे पास भेजा था कि मैं उचित पते पर भेज दूँ—बाबू जी ने एक पत्र मुझे भी लिखा कि मैं तुम्हें समझा-बुझाकर लौटा दूँ। इस तरह के झगड़े तो घरों में होते ही रहते हैं। और भई, दिल से कौन चाहता है कि यों चख़-चख़ हो ? जब आदमी विवश हो जाता है तभी तो यह स्थिति उत्पन्न होती है। उनकी शिकायत यह भी है कि तुममें यह परिवर्तन या गैर-ज़िम्मेदारी की भावना शादी के बाद से आई है, इससे पहले तो तुम एक आदर्श पुत्र थे। वह लड़की देखने में तो सीधी-सादी चुप लगती है; लेकिन भीतर

से ऐसी काट करनेवाली होगी—इसकी कौन कल्पना कर सकता था! स्वभाव तो किसी के चेहरे पर लिखा नहीं रहता—सब जानते ही जान पाते हैं। उनके दिल में तुम्हारी तरफ से कोई दुर्भावना नहीं है। इस कहने-सुनने को भूलकर तुम्हें चाहिए कि लौट आओ।

हो सकता है, बहुत-सी बातें तुम्हारे बाबूजी ने अपने दृष्टिकोण से देखी हों, लेकिन इसमें जो सत्य है उससे कैसे इन्कार करूँ? तुम यों, कायर की तरह संसार के संघर्षों से मुँह छिपाकर भाग जाओगे, इसकी तो मैंने कल्पना भी नहीं की थी। मैं जानता हूँ, आज जैसी निराशा और बेकारी कभी नहीं आई। शायद इतनी संख्या में पढ़े-लिखे बेकार कहीं भी नहीं हैं। अपनी एक घटना याद आती है। मलाबार में मुझे रास्ता पूछना था एक सड़क का। एक जगह से सड़क दो तरफ़ को जाती थी—वहाँ कोई बोर्ड नहीं था। मैं राह देखने लगा कि कोई आए और मैं उससे पूछूँ। अचानक दो पढ़े-लिखे शिक्षित-से व्यक्ति आते दिखाई दिए। मैंने पूछा—'अलप्पी का रास्ता किधर से जाता है।' वे दोनों बुरी तरह हाथ झटककर चले गए। अर्थ था—हमें नहीं मालूम, हमसे मत बोलो। मुझे उनके व्यवहार पर बड़ा आश्चर्य हुआ। पढ़े-लिखे शिष्ट आदमी! लगभग आधे फर्लांग जाकर न जाने क्या सोचकर वे लौटे, पूछा—'किधर का रास्ता आपने पूछा?' मैंने बताया तो बोले—'आप नए आदमी मालूम होते हैं।' मैंने सोचा, अज़ब आदमी होते हैं। उनके इस व्यवहार का कारण पूछा, तो बोले—'यहाँ की स्थिति से विवश होकर हमें यह व्यवहार करना पड़ता है। लोग इस तरह बातचीत करने का बहाना ढूँढ़ते हैं, फिर झट अपनी बेकसी का रोना लेकर सहायता की भीख माँगने लगते हैं।' यह स्थिति उस जगह की है, जहाँ भारतवर्ष में सबसे अधिक अर्थात् पचहत्तर प्रतिशत शिक्षा है।

और नेता लोग रोना रोते हैं कि हम यह कर रहे हैं, हम वह कर रहे हैं। उनसे कुछ नहीं होता तो न सही, लेकिन ये उल्टी-सीधी बातें बककर हमें चिढ़ाएँ तो नहीं! और एक तुम हो जबकि इस समय संगठित प्रयत्न की ज़रूरत थी—यों घर से भागकर चले गए हो!

तरह-तरह के अनुमान मैंने तुम्हारे विषय में लगाए हैं। उन्हीं में से एक अनुमान के आधार पर यह पत्र तुम्हें भेज रहा हूँ। वैसे मैं जानता हूँ कि धर्म का ढोंग तुम्हें पसन्द नहीं रहा। इसलिए यह प्रश्न ही नहीं उठता कि तुम साधु-संन्यासी बनकर निकल गए होगे। डाकू बनकर तुम निकल नहीं सकते, हालाँकि आज के ज़माने में लीडर बनने का इससे अच्छा कोई दूसरा तरीका है ही नहीं। (कल के डाकू आज के रहनुमा हैं।) न इन लीडरों को सबक देने का इससे अच्छा कोई तरीका है। फिर तुम किस उद्देश्य को सामने रखकर निकल गए हो, समझ में नहीं आता। हो सकता है, निरुद्देश्य ही निकल गए हो, लेकिन यह निरुद्देश्यता आखिर तुम्हें ले कहाँ गई है? कुछ तो पता चले!

घरवालों की बात घरवालों पर छोड़ो लेकिन मुझे तो लिखो कि मैं तुम्हारी क्या मदद कर सकता हूँ! अगर उचित समझो तो मिलो। शायद कोई हल हम लोग

बैठकर सोच सकें।

तुम्हारा

नवीन।

पत्र ख़त्म करके ऊपर सिर किया तो लड़का कोकाकोला की झागदार बोतल लिए खड़ा था। इशारे से कहा—रख दे और चला जाए। वह चुपचाप चला गया। मैंने दूसरा पत्र पढ़ा :

प्रिय बेटा,

पड़ोस के रग्घू ने सलाह दी है कि तुम्हारे दोस्त के पते से मैं लिखूँ—इस पर भी लिखकर देख रहा हूँ। जहाँ-जहाँ उम्मीदें थीं, पच्चीस-तीस ख़त तुम्हें डाल चुका हूँ। हफ्तों अख़बारों में निकलवाया। अब निराश होकर बैठ जाने के सिवाय और कोई चारा नहीं है। फिर भी बाप का दिल है, नहीं मानता। सोचा, एक और सही। अगर मिल जाए तो यह तो लिख दो कि जहाँ हो, कुशल से हो। हम लोगों को सन्तोष हो जाए। वैसे, जब जोश था तो जिसने जो कहा, किया। फ़ोटो निकलवाए, ख़त डाले; जहाँ पता लगा, भागा गया। देवी-देवता मनाए और ज्योतिषी-पंडित पूछे। अब तो सब रास्ते ख़त्म हो गए हैं—हारकर भाग्य के भरोसे बैठ गया हूँ।

अब मैं सोचता हूँ कि पत्रों और फोटो से ही तुम्हें लौटना होता, तो तुम यों बिना कहे-सुने चल क्यों देते? ठीक है बेटा, सब अपना-अपना वक्त है। पढ़ा-लिखाकर—खिला-पिलाकर...बड़ा कर दिया; किसी लायक बना दिया! तुम्हीं अब हमें आँख नहीं दिखाओगे तो कौन दिखाएगा! सन्तोष करने को चार लड़के और है—तीन लड़कियाँ हैं। तुम्हारे ही न रहने से कुछ बनता-बिगड़ता थोड़े ही है, लेकिन उस कमबख़्त औरत को कौन समझाए! ओछी जात! सिर देहली पर दे मारा है। खूब मोटे-मोटे गुमटे उठ आए हैं। छाती में घूँसे मार-मारकर नील डाल ली है—तभी से आधी पागल हो गई है। पड़ी है खाट पर। रो-रोकर आँखें सुजा ली हैं, ख़राब कर ली हैं। मैं तो परेशान हो गया हूँ इस ज़िंदगी से। किसी दिन तोले भर अफ़ीम खाकर सो रहूँगा, सब चक्कर मिट जाएगा। सारा घर अपने-अपने रास्ते जाना चाहता है, समेटते-समेटते ज़िन्दगी बीत गई। अपना खून-पसीना देकर उसे बनाया, अपनी सारी जवानी झोंक दी—किसी की समझ में नहीं आता कुछ! बेज़ार हो गया हूँ अपनी इस ज़िन्दगी से। ऐसा ही रहा तो किसी दिन रेल से कट मरूँगा या छाती से पत्थर बाँधकर जमुना में डूब मरूँगा! भाड़ में जाए सब! ज़रा सोचकर रह जाता हूँ, छोटे-छोटे लड़के हैं, सयानी-सयानी लड़कियाँ हैं। क्या होगा इन सबका मेरे बाद में ? गृहस्थी कुछ ठीक ठौर पर चलने लगे तो मैं संन्यास लेकर निकल जाऊँगा कहीं!

तुमसे बड़ी-बड़ी आशाएँ थीं बेटा, बुढ़ापे में सहारा दोगे; बिखरती गृहस्थी सँभालोगे; छोटे भाई-बहनों को ठिकाने पर लगाओगे और ज़िंदगी भर कोल्हू के बैल की तरह जुटे हुए हम बूढ़े-बूढ़ियों को कुछ शांति की साँस मिलेगी। लेकिन ख़ैर, तुम्हें जो ठीक लगा सो तुमने किया। मैं क्या कहूँ, लेकिन घर के झंझटों से ऊबकर मैं भी कहीं चला जाता,

तो तुम इतने बड़े नहीं हो जाते! मुझे तुम्हीं बताओ। और बेटा-बेटी होते काहे के लिए हैं? आज हमारी ज़रा-सी बात सुनने में तुम्हारी इज्ज़त उतरती है, तुम्हारी बहू का अपमान होता है—तब तुम्हें मान-अपमान और इज्ज़त उतरती नहीं लगी, जब रात-रात भर माँ गोद में लिए बैठी रहती थी, ज़रा-सा बुखार हो जाता तो हफ़्तों नहीं सोती थी! उस वक्त तुम्हारी बहू नहीं आई, जब हम डॉक्टरों के हाथ जोड़ते थे, वैद्यों की खुशामद करते थे। आज ज़रा-सी बात से घर में महाभारत मच जाता है।

और मुझे बताओ, गृहस्थी का यह कलह किस घर में नहीं है? भाई, जहाँ चार बरतन होते हैं, खटकते ही हैं। इसके लिए कोई यों घर छोड़कर चल देता है? फिर मेरी समझ में नहीं आता, तुमसे किसी ने कहा क्या है? एम. ए. तक जैसे हिम्मत थी, पढ़ाया। अब अगर यह पूछते हैं कि नौकरी मिली? तो क्या बुरा करते हैं। और तुमसे कब सहारे की आशा करें? आख़िर तुम्हें नौकरी के लिए और किस क्लास तक पढ़ाया जाए? नौकरी नहीं मिली—सुनते-सुनते तो परेशान हो गए। आदमी कोशिश करे तो कैसे नौकरी नहीं मिले। लेकिन जब मुफ़्त का, बिना हाथ-पैर हिलाए खाना मिले, तो ज़रूरत क्या है किसी को? बाप है, ज़िन्दगी भर खिलाया; और खिलाएगा; चोरी करे, भीख माँगे, लेकिन तुम्हें तो खिलाएगा ही, कहीं से लाकर खिलाए। कभी इन बूढ़ी हड्डियों पर भी दया नहीं होती बेटा? ज़िंदगी-भर क्लर्की करके यह कमा लिया—यही क्या थोड़ा है? अब किस-किसको करूँ? तुम सबसे बड़े हो, तुम्हें पढ़ा दिया। समझा, तुम अपने से छोटों को पढ़ा लोगे—सँभाल लोगे। सब मिल के अपनी बहनों को देख-दाख लेंगे। लेकिन भगवान् की मरज़ी!

तुम पाँच भाई हो, लाख लड़ोगे-झगड़ोगे पर हो तो एक ही खून से। खून का जोश रुकेगा कहाँ? लेकिन भैया; वह नई जो आई है उसे तुम्हारे खून और मुहब्बत से क्या मतलब? उसे तो अपनी पड़ी है। शादी इसलिए की कि घर में एक बहू आ जाएगी। बुढ़िया को आराम हो जाएगा। गृहस्थी को देखने-भालने वाला एक हो जाएगा। सब स्कूल-कॉलेज जानेवाले बच्चे हैं; बुढ़ापे की उम्र में भी तुम्हारी माँ चार बजे से ही काम में लगी रहे—यह देखा नहीं जाता था! हमें यह थोड़े ही मालूम था कि घर में बहू लाना गुड़हल का फूल और सेह का काँटा लाना हो जाएगा। दिन-रात की चख-चख! बुढ़ापे में दिमाग़ ठीक नहीं रहता, मैं भी तेज़ हो जाता था। तुम बुरा मानकर उसका पक्ष लेकर लड़ने तो लगते थे, लेकिन सच मानो, न जाने कैसा तुम्हारी बहू का स्वभाव है। घर में किसी से भी तो नहीं बनती। किसी से भी बनती होती तो, चलो हटाओ, सोच लेते कि हमी लोगों का स्वभाव ख़राब है। वह तभी से अपने घर है। एक ख़त भी नहीं डाला।

अब मैं सब क्या रोना रोऊँ? और रोने से फ़ायदा भी क्या है? केवल मेरे रोने से तुम पिघल ही जाते, तो यहाँ चुपचाप घरवालों से पड़ोसियों से आकर पूछ जाओ—कितना रोया हूँ। भाग्य में रोना ही बदा है तो दूसरा कोई क्या करेगा! अब तो अचानक कभी-कभी रोते-रोते लगता है कि शायद तुम आकर आँसू पोंछोगे—शायद तुम आकर मुझसे लिपट जाओगे!

बेटा, मैं तुम्हें कैसे विश्वास दिलाऊँ कि मैं सिर्फ़ एक तुम्हें चाहता हूँ। तुमसे मैंने अपनी गृहस्थी शुरू की थी। और सब तो बाद की भरती है, मुझे उससे कोई प्रेम नहीं है। दिन-रात मन को समझाता हूँ कि तुम, ईश्वर न चाहे, मर ही जाते, तो भी तो मैं सन्तोष करता ही। पर एक कील की तरह तुम्हारा चेहरा रात-दिन दिल में चुभता ही रहता है।

तुम नहीं आना चाहते, न सही, पर एक बैरंग पोस्टकार्ड में यह तो लिख दो—तुम सुखी हो, खुश हो! बहनें रोती हैं, भाई बिलखते हैं, माँ मरी जा रही है और बाप पागल हो गया है, सबको धीरज तो बँध जाएगा कि तुम आनन्द से हो। कुछ नहीं तो यह तो लिख दो कि चिट्ठी मिल गई है। और क्या कहूँ?

तुम्हारा,

अभागा बाप।

पत्र पढ़कर दिल पिघल उठा—सूनी आँखों से उसे देखता रहा...

"भैया जी, मुझे बुलाया था?" टाइप किया हुआ कागज़ लिए मुंशीजी ने अचानक दरवाज़ा खोलकर पूछा।

मैं चौंका। ज़रा गला साफ़ करके कहा, "नहीं, हो गया काम अब तो।" और मैं अपने-आप में खो गया—बात करने की स्पष्ट अनिच्छा दिखाता हुआ। मुंशीजी थोड़ी देर खड़े रहे, फिर मेरी मेज़ पर वह टाइप किया हुआ कागज़ पेपरवेट से दबाकर चले गए। शायद बाबू जी के लिए रखकर चले गए थे।

मैंने गहरी साँस लेकर अगला पन्ना पलटा :

मेरे दिल के चाँद,

यह आशा की डोर, उम्मीद का तार मकड़े के जाले की तरह न समाप्त होनेवाला है—लेकिन कितना कमज़ोर!

सोचा था, तुम्हें कोई पत्र नहीं लिखूँगी। जब अपनी इच्छा से ही तुम गृहस्थी के माया और मोह के जंजाल को काटकर चले गए हो, तो क्यों तुम्हारी साधना को तोड़कर पाप की भागिनी बनूँ? दमयन्ती के नल चले गए, उर्मिला के लक्ष्मण चले गए, पिंगला के भरथरी चले गए, यशोधरा के सिद्धार्थ चले गए—तब भी उन्होंने अपने दिल पर पत्थर बाँधा होगा, किसी तरह रहकर एक-एक दिन काटा होगा। और उन लोगों ने काटा होगा या नहीं, पर मैंने तो काटने का निश्चय कर ही लिया है शक्ति भर। कभी-कभी अकेलेपन के बोझ से मन कसक उठता है; लगता है, कहीं इस दुर्गम पथ पर मैं काँप और डगमगा तो नहीं जाऊँगी। लेकिन अब मुझे डर नहीं है, 'हारिल' की बड़ी निराशा की आशा और अँधेरे का आलोक मेरे भी पास है। मेरे पास मेरा 'राहुल' है—कम-से-कम यह ज़िन्दगी काट देने का आधार तो है ही।

लेकिन कभी-कभी खुद ही शंका होती है, और मन बड़ा छोटा-छोटा होने लगता है। मैं अभागिन बौनी दमयन्ती, उर्मिला, पिंगला और यशोधरा को छूना चाहती हूँ—वास्तव में वे कैसी रहीं, कौन जाने; लेकिन हज़ारों भाटों-कवियों ने उनके गुण-यश गा-गाकर उन्हें

इतना ऊँचा उठा दिया। मुझ कमबख़्त के लिए किससे एक लाइन भी लिखी जाएगी। मध्यवर्ग की रूढ़ियों में जकड़ी-बँधी एक निरीह नारी! नाम को जिसे इन्टर क्लास तक की पढ़ाई में निरन्तर समझना और बोलना ही रोज़ सिखाया जाता रहा—लेकिन बोलने का जिसे ज़रा भी अधिकार नहीं था। और जब भी उसने मुँह खोला, उसे छिनाल, कुलटा, लड़ाका—क्या-क्या नाम नहीं दिए गए! ज़िन्दगी में उसने चाहे अंगार पचाए हों या ज़हर, कवियों को उन सबको लिखने की ज़रूरत और फुर्सत क्यों हो? चाँद, तारे, फूल, पत्ते—ईश्वर ने उन्हें काफी बना दिए हैं और कुछ नहीं तो नेता लोग तो हैं ही। कोई मेरे दुःख का ढोल नहीं पीटेगा। सिर्फ़ इससे मेरे पास ही दुःख है—कैसे मान लूँ? तुमने एक बार जो लाइनें ताजमहल पर लिखकर पत्र में भेजी थीं, वे मेरे दिल में चुभकर रह गई हैं :

अनगिनत लोगों ने दुनिया में मुहब्बत की है।
कौन कहता है कि सादिक़ न थे जज्बे उनके,
इक शहंशाह ने दौलत का सहारा लेकर,
हम ग़रीबों की मुहब्बत का उड़ाया है मज़ाक।

जज़्बे सादिक़ हों या न हों—भावनाएँ सच हों या न हों, लेकिन उनकी नुमाइश तो नहीं की जाती। फिर भी कभी-कभी मन बड़ा व्याकुल हो उठता है। पता नहीं तुम कहाँ हो—किस हालत में हो !

मेरे भाग्य, मेरे लिए नहीं, तो अपने इस पुत्र के लिए तो एक बार आ ही जाते। मैं नहीं जानती, किन शब्दों में अपने-आपको तुम्हारे सामने निरावरण कर दूँ। इस वक्त तुम्हीं अनुमान लगा लो—मेरी क्या हालत है ! रात का एक बज रहा है। किसी नीलाम से लाई गई सादा-सी शृंगारमेज़ पर लालटेन रखे मैं लिख रही हूँ। पीछे बेबी सो रही है, पास ही ललिता और अन्ना की चारपाइयाँ पड़ी हैं। वे दोनों शायद दो-दो नींदें ले चुकी हैं, बेबी के पास दस बजे से बारह बजे तक सोने की कोशिश की, नींद ही नहीं आती। ऊपर वाले कमरे से भैया और भाभी की खिलखिलाहटें अभी आ रही थीं—अब तो हल्की-हल्की भनभनाहटें आ रही हैं। शायद वे लोग बातें कर रहे हैं। आज ठण्ड है और बाहर बादल छाए हुए हैं। हल्की-हल्की बूँदें ऐसे पड़ रही हैं जैसे बादल रिस रहा हो। जाने मन कैसा-कैसा हो रहा है—बड़ा उचटा-उचटा-सा, उखड़ा-उखड़ा-सा। हर समय मन में ऐसा लगता है जैसे न जाने क्या कुछ खुला हुआ बाहर भीगा जा रहा हो—कुछ अमूल्य गला जा रहा हो। बार-बार उठ-उठकर बाहर झाँक आने को मन करता है...जैसे कोई आने वाला हो। कौन आ रहा है मेरा? शायद ऐसा भाग्य लेकर ही पैदा नहीं हुई! तुम्हीं सोच लो। ऐसे समय कैसा बिखर-बिखर जाने को मन करता है। काश! मेरा एक-एक रेशा बिखरकर जीवन धरने के इस महापाप का प्रायश्चित्त कर पाता!

आज तो सच, बड़ी कातरता मन में उमड़ी पड़ती है। ऐसा तो पता नहीं, पिछले कितने महीनों से, अनुभव कर रही हूँ जैसे कोई जवान विधवा पति की लाश पर सिर

रखकर रात-दिन मन में लगातार बिलखती रहती हो—पर आज तो ऐसा लगता है जैसे वह फूट-फूटकर रो उठी है। ऐसा मन तो उस समय भी नहीं हुआ था, जब तुम्हारे घरवालों ने पाँच बजे की ठंड में मुझ पाँच महीने की गर्भवती को गाड़ी पर लाकर बैठा दिया था और यहाँ तक का एक टिकट मेरी गोद में पटककर चले गए थे। मेरे पास ताँगे तक को पैसे नहीं थे। यों बात-बात में रोने की आदत कभी नहीं रही। रात को दस बजे से सुबह पाँच बजे तक चुपचाप सिर झुकाए दरवाज़े पर बैठी रही थी, तब तुम्हारे छोटे भाई ने (हाँ, वे तुम्हारे भाई हों, मेरे कुछ भी नहीं हैं) ताँगा लाकर खड़ा कर दिया, कहा—'चलो।' मैं चली गई और आज तक उधर मुँह करके नहीं सोई। मैं खूब जानती हूँ, इस पत्र का कोई अर्थ नहीं है। कौन जाने यह तुम्हें मिल ही जाएगा। शायद न भी मिले! बात तुम्हें सुननी होती तो क्या मुझे पता देकर न जाते? कभी-कभी आवेश आता है, तुम्हें खोजने निकल पड़ूँ—पर कहाँ? यह कहाँ का प्रश्न उस समय भी आया था जब तुम्हारे पिताजी ने ललकार कर कह दिया था—'बेटा था तब तक तू हमारी बहू थी, उसी के कारण तो तेरा-हमारा सम्बन्ध था। अब पता ही नहीं वह कमबख्त नालायक जीता है या मर गया। इतना ढूँढ़ा, पता ही नहीं चल रहा है। हमारे पास क्या वैसे ही बोझ कुछ कम है जो तुम्हारा बोझ हम और सहें? पढ़ी-लिखी लड़की हो, कुछ भी कर सकती हो, जो समझ में आए सो करो। तुम्हारी उम्र अभी ऐसी ही है और हमारे लड़के अभी नासमझ हैं। मकान छोटा है। मुहल्ले-समाज में हमारी बदनामी होती है।' कहने को तुम्हारे बाप ने काफ़ी कह दिया—और क्या सुनना चाहती थी? क्या तब भी वहाँ जमी रहती?

तुम चले गए, उनकी निगाह में यह मेरा ही कसूर है। उनका जवान बेटा चला गया—मेरा क्या गया?

मेरे नाथ, कम-से-कम मुझे यह तो बता देते, मैंने तुम्हारा क्या बिगाड़ा है। मैं तुम्हारे चरणों की कसम खाकर कहती हूँ, मैं उस अपराध का प्रायश्चित्त करते हुए सारी ज़िन्दगी बिता दूँगी—मुझे बता तो दो—तुम्हें नौकरी नहीं मिली, तुम बेकार रहे, उन्होंने तुम्हें पढ़ाया, उन्होंने तुमसे आशाएँ कीं—क्या उस सबके लिए कसूरवार मैं ही थी? मेरे दिल में कम आशाएँ थीं? मेरे मन में सपने नहीं थे क्या? शादी से पहले किसी भी आकांक्षा ने मुझे नहीं लुभाया? आखिर जिस वर्ग में पली थी, उसके कुछ संस्कार तो दिल में थे ही। तुम्हारे यहाँ आकर ज़िन्दगी खत्म हो गई तो क्या हुआ? इससे पहले कॉलेज था, सखी-सहेलियाँ थीं। कहानी-किस्से, सिनेमा, उपन्यास थे—क्या नहीं था जो आज की लड़की को लुभा सकता है? लेकिन मैंने तुमसे एक शब्द भी शिकायत का कहा? इसलिए कि मैं जानती थी। मैं गाने के लिए पूरे कॉलेज में मशहूर थी, लेकिन तुम्हारे यहाँ आने पर किसी ने एक गुनगुनाहट भी सुनी?—अपने अरमानों का यों खून पीकर भी मुझे अधिकार नहीं था कि चुप भी रह सकती! तब भी घमंडी, असामाजिक और भी न जाने क्या-क्या कहा गया।

तुम घोर एकान्त-पसन्द हो गए, रूखे हो गए, चिड़चिड़े हो गए, और तुम झल्लाए-से

रहने लगे। लेकिन मैंने तो यही कोशिश की कि तुम्हें खुश रखूँ, तुम्हारे ऊपर, घरवालों के ऊपर अपना कम-से-कम बोझ डालूँ, क्योंकि मैं समझती थी, तुम खुद अपने आपसे ही परेशान थे; ऐसे में प्रेम क्या ख़ाक पनपता! मैं खूब समझ सकती हूँ, खूब अनुभव करती हूँ कि तुम ज़िन्दगी से कितने आज़िज आ गए होगे—जब तुमने घर छोड़ा होगा...और यहाँ मैं...मैं...खुद भी कभी-कभी क्या सोचने लगती हूँ इसे सुनकर क्या करोगे...

यों यहाँ रहती हूँ और शायद रहना ही पड़े, लेकिन दिन-रात यहाँ तबियत इस तरह घुटती रही है, जैसे गले में फन्दा डालकर कोई दोनों ओर से खींच रहा हो, या बन्द कमरे में धुआँ भर गया हो। बाहर खुली हवा में भाग जाने को मन करता रहता है। ...छोटे से बड़े तक सबकी नज़रों में एक नफ़रत, एक उपेक्षा, एक हिक़ारत...मेरे खून की एक-एक बूँद में ज़हर घोल देती है। हाँ, कभी यहाँ की बेटी थी, तब शायद सब अधिकार थे—अब तो जैसे बोझ हूँ अनावश्यक। इसी डर के मारे बेबी को रोता छोड़कर दिन-रात काम करती हूँ। माँ की इच्छा होती है तब तक रखती हैं, बाकी समय पड़ा चीख़ा करता है। सारा चेहरा लाल पड़ जाता है और नीली-नीली नसें तनकर उभर आती हैं। कभी-कभी तो गुस्सा आता है, गरदन घोंटकर गली में फेंक दूँ। अभागा! आते ही जिसने अपने बाप को भगा दिया। लेकिन फिर खुद ही रुलाई फूट पड़ती है। इस बेचारे ने क्या किया है? ज़ोर से छाती से चिपकाकर चुप कर लेती हूँ—यही तो हारिल की लकड़ी, अँधेरे का आलोक और निराशा का दीपक है। तुम्हें तुम्हारे माँ-बाप ने ऐसी शिक्षा दी कि तुम संघर्षों में स्थिर नहीं रह सके, कठिनाइयों से लड़ नहीं सके। मैं इसे वह सब सिखाऊँगी जो तुम पा नहीं सके। लेकिन शायद ऐसा मौका नहीं आएगा...दूध, दवा और देखरेख की कमी में पता नहीं वह इतने दिन चले...

दिन-रात तुम्हारे विषय में उल्टी-सीधी आशंकाएँ करते हुए भी बुरा नहीं सोचना चाहती। मेरी चिन्ता नहीं करना चाहते, तो नहीं सही। तुम हो—बस, इसी आशा पर जीवन काटने का निश्चय कर लिया है। तुम विश्वास मानो, तुम्हारी तरह भागकर, जान छुड़ाकर चाहूँ तो भी नहीं जा सकती। थोड़े दिन और ठहरकर यहीं कुछ-न-कुछ ज़रूर करूँगी—टीचर या टाइपिस्ट, कुछ भी! पिंजरे में बहुत दिन बन्द रहने से पंखों का अभ्यास छूट गया है, झिझक लगती है। विश्वास नहीं है। फिर भी...

ख़ैर, इन बातों से फ़ायदा भी क्या! तुमने जैसा ठीक समझा—किया। मैं इसमें क्या कहूँ? तुम मुझसे ज़्यादा पढ़े-लिखे हो, ज़्यादा समझदार हो, विद्वान हो। अमरकान्त नाम के एक लेखक की कहानी पढ़ी थी, 'सोलह बरस'। उसमें जब एक युवक का, परीक्षा में फेल हो जाने पर घर वालों द्वारा बहुत अपमान किया गया तो वह सबसे सम्बन्ध तोड़कर हॉस्टल में चला गया और वहाँ उसने भयंकर रूप से पढ़ाई शुरू की। माँ-बाप के पत्र गए, हज़ारों पत्र पत्नी के गए। वह पढ़ता और हँसकर फाड़ देता—पढ़ाई में लग जाता। रात-दिन पढ़ता। घरवालों की तरफ़ से जैसे पत्थर का बन गया—जैसे वह पढ़ने की मशीन हो गया। आख़िर पत्नी की एक लाइन ने उसे हिला दिया। ऐसी ही एक

रात्रि को उसे पत्र मिला, लिखा था—'अपने जन्मदिन के हिसाब से परसों मैं पूरे सोलह बरस की हो जाऊँगी,' शायद यह दिन फिर कभी नहीं आएगा।' उसी रात वह बिस्तर बाँधकर घर पहुँच गया। तुम्हें हिला डालने की ऐसी कोई लाइन मेरे दिमाग़ में नहीं आ रही है। मेरा सोलहवाँ बरस शायद अब सदा के लिए गुज़र गया और यह उन्नीसवाँ बरस लग रहा है, और ऐसा लगता है जैसे यह सब वर्ष अँधेरे में खाट पर लेटे हुए, ऊपर ताकती खुली आँखों से ही मैंने काट दिए हैं—उमड़-उमड़कर आता कोरों और कनपटियों पर बहता हुआ पानी कानों में भरता रहा है और मैं यों ही तारों की बर्छियों के नीचे सुन्न पड़ी रही हूँ।

लो, लालटेन का तेल मन्द पड़ रहा है। इस तेज़ी से बुझती रोशनी में क्या लिखूँ? लिखने में सोचने के लिए जब सामने शृंगार-मेज़ के शीशे में अपने-आपको देखती हूँ तो अँधेरे से घिरी इस परछाईं से चीख पड़ने की इच्छा को बड़ी कठिनाई से रोक पाती हूँ। यह मेरी परछाईं...यह मेरा भविष्य!

अभी तक शब्दों में खोई रही, भूमिका बाँधती-सोचती रही। कैसे पूछूँ? अब रोशनी बुझी जा रही है—अँधेरा काले राक्षस के पंखों की तरह मुझे ढाँप लेता है—इस डूबती हुई परछाईं को यह तो बता दो कि बेबी अनाथ नहीं है, मैं सुहागिन हूँ।

और सच मानो, अँधेरे के इस विकराल मुँह में मैं खुशी से खो जाऊँगी...

तुम्हारी,
कोई नहीं...

जगह-जगह बूँदों से बिगड़े अक्षरों वाला यह तीसरा और अन्तिम पत्र भी समाप्त हो गया था।

साँस रोके चुपचाप बैठा रहा। गीली आँखें सामने के दरवाज़े की चिक के पार धूप में चमकती रेल की पटरियों पर जमी रहीं। आवेश में काँपते हाथ की उँगलियाँ उस आलपीन को निकालने में लगी थीं जिसमें ये तीनों पत्र नत्थी थे। अचानक निगाह पेपरवेट के नीचे दबे पंखे की हवा से फरफराते टाइप के पतले कागज़ की ओर गई, जिसे मुंशी जी अभी दबा गए थे। उसमें लिखा था—'इस दुर्घटना में पैंतीस आदमी जान से मारे गए, बानवे घायल हुए। दो की शिनाख्त नहीं हो सकी—वे अस्पताल में हैं।'

इस नोट से चौंककर निगाह अख़बार के कोने पर छपी छोटी-सी ख़बर की ओर चली गई : 'कोरिया में अमरीकी विमानों का आज तक का सबसे ज़ोरदार हमला ! इस हमले में इतने भारी बमों का प्रयोग किया गया, जितना अभी तक किसी भी युद्ध में नहीं हुआ। अनुमान है, इस हमले में सात हज़ार से अधिक जानें गईं और नुकसान का अन्दाज़ नहीं लगाया जा सका। लाशें पचास मील दूर से देखी जा सकती थीं...'

पढ़कर झन्न से सारा शरीर जम गया—पता नहीं, कब इसी बीच में आलपीन पुराने घाव में जा चुभी। दर्द से झुँझलाकर जैसे जाग उठा। हुँह, क्या बेवकूफ़ हूँ कि ज़रा-सी ख़बर से चौंककर यों भावुकतावश आलपीन चुभा बैठा !

तो यह किस्सा है आलपीन चुभ जाने का। बोलो, कोई बात भी हो ! ट्रेन-दुर्घटना में पैंतीस मरें या अमरीकी हमले में सात हज़ार, उन पर इंजन चढ़े या हाइड्रोजन बम, हम क्या करें? भाई, सच्ची बात तो यह है कि मरने वालों की मरने वाले जानें या जानें अखबारवाले, जो ऐसे महत्त्वहीन समाचारों को दूसरे पृष्ठ पर दो इंच से अधिक जगह नहीं दे सकते। अपनी तो मैं जानता हूँ। टूटी ज़ंग लगी आलपीन मेरी उँगली में ज़रा-सी चुभ गई है तो उँगली पक आई है और रातभर ऐसी टीस मारती रही है कि एक पल को भी सो नहीं पाया हूँ। अब भी तकलीफ़ के मारे जी रोने को हो आता है।

और आलपीन भी कैसी? कोई तीर, बल्लम, बर्छी, बम नहीं; एक पतली-सी तारनुमा, ज़ंग लगी टूटी आलपीन! जिसमें सिर्फ़ तीन पत्र नत्थी थे, कुछ और भी अवश्य होंगे, यह फटे कागज़ के चिपके रह गए कोनों से पता लगता है। अब तो सब न जाने कहाँ होंगे! मेरे हाथ में तो तीन ही रह गए थे और उनको बाँधे रहने वाली यह पतली-सी आलपीन है—उन्हें ही तो निकालने की अनजान कोशिश में यह टूटकर चुभ गई और तीनों पत्र बिखर गए हैं।

मैं तय नहीं कर पा रहा हूँ कि इस मशीन के पंखे की हवा से इधर-उधर बिखरे पत्रों के पन्ने समेट लूँ या इस चुभी हुई आलपीन को निकाल लूँ, जो बेहद तकलीफ़ दे रही है...

इस समय तो तीन पत्रों के ही पन्ने हैं, पता नहीं इस पिन में ऐसे कितने पृष्ठ और चिपके थे...जो टूटकर दिल में चुभ गए हैं।

सामने कोकाकोला की बोतल के झाग इस तरह सिमटकर बैठ गए थे, जैसे फँसी मक्खी को चूस डालने के बाद मकड़ा एक कोने में सिमटकर बैठ जाता है।

नीराजना

"बाबूजी, आपका मनीआर्डर आया है," कैप्टन साहब के नौकर ने दरवाज़े की ज़रा-सी सेंध से झाँककर कहा।

"मेरा?" नहा-धोकर खूब बिखरे हुए बालों को, शीशे के सामने खड़े होकर, तेल लगाने के बाद, वह सँवारने ही वाला था–उसने मुड़कर पूछा।

नौकर चला गया था। उसने जल्दी से बाल काढ़े, तौलिया से मुँह पोंछा, उसे चारपाई पर फेंका और पैरों में बाथरूम-चप्पल घिसटता हुआ वह तेज़ी से बाहर निकल आया।

बरामदे में बिछी बेंच पर अपना थैला इत्यादि रखकर बैठा डाकिया नोट गिन रहा था–उसे देखते ही वह खड़ा हो गया। डाकिये ने मनीआर्डर का नीचे वाला हिस्सा पहले ही फाड़कर रख लिया था–उसे देखते ही हस्ताक्षर के लिए कलम और फार्म बढ़ा दिया। उसने उँगली से संकेत किया–यहाँ हस्ताक्षर कीजिए–यहाँ कीजिए। इतनी बार मनीआर्डर लिए, उसे कभी भी दूसरी बार याद नहीं रहा कि हस्ताक्षर कहाँ करने हैं। उसने हस्ताक्षर किए–रविकुमार।

"कहाँ का है?" दूसरी जगह हस्ताक्षर की तारीख डालते हुए उसने पूछा।

"इलाहाबाद का, पाँच सौ है।" डाकिये ने रुपये बढ़ाए, उनके साथ मनीआर्डर-फार्म का नीचे वाला हिस्सा भी था।

"पाँच सौ?" एकदम आश्चर्य से चौंककर वह दो कदम पीछे हट गया।

पाँच सौ किस बात का है? उसने जल्दी से नीचे का फटा हुआ हिस्सा देखा–नीचे टेढ़े-मेढ़े अक्षरों में लिखा था–'आपके सब रुपये लौटा रही हूँ। अब मत भेजिए। आशा है, आप क्षमा करेंगे।' नीचे हस्ताक्षर उसी के थे। हाँ, और ग़ौर से देखा, वही हज़ारों बार के जाने-पहचाने अक्षर–नीराजना। उसने एक बार पढ़ा, दो बार पढ़ा और उसकी उँगलियाँ धीरे-धीरे काँपने लगीं। उसने चिट उलटी–और कुछ नहीं।

डाकिया खड़ा हुआ दूसरे काग़ज़ उलट-पलट रहा था। जब भी उसका कोई मनीआर्डर आता, तो प्रायः दस रुपये पर एक दुअन्नी के हिसाब से उसका इनाम बँधा था। उसने जल्दी से उसके हाथ में एक रुपया रखा और भीतर चला आया।

किवाड़ भिड़ाकर वह ज़ोर से पलंग पर आ बैठा, "हूँ, तो उसने सब रुपये लौटाए हैं! लौटा दिए! क्यों?" पास रखी छोटी मेज़ पर उसने सारे नोट पटक दिए और

मनीआर्डर की चिट को वह एकटक देखता रहा—रुपये आख़िर उसने लौटाए क्यों? कोई पत्र, कोई सूचना, कुछ भी नहीं—एकदम रुपये ही लौटा दिए। साथ ही स्पष्ट लिख दिया है कि भविष्य में कोई रुपये न भेजे जाएँ! तो अन्त यों हुआ उन सबका! इन तीन वाक्यों के सिवा एक शब्द भी अधिक नहीं। आख़िर उसको हुआ क्या?

वह खुली खिड़की के लहराते पर्दे के पीछे हरियालियों और ऊँचे पहाड़ों को देखता रहा, जिनकी चोटियों के आस-पास बादल धुएँ की तरह मँडरा रहे थे। नीचे उतरी चली जाती घाटियाँ और करधनी की तरह पहाड़ की कमर पर झूलती सड़कों की पतली डोरियाँ। घने वृक्षों पर लटकते बया और दूसरे पक्षियों के घोंसले जैसे ऊपर-नीचे बँगले-मकान। घाटी के पार अंग्रेज़ी अक्षर 'वी' की शक्ल में खुले आसमान में दूर हल्के धब्बों-सी काँपती चीलें। वह यों ही अनमना और निर्लक्ष्य-सा बैठा देखता रहा। उसे प्रतिक्षण ऐसा लगता रहा, जैसे उसकी आत्मा में बर्छे की नोंक जैसी कोई चीज़, परत पर परत, छेदती चली जा रही है, जिसकी पीड़ा से घड़ी की हर टिक्-टिक् पर वह तड़पकर रह जाता है।

अचानक घण्टी की आवाज़ से वह चौंका। हाँ, मेज़ पर खाने की प्लेटें लगा कर खानसामा घण्टी बजाकर उन्हें बुला रहा है। बड़े डरते-से उसने किवाड़ों की ओर देखा और धीरे से पलंग पर लेट गया—गीली तौलिया की सीलन और सिकुड़न उसे पीठ में महसूस हुई, लेकिन उनमें जैसे हिम्मत नहीं थी कि तौलिया को निकालकर फेंक दे। वह आँखें फाड़े पड़ा छत को घूरता रहा।

अँधेरे में घूमती सर्चलाइट की तरह रह-रहकर एक ही वाक्य उसके दिमाग में आता—तो उसने रुपये लौटा दिए, क्यों? खुशी से तो उसने ये रुपये लौटाए नहीं होंगे—फिर? इस 'फिर' का जवाब उसके पास नहीं था। उसकी समझ में नहीं आ रहा था कि इसका अर्थ क्या ले।

बेमालूम ढंग से किवाड़ खोलकर खानसामा ने कहा, "बाबूजी! सरकार खाने की मेज़ पर बुला रहे हैं आपको।"

"खानसामा, मेरी तबीयत ठीक नहीं है आज!" इतनी देर से एक ही ओर गड़ गई दृष्टि को उधर मोड़कर उसने कहा, "आज मैं खाना नहीं खाऊँगा।"

खानसामा थोड़ी देर चुपचाप उसे देखता रहा, फिर बोला, "थोड़ा दलिया तैयार कर दूँ, सा'ब?"

"खानसामा, आज मेरी तबीयत ठीक नहीं है, मुझसे मत बोलो!" इच्छा तो यह हुई कि इस व्यर्थ की बकवास करते खानसामा को खींचकर एक चाँटा जड़ दे—फिर भी भरसक चिड़चिड़ाहट को दबाकर उसने कहा और फिर ऊपर देखता हुआ लेट गया।

खानसामा अगली बात, शायद 'सूप' तैयार करने की, पूछने वाला था, लेकिन चुपचाप चला गया। अब उसकी समझ में एक बात धीरे-धीरे आने लगी—अपमान, अपमान! क्या यह स्पष्ट अपमान नहीं है? नीराजना ने उसके रुपये लौटा दिए। बात असली यही थी, जिसने उसे इतना स्तब्ध और विक्षुब्ध बना रखा था। डाकिये के सामने

चिट पढ़ते ही जो धक्का उसे लगा था, वह यही था। यह धक्का इतना अप्रत्याशित और गहरा था कि वह देखता ही रह गया—अपनी उस मानसिक स्थिति को व्यक्त कर डालने वाला कोई एक शब्द उसके मस्तिष्क में आया ही नहीं।

ग्यारह बजे से एक बजे तक पलंग पर रहने के बाद वह धीरे से उठा—अब उसकी समझ में आया, यह धक्का अपमान का था। अपमान, जिसकी चोट से तिलमिलाकर रह गया है—किंकर्तव्यविमूढ़ और जड़। उसने पुतले की तरह कपड़े पहने, मेज़ पर पड़े नोटों को दराज़ में डाला और सिगरेट का टिन उठा लिया। रुपये! पता नहीं, कैसी मुसीबतों में मैंने ये रुपये भेजे थे। अच्छा ही तो हुआ कि अब सब लौट आए—पन्द्रह-बीस दिन बड़े आनन्द से 'हैकमन' में खाना खाऊँगा—आमोद करूँगा। न सही 'हैकमन', कुछ और सही। रुपया तो जीवन की धुरी है। फिर भी...फिर भी उसे लौटाना नहीं चाहिए था, कम से कम...

वातावरण कुछ अजीब सीला-सीला हो उठा था और बादलों का धुआँ बुरी तरह चारों ओर फैला हुआ था। बरामदे की सीढ़ियों पर खड़े होकर उसने सिर उठाकर देखा, शायद पानी बरस जाए। लेकिन फिर वह निकल पड़ा। इस बँगले से ढालू सड़क, मुख्य सड़क से जाकर मिल गई थी, हर कदम पर कंकड़ चरमरा उठे थे। आज बादल गज़ब के घिर आए थे—सामने छह-सात फीट के आगे देखना मुश्किल था। शरीर भीगा-भीगा-सा लगता और बादलों की गन्ध नाक में भर जाती तो ऐसा लगता, जैसे कहीं कच्ची मूँगफलियाँ भुन रही हों—साँस घुट जाती है।

कैमिल बैक रोड ख़त्म करके जब वह माल पर आया, तो बादल कम हो गए थे। जब कभी याद आने पर सिगरेट के कश खींच लेता और निरुद्देश्य, निर्लक्ष्य चलता जाता। रिक्शा चलाने वाले कुलियों की एक बड़ी लाइन लगी थी—खाली रिक्शे और डाँडी लिए। माल रोड पर लोग इधर से उधर जा रहे थे—सब जैसे धुँधलके में लिपटे—जैसे स्वप्नलोक की कुछ मूर्तियाँ चल-फिर रही थीं। सब कुछ उसे ऐसा दिखाई देता, जैसे 'आउट ऑफ़ फोकस' फ़ोटो हो।

कुलड़ी को ऊपर जाने वाले चढ़ाव के नीचे वाली बेंच पर घाटी की तरफ़ मुँह करके वह बैठ गया—यह उसकी प्रिय जगह थी। चौबीस घंटे में एक बार वह अवश्य यहाँ आकर बैठा करता था। यह माल का प्रारम्भ था। माल मसूरी की शान है। मसूरी के सबसे अच्छे सिनेमाघर, रेस्तराँ, कैफ़े इसी सड़क पर हैं और संध्या के समय तो जैसे इस सड़क पर कोई रंगबिरंगे फूल बिखरा देता हो। इस ऊँची-नीची चौड़ी सड़क पर न जाने कब से वैभव की धार फिसलती आई है—यौवन की लहरों में उमंगित और सौन्दर्य के फेनों में तरंगित। युवा सौन्दर्य की जलती-पिघलती भावुकता नस-नस को उबाल देती है। सौन्दर्य! सौन्दर्य! सौन्दर्य! रंगबिरंगा सौन्दर्य! जवान और अल्हड़ सौन्दर्य! मस्त और मोहक सौन्दर्य! सरसराती सलवारें, उड़ते दुपट्टे, डुगडुगी से साये, कसकर लपेटी गई अंग-अंग के उभार को सुस्पष्ट करती साड़ियाँ! लापरवाही से कन्धों पर पड़े आधे और पूरे 'फर' वाले 'चेस्टर', शॉल! नागिन-सी लहराती-मचलती दो-दो चोटियाँ, जूड़े—महाराष्ट्रीयन,

गुजराती, बंगाली! बिखरे बाल, जाल में बँधे बाल। हाथों में झूलते पर्स! पाउडर-लिपस्टिक, रूज, भौंहें—पफ़्ड हेयर, बॉब्ड हेयर, कर्ली हेयर! विलायती खुशबुओं में झूमता, संसार को चुनौती देता बेपरवाह सौन्दर्य! साथ में पुरुष दबे-से, मिमियाते फटीचर कोट-पैंट या जर्सी—जैसे साथ में पालतू कुत्ते पूँछ हिलाते चले जा रहे हों। कभी पहाड़ों की तरफ़ देखकर भावकुता का नाट्य करके कह देते, "हाउ लवली इज़ द सीन!" जैसे अपने मुँह से निकालकर इन शब्दों पर उन्होंने बड़ा अहसान किया हो। बॉक्स कैमरे लटकाए, जैसे पिस्तौल लटकाए जा रहे हों। सारा संसार जैसे सैर के 'मूड' में निकल पड़ा हो—रेलिंग के सहारे लगी बेंचों पर (जो पहाड़ी सौन्दर्य को देखने के लिए बनाई गई हैं। बैठे हुए भी, मुड़-मुड़कर इस बहती सौन्दर्य-धारा को ही देखते हैं—साथवालों के भाग्य पर रश्क करते हुए। कुछ और मनचले हुए तो उनके कपड़ों या ढंग में कोई-न-कोई कमी निकालकर, उनका मज़ाक उड़ाकर हँसते हुए और साथ में चलने वाले, कभी गर्व से तने, कभी घूरनेवालों की बदतमीज़ियों पर झुँझलाते हुए—बच्चों को गोद में लिए जा रहे हैं। लेकिन साथवालियाँ किसी को घूरता हुआ देखकर, जान-बूझकर लापरवाही दिखाती हुई—कभी जूड़ा ठीक करेंगी, कभी साड़ी की सलवटें निकालेंगी, कभी दुपट्टे को फिर उठाकर डालेंगी।

आज माल पर बादलों का धुंध छाया हुआ था—हवा के झोंकों से, जो कभी घाटी में सिमटकर रह जाता और सड़क साफ़ हो जाती और कभी सड़क पर पर्दे की तरह तन जाता।

लेकिन आज उसने पीछे मुड़कर नहीं देखा। उसके अवचेतन मन में सब मधुमक्खियों की भनभनाहट की तरह गूँजता रहा। छाती पर किसी ने बोझ रख दिया था कि साँस लेने में तकलीफ़ होती थी। दिमाग में जैसे कोई तरल और हल्की चीज़ जमकर ठोस हो गई थी—स्पन्दनहीन। हर क्षण उसका दम इस तरह घुटने लगता था, जैसे वह डूब रहा हो—विवश और असहाय! खुली आँखों से वह गहरी घाटी के पार उठे पहाड़ों को देखता रहा। कभी घाटी भरे बादलों का नीला धुआँ घर, पेड़, सड़क सबको डुबाता हुआ, इस तरह माल की सतह से दूर पहाड़ों तक छा जाता कि लगता, वह झील के किनारे बैठा है। तब रह-रहकर एक अदम्य इच्छा उसके मन में उठती—कैसा अच्छा हो यदि वह एक उन्मुक्त छलाँग लगाकर इन बादलों की अथाह गहराइयों में डूब जाए!

खण्डहर के सूने गुम्बद में इधर से उधर घूमते, मनहूस चमगादड़ की तरह एक ही बात उसके दिमाग़ में फड़फड़ा रही थी—उसने रुपये लौटा दिए—क्यों? मुझे इस तरह अपमानित ही करना था तो पहली बार लिए ही क्यों थे?

पता नहीं, कितनी देर वह वहाँ बैठा रहा—अचानक कन्धे पर किसी के स्पर्श से चौंककर उसने देखा—रोज़ी, हाथ में रैकिट लिए।

"आप यहाँ कैसे बैठे हैं? हम लोग तो आपके यहाँ जा रहे थे।" रोज़ी बोली। उसके साथ वाली मधु ने केवल नमस्ते की और पहाड़ों की ओर देखती रही।

"नहीं रोज़ी, आज मेरी इच्छा नहीं है—वहाँ दर्शन होगा, और सब होंगे ही।" उसने

जैसे गिड़गिड़ाकर कहा और मधु की नमस्ते का बड़ा सुस्त-सा उत्तर दिया।

मैकलीन से साफ़ किए गए दाँतों की चमक दिखाने वाली विज्ञापित लड़की की तरह हँसती हुई रोज़ी ने अँग्रेज़ी में कहा, "ओह! तो आज आपकी तबीयत ख़राब है ? बहुत उदास हैं आप?"

जवाब में फीकी-सी मुसकान लाकर उसने कहा, "हाँ, सिर में दर्द है। 'गेम' को किसी और दिन के लिए रख लो। शटल कॉर्क मेरे कमरे से निकलवा लेना!" और वह मुड़कर बैठ गया। रैकिट हाथों में घुमाती हुई रोज़ी मधु के साथ चली गई।

चार बज गए! बेंच की टेक पर हाथ फैलाकर घड़ी की ओर देखते हुए उसने सोचा और एक गहरी साँस उसके फेंफड़ों से बाहर निकल आई। कैप्टन साहब के बँगले पर ही बैडमिंटन कोर्ट है जो पहाड़ों में किसी ही कोठी में होता है। इसीलिए रोज़ी और मधु इतनी दूर खेलने जाती हैं। कैप्टन साहब के दोस्त की लड़की है रोज़ी। मधु नई ही है, चुप और शर्मीली। खेलना सीख रही है। वहाँ भी कुछ और आस-पास के बँगलों से आ जाते हैं। रोज़ी पन्द्रह-सोलह वर्ष की है, वाइनवर्ग में पढ़ती है और ग़ज़ब का खेलती है! फुर्ती तो इतनी कि बिजली की तरह इधर-उधर कौंधती ही रहती है। कोर्ट में जिस समय वे दोनों ही हों, खेल देखने लायक होता है। इंजन के सिलण्डर की तरह शटलकार्क 'शटाक्-शटाक्' इधर से उधर भागता है।

शान्त तालाब में एक क्षण को चंचलता आई थी। वह फिर सुस्त और उदास, करवट बदलकर बैठा रहा—जड़ पत्थर-सा।

और जब दिन-छिपे की बत्तियाँ जल गईं, तो वह धीरे से उठा। एक क्षण को उसे अपने आप पर बड़ी झुँझलाहट हुई—क्या बेवकूफ़ है! एक मुर्ख लड़की ने उसके रुपये लौटा दिए और वह यों मरा जा रहा है। लेकिन तत्काल ही उसे फिर निराशा और उदासी के केकड़े ने अपनी बाँहों में कस लिया। कुलड़ी पार करता हुआ वह राजपुर-बालूगंज वाली सड़क पर आ गया। एक-आध सैलानी ने उसे मॉसीफ़ाल का रास्ता पूछा। सुनसान! सुनसान वह चाहता था—जहाँ कोई न हो। पहाड़ों की मरोड़ों में बल खाती हुई सड़क ढालू चली गई थी। दो-तीन मोड़ पार करके वह फिर बेंच पर बैठ गया—वातावरण अब भी बादलों से बोझिल था।

पीछे ऊँची पहाड़ी दीवार चली गई थी—और सामने अथाह अँधेरे से भरी घाटियों में बिजली की बत्तियाँ जगमगा रही थीं—जैसे पहाड़ों की कगार पर दूर तक किसी ने दीपावली मनाने के लिए दीये रख दिए हों। बत्तियों की तीन-चार लाइनें नीचे दूर देहरादून तक चली गई थीं—सामने ऊँचे पर माल के दोनों ओर कुलड़ी और लाइब्रेरी जगमगा रही थीं—जैसे प्रवेश-द्वार बल्बों से सजा हो। ऐसा लगता था, जैसे किसी ने कसौटी के काले पत्थर पर सोने से आड़ी-तिरछी लकीरें खींच दी हों या जैसे पहाड़ों पर लगी ये रोशनियाँ किसी विराट् बैंजों के बटन हैं और अँधेरे का बुर्का पहने किसी के कोमल-अदृश्य हाथों की उँगलियाँ बड़ी तीव्र गति और क्रम से, इन पर पड़ती हैं। हर बटन उँगली पड़ने से दब जाता है, फिर उभर आता है। और एक करुण संगीत की अव्यक्त ध्वनियाँ

सारे वातावरण में थरथरा रही हैं। लहर जैसे किनारे से टकराकर चुपचाप बिखर जाए, इसी तरह उसके हृदय से इस सुनसान एकांत अँधेरे और रात में चमकते प्रकाश-बिन्दुओं के संगीत की लहरें टकराती रहीं।

उसने अनुभव किया कि बादल घने हो गए हैं और वातावरण भीगता जा रहा है। यह अकेलापन, रात, उदास और बैठा जाता-सा उसका निराश हृदय, सुनसान, कभी कोई बाजार से लौटने वाला उसके पीछे से चुपचाप भले ही चला जाए। अगर वह यहाँ से गिरकर मर जाए तो? कौन है जिसकी आँखों में दो आँसू भी आएँगे?—कोई नहीं! कोई नहीं!

हल्की-हल्की बूँदें पड़ने लगीं।

मान लो, ज़ोर से वर्षा हो और वह यों ही बैठा जम जाए! शायद कोई भी तो दुनिया में ऐसा नहीं है, जो उसकी लाश के जमे माथे पर स्नेह का हाथ फिरा सके। एक यह है नीराजना, पता नहीं, कैसे-कैसे करके रुपये भेजे और उसने चुपचाप लौटा दिए, एक शब्द भी नहीं लिखा। यह है सहानुभूति का अपमान! कितना अप्रत्याशित—क्रूर! निष्ठुर!

और पता नहीं कब उसकी आँखों में भरे आँसू इधर-उधर बह चले—पहले चुपचाप चलते रहे, फिर तो जैसे उबल-उबलकर आँखों में भर आने लगे।

विशाल पहाड़ की एक सिकुड़न पर बनी, सड़क के किनारे की एक बैंच पर बरसती बूँदों के नीचे वह क्षुद्र मनुष्य देर तक सिसक-सिसककर रोता रहा। इतनी देर से जमा विषाद बह जाना चाहता था।

आध घण्टे वर्षा हुई। आध घण्टे वह रोया।

उसे जुकाम हो जाएगा—निमोनिया, बुखार या हो सकता है, ठंड से वह अकड़कर ही रह जाए—लेकिन नहीं, सब जानते हुए भी वह चुपचाप भीगता ही रहा।

और फिर बड़े निर्जीव कदमों से गर्दन झुकाए धीरे-धीरे लौट आया। मुरझाई केंचुली की तरह सड़कें उदास पड़ी थीं।

वह चुपचाप अपने कमरे में जाकर पड़ जाना चाहता था, इसलिए बड़े आहिस्ता से उसने बरामदे की सीढ़ियाँ पार कीं।

"मिस्टर कुमार, हम लोग आपकी राह देख रहे हैं।" अचानक बरामदे के किवाड़ों को थोड़ा खोलकर कैप्टन दास ने ज़रा-सा झाँककर कहा।

उसे जाना पड़ा। कपड़े उसके भीग रहे थे। बाल अस्त-व्यस्त थे और आँखें जल रही थीं। किवाड़ खोलते ही ज्यों ही कमरे में से आती हुई रोशनी उसके ऊपर पड़ी, कैप्टन दास एकदम बोले, "यह क्या? आप तो कहीं भीगे हैं! जाइए, पहले कपड़े बदलकर आइए!"

बड़ी अनिच्छा से जब वह कपड़े बदलकर अपने कमरे से आया तो कैप्टन दास और मिसेज़ दास खाने की मेज़ पर बैठे थे। लड़का दर्शन और सबसे छोटी लड़की शैला शायद जाकर सो गए थे। कैप्टन के ठीक सामने उसके लिए कुर्सी ख़ाली थी—उसी पर

वह आकर बैठ गया। उसने अनुभव किया, दोनों ही बड़ी विचित्र दृष्टि से उसे देख रहे हैं—बोलना चाहकर भी नहीं बोल रहे। खानसामा प्लेटें लगा चुका था। जब उसके बैठते ही खानसामा ने एक प्लेट रख दी, तो डरते-झिझकते, जैसे कोई अपराध कर रहा हो, उसने कहा, "खानसामा, ये प्लेटें उठा लो!"

यह स्पष्ट था कि यह खाना खाने का समय नहीं है, शायद वे लोग उसके लिए राह देखते रहे हैं। उसकी बात सुनकर दोनों ने पलकें उठाकर उसे देखा, फिर अपने सामने रखी प्लेटों पर दृष्टि झुका ली। कैप्टन दास ने अपनी नेपकिन ठीक की और चम्मच से तरकारी का रस मुँह में डालकर कहा, "नहीं, रख जाओ!" स्वर में आज्ञा थी।

उसने भी एक बार दोनों की निगाहों को अनुभव किया और फिर वह चुप रहा। हर क्षण उसे अनुभव होता, जैसे वह विदेशी और जबर्दस्ती लदा हुआ बोझ हो—और वह अनुभूति धीरे-धीरे गहरी ही होती जा रही थी। उसे ऐसा लगा, जैसे कैप्टन दास कुछ कहना चाहते हैं। उसके लिए या तो वे बहाना तलाश कर रहे हैं या फिर साहस एकत्र कर रहे हैं। वह मंद गति से खाता रहा।

बिना ज़रूरत ही गिलास से ज़रा-सा पानी पीकर कैप्टन दास ने धीरे से कहा, "आप जानते हैं, मिस्टर कुमार, हम लोग—मैं और डाक्टर मुकर्जी—कब से एक-दूसरे को जानते हैं?"

यह भी कोई प्रश्न है? फिर भी उसने नासमझ बनकर, एक क्षण उनके चेहरे को देखा, फिर धीरे से ही उत्तर दिया, "जी, उन्होंने बताया था कि आप कॉलेज में साथ रहे हैं।"

"हाँ, हम दोनों क्लास-फ़ेलो ही नहीं, एक ही कमरे में भी रहते थे।" कैप्टन ने अब ज़रा खुलकर कहा, "और शायद आपको यह भी मालूम है कि जब आपके लिए उन्होंने लिखा था, तो मैंने क्या जवाब दिया था?" एक क्षण को उत्तर के लिए उन्होंने कुमार की ओर देखा और फिर स्वयं ही बोले, "मैंने लिखा था, इस 'पेइंग गेस्ट सिस्टम' के मैं खिलाफ़ हूँ; क्योंकि जब आदमी को करना है। यहीं, तो होटल में रहे। बम्बई, कलकत्ता और अब दिल्ली में तो ठीक है, लेकिन कम से कम मसूरी जैसी जगह के लिए मैं इसे ज़रूरी नहीं समझता।"

"मैं समझा नहीं ?" किस 'मूड' में यह बात कही गई है, यह देखने के लिए उसने उनके चेहरे की ओर देखा और कान फिर उधर लगाकर नीचे प्लेट में देखता रहा।

"हाँ, वही तो मैं बता रहा हूँ आपको—बम्बई जैसी जगह में तो ठीक है कि आपने अपने फ़्लैट का एक कमरा दे दिया। लाइफ़ वहाँ इतनी बिज़ी है कि शायद खाने के वक्त ही आप मिलें—वह भी बड़े ऊपरी-ऊपरी, फॉर्मल।" इसके बाद उन्होंने बड़ी जल्दी में कहा, "लेकिन मसूरी तो बड़ी शांत और एकांत जगह है न! यहाँ यदि एक ही फैमिली की तरह घुल-मिलकर न रहा जाए, तो बड़ा मुश्किल पड़ जाएगा। और देखिए मिस्टर कुमार, बुरा मत मानिए। यह ठीक है कि आर्थिक विषमताओं के कारण आदमी-आदमी

के सम्बन्धों का पुल रुपयों से ही बनता है, लेकिन क्या हमें हमेशा ही इस बात का ध्यान रखना होगा? या उसी सतह को आधार बनाकर बात करनी होगी? क्या हम लोगों को किसी और आदमी से सिर्फ़ इसलिए बोलना भी नहीं चाहिए कि हमारा और उसका स्पष्ट स्वार्थ का या आर्थिक सम्बन्ध नहीं है?

पहले तो वह समझा ही नहीं, क्योंकि वह अपने आप में ही अधिक खोया हुआ था, लेकिन जब फिर सचेत होकर उसने सोचा, तो उसका चेहरा तमतमाने लगा।

"आप मेरे बारे में कह रहे हैं?" उसने यथासम्भव संयत स्वर में पूछा।

"नॉट पर्टीक्युलर्ली एबाउट यू, लेकिन मैं कहता यह हूँ कि हम सभी जानते हैं, हमारे पारिवारिक सम्बन्ध भी आर्थिक स्थिति पर निर्भर हैं। लेकिन हमेशा ही सब चीज़ उसी से थोड़े ही तौली जाती है। उसके ऊपर भावना के परत हैं, जो उन सम्बन्धों को मधुर रखते हैं और तभी परिवार चल सकता है—वरना 'पेइंग गेस्ट' तो हम सभी हैं। मैं पूछता हूँ, आप सुबह से ही परेशान हैं, क्या इस चीज़ से हमें कोई मतलब नहीं होना चाहिए?" कैप्टन उत्सुकता से उसकी ओर देखते रहे।

बात उसकी समझ में आई और अचानक जागे अहं का उठा हुआ फन झुक गया और वह प्रायः निरुत्तर चुपचाप देखता रहा।

"मैं देख रहा हूँ, सुबह जब से डाकिया रुपये देकर गया है, तुम परेशान हो—तुमने खाना नहीं खाया। रोज़ी बता रही थी, तुम माल पर बैठे थे । इसका मतलब है, आज स्कूल भी नहीं गए पढ़ाने। कपड़े तुम्हारे बता रहे हैं कि तुम खूब भीगे हो और अब इतनी ठण्ड है तो भी तुम एक कमीज़ पहने हो—यह अपने से दुश्मनी नहीं तो और क्या है?"

उसकी झुकी आँखों में फिर पानी भर आया और उसकी इच्छा हुई कि वह फूट-फूटकर रो उठे। बड़ी मुश्किल से अपने मुँह के कौर को वह काफ़ी देर तक चबाता रहा। उसे लगा था कि वर्षा में भीगकर और खूब रोकर उसके मन की सारी घुटन घुल गई है, लेकिन कैप्टन साहब ने उसे जैसे छू दिया।

"खाओ न!" बड़े अनुरोध से कैप्टन बोले, "आपका यह रवैया एक परिवार का रवैया नहीं है—यह होटलों का ढंग है कि हमारा-आपका संबंध सिर्फ़ खाने और रहने तक हो। कोई मुश्किल, कोई मुसीबत यदि मेरे ऊपर आती है तो क्या मैं आपसे सहायता की आशा न करूँ?"

"क्यों नहीं?" उसके घुटे गले से बड़ी मुश्किल से स्वर निकला।

"सो तो है ही।" इस बार मिसेज़ दास बोलीं। वे बड़ी आत्मलीन-सी बैठी थीं। कैप्टन दास खाते रहे।

"तो क्या इसी तरह हम आशा नहीं करते कि आप पर कुछ परेशानी हो तो आप हमें मौक़ा देंगे? आपस में बैठकर बातचीत करने से ही बहुत-सी बातें हल हो जाती हैं—आख़िर ये रुपये कैसे हैं कि इन्होंने आपको इतना डिस्टर्व कर दिया? आप तो बहुत शांत तबियत के आदमी हैं?"

बात उसकी समझ में आई। अपनी चम्मच को व्यर्थ ही इधर-उधर चलाता रहा, "छिपाना तो मैंने कुछ भी नहीं चाहा, लेकिन यह चीज़ इतनी अप्रत्याशित हुई कि इस धक्के को मैं सँभाल नहीं पाया। वैसे कोई खास बात नहीं है। अब मैं बिलकुल ठीक हूँ।"

गोद में फैली तौलिया उसने कुर्सी के पिछले हिस्से पर डाल दी और बाथरूम में चला गया। अपने को संयत करता रहा। जब वह लौटा, तो प्लेटें हट गई थीं और कॉफी के प्याले रख दिए गए थे।

कॉफ़ी को ज़रा-सा 'सिप' करके उसने कहा, "पहले चाहे कोई छिपाने की बात रही भी हो, आज तो मैं कोई ऐसी बात नहीं समझता। बात सिर्फ यह थी कि पिछले दिनों जब मैं इन्दौर में टेम्परेरी लेक्चरर था, तो 'फ़र्स्ट ईयर' में एक लड़की आई—नीराजना। वह क्लास में लड़कों की तरह हँसती थी और बिलकुल बेझिझक होकर सामने वाली सीट पर बैठती थी। आसपास की लड़कियाँ कोई ऐसी-वैसी बात आ जाने पर शरमातीं, झेंपतीं, लेकिन वह जैसे निर्लिप्त—एक बार उपेक्षा से उन्हें देख लेती और बस, फिर वही खूब ज़ोर से बोलती और बात-बात में मुझसे बहस करती। कभी-कभी पूरे 'पीरियड' में मैं कुछ न पढ़ा पाता। लड़कों में भी बड़ी हलचल थी और वे चकित थे। वह सबसे बात करती थी। अब लड़के उड़ाने लगे, 'अपने सामने वाली सीट के लड़के को देख-देखकर वह यों मुसकराती है, उससे यों आँखें लड़ाती है। वह लड़का उस पर यों जान देता है।' मैं खुद क्लास में बड़ा अव्यवस्थित हो जाता था। एक दिन क्लास से निकलते ही वह बोली, 'आपको हमारे फ़ादर ने बुलाया है।' मैंने ताज्जुब से पूछा, 'आपके फ़ादर? वे मुझे क्या जानें?' वह बोली, 'मुझे कुछ नहीं मालूम, बुलाया है।' खैर, मैं गया। जानते तो वे नहीं थे, लेकिन उन्होंने बड़ी इच्छा प्रकट की कि मैं उस लड़की का 'ट्यूशन' कर लूँ। मैं तैयार नहीं हुआ। एक तो यह कॉलेज के नियम के खिलाफ़ था, दूसरे क्लास में 'डिसिप्लिन' रखने के हिसाब से भी यह चीज़ खराब हो जाती है। लेकिन वे नहीं माने तो हारकर कभी-कभी कोच करने का वायदा करना पड़ा, इस विश्वास पर कि न वे किसी से कहेंगे और न नीराजना ही कहीं ज़ाहिर करेगी।

"दास साहब, मैं क्या बताऊँ, उसके बारे में! कैसा तेज़ उसका दिमाग़ चलता था। जिस चीज़ को पढ़ाता, लगता वह पढ़े बैठी है। उसमें लिखने की शक्ति और प्रतिभा थी, उसे मैंने काफ़ी उभारने का प्रयत्न किया। अभी तक इतने लड़के-लड़कियों को पढ़ाने का मौक़ा आया है, लेकिन उतनी इन्टेलिजेंट लड़की मुझे नहीं मिली। जीवन-भर पढ़ते रहने के लिए उसके मन में बड़ा चाव था—बड़ा उत्साह! मुझसे बहुत खुल गई थी। मैं हँसकर कहता, 'पढ़ ले, शादी के बाद तो इन किताबों में घुन लगेंगे और जो पढ़ा है, सब सड़ेगा।' वह कहती, 'मैं शादी करूँगी ही नहीं!' मैं बड़े ज़ोर से हँसकर कहता, 'सभी लड़कियाँ यों ही कहती हैं।' वह जवाब देती, 'देखिए! मैं कहीं भी नौकरी करूँगी और पढ़ूँगी!'

"हुआ ऐसा कि दूसरे साल भी मैं टेम्परेरी ही रहा। उन दोनों ही साल मैंने उसे

पढ़ाया। हालाँकि हर क्षण मुझे अनुभव होता कि यह अलौकिक प्रतिभा विवाह के अग्निकुण्ड में झोंक दी जाएगी। और वह स्वयं इतनी तेज़ है कि उसे पढ़ने की ज़रा भी ज़रूरत नहीं है। उसकी एक-एक पग उन्नति को देखकर मुझे आत्मिक सन्तोष होता और ऐसा लगता जैसे उसे नहीं, यह सब प्राप्ति मुझे हो रही हो।

"बीच में मुझे यहाँ जगह मिल गई और मैं आ गया। 'सेशन' ख़त्म करने के बाद वह इलाहाबाद चली गई, क्योंकि उसके फ़ादर रिटायर हो गए थे। अब उसकी शादी का चक्कर आया। एक तो स्वतन्त्र रहकर पढ़ने की उसकी अदम्य इच्छा, फिर उसमें मेरी विद्रोहिणी शिक्षा। उसने सत्याग्रह कर डाला कि चाहे दुनिया इधर की उधर हो जाए, वह पढ़ेगी। एक पत्र लिखकर उसने मुझे बुला भेजा।

"मेरे सामने सारी परिस्थितियाँ दोनों ओर से रखी गईं। उसके माँ-बाप ने कहा कि मैं उसे समझाऊँ। और उसने रोकर बताया कि वह शादी किसी भी हालत में नहीं करेगी—फाँसी लगाकर मर जाएगी, भाग जाएगी, भीख माँगेगी, चौका-बर्तन करेगी या दूसरी कोई नौकरी करेगी और आगे पढ़ेगी। उसने यह भी बताया कि माँ-बाप ने साफ़ कह दिया है कि पढ़ाने-लिखाने के लिए उनके पास एक भी पैसा नहीं है। कहाँ से लाएँ? रिटायर हो गए हैं। जो फ़ण्ड मिला है उसे पढ़ाई में फूँक दें, तो शादी के लिए कहाँ से आएगा? लड़के वाले अनाप-शनाप माँगते हैं। फिर दूसरे बच्चे भी तो हैं। मैंने पूछा, 'सच बताओ, नीरा! तुम सचमुच पढ़ना ही चाहती हो या शादी किसी और वजह से नहीं करना चाहती?' वह रो पड़ी, शायद उसे मुझसे ऐसी आशा नहीं थी। रोते हुए उसने कहा, 'आपकी भी इच्छा नहीं है, तो नहीं पढ़ूँगी। जो आदमी नहीं जानता हो, उससे कुछ कहा भी जाए!' मैं पिघल उठा—वह मेरे ऊपर इतना विश्वास करती है और मैं मुर्ख यों धोखा दे रहा हूँ—सोचकर मन उच्छ्वास से भर गया। मैंने पूछा, 'पढ़कर क्या करोगी?' आँसुओं में नहाई लाल आँखों से उसने मुझे देखा, 'क्या करूँगी? क्या होता है पढ़कर? भाड़ में जाऊँगी, टीचर हो जाऊँगी, और अपनी ज़िन्दगी को रोऊँगी।' 'यह मतलब मेरा नहीं है भाई!' मैंने उसे समझाया कि यदि वह बुरा न माने, तो मैं उसे पचास रुपये महीने के हिसाब से दे सकता हूँ। जब सुविधा हो, वह लौटा दे। वैसे लौटाने की मुझे अधिक इच्छा नहीं है। वह झिझकी, प्रश्न आया, माँ-बाप कैसे स्वीकार करेंगे—और लोग क्या कहेंगे? हमने तय किया कि वह अभी से बताने लगे कि उसने एक ख़ास 'स्कॉलरशिप' के लिए 'एप्लाई' किया है। फिर पचास रुपये चुपचाप मिल जाया करेंगे। बस, किस्सा यह है।"

उसने सारा क़िस्सा इस तरह जल्दी-जल्दी बता डाला, जैसे किसी रूखे और असफल उपन्यास का कथानक बता रहा हो—और बाक़ी कॉफ़ी को एक ही घूँट में समाप्त करके उसने कहा, "और कोई चिट्ठी नहीं, पत्री नहीं—बस, आज तक के सारे रुपये लौट आए हैं। ज़रा-सा संकेत तो देना ही चाहिए था।"

"वही पुराना क़िस्सा!" मिसेज़ दास ने कहा।

"लड़की!" और कैप्टन दास इतने ज़ोर से हँसे कि पूरा कमरा गूँज गया। वह

और मिसेज़ दास आश्चर्य से उसकी ओर देखने लगे। उन्होंने कहा, "एक लड़की ने तुम्हारे रुपये लौटा दिए और तुम मरे जा रहे हो, भीग रहे हो, भूखे रह रहे हो और यों आवारा की तरह भटककर जान दे रहे हो!" वे दुबारा और भी ज़ोर से हँसे और बोले, "तुम भी मिस्टर कुमार, आदमी मुझे काफ़ी ऊँचे लगे। आप सिर्फ़ यह आत्महत्या इसलिए कर रहे हैं कि एक लड़की ने आपके रुपये लौटा दिए हैं!" फिर गम्भीर होकर उन्होंने एक बार मिसेज़ दास की ओर देखा और ऐश-ट्रे में रखी जली दियासलाई की सींक को उसी में तोड़ते हुए कहा, "तुम जानते हो, नीत्शे ने औरत के बारे में क्या कहा? शेक्सपियर की लाइनें तो याद हैं—'फ्रेलिटी दाइ नेम इज़ वूमन' मिस्टर, जिसे आप ज़िन्दगी और मौत का सवाल समझते हैं, वह लड़कियों के लिए एक खेल है—समझे? शॉ ने इन्हें प्रकृति का भेड़िया बताया है। वह लड़की क्या, जिसने दो-चार की ज़िन्दगियाँ न खराब कर दीं!"

"लेकिन...लेकिन विश्वास भी तो कोई चीज़ है!" जैसे हारकर घिरे हुए खिलाड़ी ने आख़िरी दाँव लगाया।

"विश्वास! विश्वास स्त्री का जाल है, जिसमें वह आपको बाँधती है। विश्वास बिल्ली के पंजों की गद्दियाँ है, जहाँ उसके नाखून छिपे रहते हैं। आप कहेंगे, सभी औरतें एक-सी नहीं होतीं। पर मैं कहता हूँ, छोटा-बड़ा काला-सफ़ेद होने से कुछ नहीं होता, सभी बिल्लियों के पैरों में गद्दियाँ होती हैं और उन्हीं के नीचे उनके नाखून होते हैं। औरत आपको एक गाल पर चूमेगी और दूसरे ही क्षण उस पर चाँटा मारेगी—क्यों और क्या की तो वहाँ जगह ही नहीं है। रीज़न—विवेक औरत की दुनिया में है ही नहीं। तुम भी किस चक्कर में पड़े हो, मिस्टर कुमार! उसे कोई और मिल गया होगा और उसने तुम्हारे रुपये लौटा दिए। इसमें इतनी परेशानी की क्या बात है?" बड़ी आसानी से कैप्टन दास ने कहा।

मिसेज़ दास चुपचाप उठकर चली गईं।

और सच ही उसे ऐसा लगने लगा कि कितना बड़ा बेवकूफ़ है वह! ज़रा-सी बात पर अपनी तन्दुरुस्ती ख़राब करने पर तुल गया है। यह ठीक है कि कैप्टन साहब की बातें उसकी आस्था को पूरी तरह नहीं झकझोर पाईं, लेकिन उसे यह लगने लगा कि रुपये लौटा देना कोई ऐसी महत्त्वपूर्ण बात नहीं है, जिसके लिए इस तरह रोया और परेशान हुआ जाए। हो सकता है, कोई विशेष कारण हो, पत्र आता हो या समझौता ही हो गया हो! मगर...

और रात को उसने थोड़ी ब्रांडी ली—भीगने से कहीं तबियत खराब न हो जाए!

•

बस पर चढ़ने से पहले एक बार उसने फिर तार के फार्म को जेब से निकालकर देखा ...हाँ, आज की ही तारीख तो है—'25 को सुबह पहुँच रही हूँ—नीराजना।'

ऊँची-नीची भूमि पर झूमती-झामती बस जब देहरादून की ओर दौड़ी, तो जिज्ञासा और उत्सुकता के मारे उसका बुरा हाल था। इच्छा होती थी—इस बस के और अपने

शरीर के सब बन्धनों को तोड़-फोड़कर वह वहाँ पहुँच जाए और पूरी बात जान ले—वह यहाँ आ रही है—क्यों आ रही है? पहले किसी पूर्व-सूचना या समाचार के बिना रुपये भेज दिए। इन दस-बारह दिनों को कैसी बेचैनी से वह काट पाया था। ऊपर से वह निश्चिन्त था, लेकिन उसके भीतर कोई था जो बैठा दिन-रात नीराजना के पत्र की प्रतीक्षा किया करता था, लेकिन कुछ नहीं आया। अब अचानक तार आया, तो वह बुरी तरह चौंक गया। हो क्या रहा है उसे? किसी के साथ आ रही है या अकेली?—कहीं...? लेकिन इस 'कहीं' का उत्तर, खिड़की के सहारे बैठकर अन्धाधुंध सिगरेट फूँकने, करवट बदलने—किसी से नहीं मिला। हाँ, आसपास के रेलिंग और पहाड़ सरकते रहे।

देहरादून प्लेटफ़ॉर्म पर खड़े होकर उसने अपने-आपको काफ़ी गम्भीर बना लिया था, जैसे उसे बिलकुल भी चिन्ता न हो। वह तो यों ही मटर-गश्ती करने चला आया है। वह पुल के पास खड़ा होकर पूरी रेल को देखता रहा। अचानक जब 'इण्टरक्लास' के एक डिब्बे से आँखों पर काला चश्मा और हाथ में पर्स लिए, गहरे पीले रंग की जॉर्जट की साड़ी में इधर उधर जैसे किसी को खोज रही हो, नीरा उतरी, तो उसकी इच्छा हुई, दौड़कर वहाँ पहुँच जाए—'नीरा, तुम आ गईं। लेकिन तुम कितनी बदल गई हो...!'

आगे नीरा और पीछे चमड़े का बक्स लादे कुली, दोनों चले तो उसने पीछे से आकर धीरे-से कहा, "कहिए, आप आ गईं।"

नीरा चौंकी और एकदम उसकी ओर मुड़कर देखा—एक तरह से खिल उठी—"अरे प्रोफ़ेसर साहब, आप यहाँ आ गए?"

वह वैसे ही रहकर—बिना उधर अधिक झुकाव दिखाए प्लेटफार्म से निकलते हुए बोला, "सोचा, तुम न जाने कहाँ-कहाँ भटकोगी—पहली ही बार आ रही हो न!"

उसके स्वर से ज़रा चौंककर नीरा ने उसके चेहरे की ओर देखा, मुँह से निकला, "जी," और वह सहम गई। 'चेकर' को टिकट देकर पर्स बन्द करते हुए उसने पूछा, "आपको तार कब मिला?"

"सुबह!" मशीन की तरह उतार-चढ़ाव हीन स्वर में उसने कहा। उसने इशारे से सन्दूक बस पर रखवा दिया, कुली को पैसे दे दिए।

"आपने आख़िर यहाँ तक आने का कष्ट क्यों किया?" इस बार नीराजना ने थोड़ा मुसकराकर चश्मे की बग़ल से देखा।

"यों ही। सोचा, बेकार भटकोगी?" उसने अनुभव किया कि वह ज़रूरत से अधिक रूखा हो गया है। कुछ नम्र स्वर में उसने पूछा, "रास्ते में कोई तकलीफ़ तो नहीं हुई ? क्या खाया-पीया?"

"हरिद्वार में नाश्ता तगड़ा लिया था।" वह बोली। बस के पास ही दोनों चहलकदमी करते रहे।

"जगह तो बहुत सुन्दर है इधर की।" कुछ मौन रहने के बाद नीरा बोली।

"अच्छी लगी?" चेहरे का भाव देखने के लिए उसने नीरा के मुँह की ओर देखा।

"बहुत!" फिर दोनों टहलते रहे। ऐसा लगा, जैसे बातचीत करने के विषय एकदम समाप्त हो गए हों।

"घर पर तो सब ठीक हैं न?" फिर बात घिसटी, जैसे लाठी से कमर टूटा साँप फड़ककर सरकने की कोशिश करे।

"हाँ, सब ठीक ही है।" बड़े अनमने स्वर में एक निःश्वास छोड़कर वह बोली। समझ वह भी गई कि इधर-उधर की बातें सिर्फ़ इसलिए है कि वह पूछना चाहता है—'कहो, तुम कैसे आई?'

रवि को स्वयं बड़ा आश्चर्य था कि वह बता क्यों नहीं रही है। अब बातचीत के प्रति उसकी ज़रा भी इच्छा नहीं थी, लेकिन एकदम चुप हो जाना भी बड़ा दम घोंटने वाला था। एक-एक कर वह कुछ-न-कुछ बोलते रहना चाहता था, ताकि उसकी स्थिति का कुछ तो पता चले। वह बोला, "चाय पिओगी? नाश्ते से क्या होता है !"

"सुनते हैं, खाना खाने से पहाड़ों पर चक्कर आ जाते हैं।" इस बार ज़रा झेंपकर वह मुसकराई जैसे कोई अपनी बेवकूफ़ी की बात बता रही हो।

"तो यह खाना थोड़े ही है!" उसने चाय के लिए कह दिया। दोनों टहलते रहे। चाय आई, तो बस में अपनी-अपनी सीटों पर बैठकर चाय पीने लगे—साथ में टोस्ट थे।

उसे बड़ा आश्चर्य था, इन्दौर की दबी-ढँकी, सीधी-सादी लड़की एकदम इतनी 'फॉरवर्ड' कैसे हो गई! सबसे अधिक ताज्जुब तो उसके इस तरह अकेले चले आने पर था। घर वालों ने क्या कहा होगा? यदि यह भावना—कि जब वह स्वयं बताना ही नहीं चाहती तो मैं क्यों पूछूँ—उसे न रोकती, तो शायद वह उसे रेल से उतरने पीछे देता, यही प्रश्न सबसे पहले पूछता। वह रह-रहकर विस्मय से नीरा को देखता, इसे नीरा ने भी लक्ष्य किया।

अपने-आपको एक रहस्यमय आवरण में रखने के एक विचित्र आनन्द से नीरा मन ही मन खुश थी। साथ ही वह यह भी अनुभव कर रही थी कि इनके भीतर तो उथल-पुथल मच रही होगी और ऊपर से कैसे शान्त हैं! टोस्ट खाना छोड़कर, कुटिलता से हँसकर उसने पूछा, "आप बार-बार मुझे क्या देख रहे हैं?"

"देख रहा हूँ, इलाहाबाद में तो पूरी 'फ़िल्म एक्ट्रेस' बन गई हो। बिलकुल चारों तरफ़ से मेम साहिबा लगती हो—घरवाले नहीं कहते कुछ?" उसे प्रसन्नता हुई कि उसने घरवालों की बात शुरू की—अब शायद वह कुछ बताए। वह चाय पीता रहा।

अपनी चाय ख़त्म करके प्याला रखते हुए वह बोली, "हूँ, घरवाले! घरवालों को अपनी ही चिन्ता से फुर्सत नहीं है।"

फिर दोनों चुप हो गए। चाय वाला ट्रे उठा ले गया।

देहरादून के बाज़ारों के बाद कोठी-बँगले अब पीछे छूटने लगे थे और सड़क के सामने ऊँचे-ऊँचे पहाड़ सीना ताने खड़े थे।

"त्रिवेन्द्रम् से कन्याकुमारी जाने वाली सड़क पर भी बिलकुल ऐसा लगता है जैसे हम देहरादून पहुँच गए हों।" वह बोला।

"आप तो खूब घूमे हैं, मैंने ज़िन्दगी में पहाड़ ही हरिद्वार में देखे।" बाहर देखती हुई वह बोली। उसने एक दबी साँस छोड़ी।

एक गाँठ थी, जिसे कोई नहीं छूना चाहता था। हर बात पर वे अनुभव कर रहे थे, जैसे मुख्य विषय को वे टाल रहे हैं—पहले कौन बोले! आख़िर रवि से नहीं रहा गया। पूछ ही लूँगा तो कौन आफ़त आ जाएगी! जब बस 'टोल-टैक्स' देने के बाद आगे बढ़ी, तो डिब्बे से सिगरेट निकालकर अत्यन्त व्यस्तता से, जैसे वह कोई निहायत ही महत्त्वपूर्ण बात पूछ रहा है, उसे जलाते हुए पूछा, "मुझसे कोई ख़ास काम था?" वह साँस रोककर दोनों हाथों की आड़ में जलती दियासलाई की लौ को अपलक देखता रहा—खूब सचेत!

इस बार फिर नीरा ने गर्दन घुमाकर घूरा। वह खुद भी उसी भाव से बाहर देखती हुई बोली, "क्या हर आदमी काम से ही आता है? आप मसूरी रहें, कोई आदमी मसूरी में घूमने आता है और आप पूछते हैं, कोई खास काम था?"

"लेकिन ये छुट्टियाँ तो नहीं हैं!" उसने सन्तोष की साँस ली, लेकिन मन ही मन उलझन और प्रश्न उछल-कूद मचा रहे थे।

"कॉलेज में हड़ताल है!" और वह बस की खिड़की पर रखी बाँह पर ठोड़ी रखकर बाहर देखने लगी, जैसे बाहर के दृश्यों में उसे इन बातों से अधिक आनन्द आ रहा हो।

नीरा का यह रुख़ उसे ज़रा भी पसन्द नहीं आया। वह चुप हो गया। सड़क मिनट-मिनट पर मोड़ लेती ऊपर चढ़ रही थी और 'जूँ-जूँ' करती बसें और कारें आगे-पीछे भाग रही थीं। कभी-कभी एकाध हार्न गूँज उठता था। हर पहाड़ के गले में ऊपर-नीचे सड़क के लच्छे पड़े दिखाई दे रहे थे। बिलकुल सामने वाली सीट पर भूतनी से बिखरे बालों वाली एक लड़की साड़ी और आधे फुट खुली कमर दिखाती, चुस्त ब्लाउज़ पहने बैठी थी। उसकी बग़ल में एक अंग्रेज़ बुढ़िया थी। सब अपने-अपने में मस्त। सादा चश्मे पर हरे अटेचमैण्ट चढ़ाए पट्टीदार कुर्ता पहने एक सज्जन ज़रूर सबको नम्बर से निरख-परख रहे थे।

एक जगह मोटर घूमी तो नीरा के चेहरे पर धूप आ गई। उसने सिगरेट की राख खिड़की से बाहर फेंकने के बहाने झुककर देखा—चश्मे के पीछे उसकी आँखें बन्द थीं।

"रात को सोई नहीं थीं?" उसने पूछा।

"नहीं, मुझे चक्कर आ रहे हैं।" बिना ज़रा भी हिले-डुले उसने कहा। वह अपना ध्यान सामने के पहाड़ों, सड़क और सफ़र से कहीं दूर ले जाकर उठती हुई उबकाई को रोकना चाहती थी, लेकिन जैसे उसकी पलकों के ऊपर उन्हीं पहाड़ों की छायाएँ मँडराने लगती थीं। रबर के खिंचे धागे की तरह मन ज़रा भी छूटता, तो यहीं भाग आता।

अपनी जेब तलाश करने के पश्चात् उसने पूछा, "किसी से इलाइची पूछूँ?"

उसने हाथ के इशारे से रोक दिया, "नहीं।"

फिर दोनों चुप हो गए।

अचानक रवि ने कहा, "उठो!"

तन्द्रा से जैसे चौंककर उसने देखा—बस 'किंक्रेग' पर आ खड़ी हुई थी। कुलियों और सवारियों के वार्तालाप से वातावरण गूँज रहा था। एक तरफ़ ऊँचे पहाड़ और दूसरी तरफ़ ढालू सड़क। वह उतरी तो धरती डगमगाती लग रही थी।

कुली को सामान सौंपकर, रास्ता बताकर वे चले। आश्चर्य से आँखें फाड़े वह कभी ऊपर-नीचे जाने वाली सड़क को देखती, कभी कुलियों को और कभी उस बस स्टैण्ड को। लोग आगे-आगे चल दिए थे।

'कैमिल्स बैक रोड' जाने के लिए सड़क काफ़ी चढ़ाईदार थी। ज़रा-सी देर में ही वह हाँफने लगी। उसके लिए कभी-कभी वह रुक जाता। इधर-उधर देखती वह चढ़ती रही। सुस्ताने के लिए एक जगह रुककर नीचे भीड़ को देखते हुए नीरा ने कहा, "मुझे ऐसा लगता है, आपको मेरा आना अच्छा नहीं लगा!"

इच्छा हुई कि इस बात का ज़वाब ही न दे, क्योंकि अब अपनी ओर से बोलने या बात निकालने के सारे प्रयत्न उसने छोड़ दिए थे। थोड़ी देर चुप रहकर वह बोला, "ऐसी तो बात नहीं है! शायद थक ज़्यादा गई हो! आओ, अच्छी तरह बैठ लें।"

रास्ते-भर भयंकर चुप्पी।

बँगले पर आकर कैप्टन साहब से रवि ने उसका परिचय कराया तो उन्होंने अपना चश्मा उतारकर काफ़ी ग़ौर से देखा। नीरा थक ज़रूर गई थी, लेकिन नाश्ता करते ही उसकी सारी थकावट दूर हो गई।

साढ़े चार बजे थे, दोनों घूमने निकल आए। हर नई जगह और चीज़ को देखकर रवि की ओर वह इस तरह देखती, जैसे उस स्थान या चीज़ का नाम पूछना चाहती हो; लेकिन उसके चुप-गम्भीर और जड़ चेहरे को देखकर सहम जाती।

लाइब्रेरी से दोनों 'चार्ले-विले' होटल वाली सड़क पर आ गए। यह सड़क बिलकुल समतल, चिकनी और पहाड़ से लगी-लगी उसके साथ मोड़ लेती इस तरह चली गई थी, जैसे बाद में चिपका दी हो। एक बड़ा मोड़ लेकर सड़क फिर ज़रा सामने घाटी में आ गई थी और अब यह सड़क इतनी मुड़ चुकी थी कि एक बड़े लम्बे-चौड़े गड्ढे के बाद बिलकुल सामने ही लाइब्रेरी दिखाई दे रही थी। यह गड्ढा पहाड़ की उस दरार से ही शुरू हुआ था, जहाँ से वे अभी आ रहे थे—और बाईं ओर खुलता-खुलता बिलकुल खुल गया था। सामने पहाड़ों की ऊँची-ऊँची चोटियाँ दिखाई दे रही थीं—एक के पीछे से एक झाँकती।

पहाड़ की ओट के कारण धूप इन पर ज़रा भी नहीं थी। सामने दूर चोटियों पर सुनहली धूप खेल रही थी। दो चोटियाँ बिलकुल पास-पास काफ़ी ऊँची खड़ी थीं। सड़क के मोड़ पर गड्ढे की ओर रखी बेंच पर बैठ कर दोनों उन पहाड़ों को देखने लगे। वे पहाड़ बहुत पास होते हुए भी बड़े विरोधी थे। एक बिलकुल सूखे झाड़-झंखाड़ों से

लदा—सपाट और दूसरा हरियाली से बुरी तरह लदा। खेलती हुई धूप पहाड़ की मरोड़ों में नहीं जा पाती थी, इसलिए वहाँ छाया थी। ऐसा लगता था, दो मखमल के कपड़े पास-पास डाल दिए गए हों और जहाँ-जहाँ मोड़ है, उनके भीतर से निकलने वाली गहरी हरी चमक निकल आई है। हाथ में चश्मा लिए नीरा उसकी कमानी पकड़कर घुमाती रही।

दोनों मुग्ध देखते रहे, लेकिन दोनों एक-दूसरे की हरकत से सचेत।

"आप बहुत बदल गए हैं प्रोफ़ेसर साहब!" नीरा बोली और बेंच की बाँह पर धीरे-धीरे थपकी मारती रही। उसकी खुली आँखों में पानी छलछला आया था। मन में शायद कहने के लिए बहुत-सी बातें उसके भीतर उमड़ रही थीं।

"अब प्रोफ़ेसर भी तो नहीं रहा।" ज़रा-सा उसके चेहरे की ओर देखा और संक्षिप्त-सा उत्तर देकर देखने में व्यस्त हो गया।

"सुनते हैं, यहाँ से सीधा इलाहाबाद तक का टिकट मिल जाता है। कल सुबह ही किसी को भेज दीजिए।" कुछ देर फिर चुप रहकर वह बोली।

"टिकट!" वह एकदम मुड़ा। नीरा ने चश्मा चढ़ा लिया था, लेकिन उसकी काँपती ठोड़ी, खिंचे होंठ और फड़कते नथुने किस चीज़ की भूमिका हैं, इसे वह खूब पहचानता था।

"मैंने बड़ी ग़लती की, ज़बरदस्ती यहाँ चली आई।" और वह सिसकने लगी। रूमाल निकालकर उसने अपनी आँखों पर लगा लिया।

रवि को उस समय खुद महसूस हुआ कि उसका व्यवहार नीरा के प्रति बड़ा ही उपेक्षापूर्ण रहा है—बिलकुल स्टेशन से ही। बस में, बीच-बीच में उसने बोलने की कोशिश ज़रूर की है, लेकिन यह दिखाते हुए, जैसे कोई ख़ास ज़रूरत न हो। यह ठीक है कि नीरा के पिछले व्यवहार ने उसके पखवारे की नींद शान्ति और सन्तोष, सब ख़त्म कर दिए हैं, फिर भी उसे इतनी कमज़ोरी नहीं दिखानी चाहिए थी। आदमी को थोड़ा सहने और एक्टिंग करने की भी आदत हो। लेकिन घने बादलों और काले अँधेरे जैसे घुटती उदासी को वह क्या करे ?

"मसूरी तुम्हें पसन्द नहीं आई?" उसने नीरा के कन्धे पर हाथ रखकर स्नेह से पूछा।

"जी!" जैसे तड़पकर, नीरा ने रूमाल हटाकर लाल आँखों से उसे देखा, "ऐसी घुटन में कोई चीज़ पसन्द आ सकती है? इसी से बचने के लिए मैं यहाँ आई, और यहाँ भी यही आफ़त! आख़िर आप लोगों ने सोचा क्या है? सीधे-सादे ज़हर क्यों नहीं दे देते?"

चकित-सा उसकी ओर देखकर रवि बोला, "किस प्रसंग में यह सब बातें आप कह रही हैं?—आप लोगों में कौन-कौन आएगा?"

"मुझे खूब मालूम है!" बिलकुल सामने स्थिर दृष्टि से देखते हुए नीरा ने कहा, "मुझसे आप नाराज़ इसलिए हैं कि मैंने आपके रुपये क्यों लौटा दिए।"

प्रश्न फिर आत्मसम्मान और अपमान का आ गया। अपने ऊपर चढ़ आती भावुकता पर अधिकार करके वह सँभलकर बैठ गया। इस 'प्वाइण्ट' पर वह ज़रा भी नहीं झुकेगा। उसने दृढ़ स्वर में कहा, "नीरा, तुम मेरी मेहमान हो। ऐसी कोई बात मैं नहीं कहना चाहता कि तुम बुरा मानकर जाओ। लेकिन भाई, बात यह है कि कोई अपना अपमान सह लेता है, किसी से सहा नहीं जाता। वैसे कोई किसी पर ज़बरदस्ती तो कर ही नहीं सकता, तुम्हें रुपयों की ज़रूरत नहीं थी, तो मुझे क्यों ज़िद हो?"

"बस, अपनी तरफ से बात देख ली और दूसरा चाहे भाड़ में जाए।" नीरा ने तुनककर कहा, फिर थोड़ी देर चुप रहकर बोली, "ज़बरदस्ती की बात होती, तो मैं पहले क्यों लेती, यह आपने सोचा? आपकी समझ में यह बात नहीं आई कि जब आपके रुपये लौटाए, तो कम-से-कम गले तक पानी आ गया होगा।"

"हम भी तो सुनें, कैसा गले तक पानी था और वह इतनी जल्दी उतर भी गया कि आपको सैर करने की सूझने लगी?"

व्यंग्य को समझकर नीरा चुप रही—पलकें उठाकर एक बार उसे देखा, फिर जैसे एकदम बाजे के खिंचे तारों पर घूँसा मारा हो, बोली, "मेरी सगाई हो गई है!"

"सगाई?" एकदम बुरी तरह चौंककर रवि अपने स्थान से थोड़ा उचक गया। उसने बिलकुल नीरा के चेहरे को पास से देखा, नहीं, मज़ाक ज़रा भी नहीं है। वह यों ही बैठा रहा, फिर पीछे पीठ टिका ली।

"बहुत रोई-धोई, चीखी-चिल्लाई, फिर जब कोई नहीं माना, तो बात सबको बतानी पड़ी। लेकिन उसी ग़लती में रुपये लौटाने भी पड़े।"

वह बिलकुल चुप रहा, निश्चल! उसने यह भी नहीं पूछा कि सगाई कहाँ हुई है, कौन है, क्या करते हैं, तुम्हारी क्या राय है।

"और इस तरह इलाहाबाद में मेरी पढ़ाई बिलकुल ख़त्म हो गई।" वह उसी भाव से कहती रही।

सामने की धूप पहाड़ों के पार खिसक गई थी और पहाड़ों की छायाएँ काली पड़ने लगीं। साँझ की परछाइयाँ लम्बी होते-होते क्षितिज में लीन होने लगी थीं—जहाँ अँधेरे का ज्वार हिलोरें ले रहा था।

"अब देहरादून आने का एक कारण यह भी है। आगे से मैं देहरादून में ही पढ़ूँगी। हालाँकि सुनते हैं, यहाँ लड़कियों का हॉस्टल नहीं है। और पूरी बातें अभी पता भी नहीं लगा पाई हूँ।" बिना उसकी ओर ज़रा भी ध्यान दिए वह कहती रही।

"हूँ!" जैसे किसी दूसरे लोक से उसके सूखे होंठों से निकला। उसकी आँखों की केन्द्रित चेतना जैसे फैल गई।

"मैंने अपना जो रास्ता चुना है, उसमें आनेवाली किसी भी बाधा से मैं समझौता नहीं कर सकती।" पता नहीं नीराजना आज किस बहाव में बहे जा रही थी।

"बड़ा अच्छा है!" बड़ी कठिनाई से उसने निर्विकार भाव से कहा। उसकी अपलक

खुली आँखों में सामने की ऊबड़-खाबड़, अँधेरे से भरी घाटियों की परछाइयाँ उतर गई थीं। अँधेरा घना हो गया था।

इस बार नीरा ने एकदम उसकी ओर मुँह घुमाकर कहा, "फिर कभी इलाहाबाद जाने के लिए मैं यहाँ नहीं आई—समझे या और समझाऊँ ? आपको क्या है, आप तो ज़रा-ज़रा-सी बातों पर नाराज़ हो जाते हैं! मुझसे भी तो पूछिए, मुझे कितना सहना पड़ा?"

उसी समय एकदम सारी बत्तियाँ जल उठीं और नीरा ने देखा, रवि की आँसू-भरी आँखों में दीपमालाएँ झलमला उठीं।

किन्हीं रानी साहिबा को लादे एक रिक्शा पीछे से गुज़र गया, जिसे तीन कुली धकेल रहे थे।

लकड़हारा

"अम्मा, क्या होती है शादी?"

"कुछ नहीं होती, तू सो जा चुपचाप।"

"नहीं अम्मा, बताओ!"

"तू सो जा भागवान। ऐसे ही शादी होती है जैसे तेरी मास्टरनी मौसी की हो रही है।"

रीता ने आँखें बन्द कर लीं और पास लेटी कान्ति ने जब उसे सोई समझकर थपकना धीरे-धीरे कम किया तो वह अचानक ही आँख खोलकर बोली, "अम्मा, राजा ने अपनी लड़की की शादी लकड़हारे से क्यों कर दी?"

एक क्षण को थपकता हाथ रुक गया और उसने भौंहें तरेरकर रीता को देखा, "कमबख्त लड़की, सोती नहीं है, प्राण खा रही है।" पर फिर प्यार से समझाकर बोली, "बेटा, वह तक़दीर को नहीं मानती थी।" यह सोचकर कान्ति और भी झुंझला रही थी कि अब यह पूछेगी, तकदीर क्या होती है।

तभी भागती-हाँफती सोमा ने आकर बड़ी मुश्किल से कहा, "भाभी, तुम यहाँ पड़ी सो रही हो, वहाँ भैया ने सारा आसमान सिर पर उठा लिया है। तुम्हारा नम्बर आ गया है कन्यादान का।"

"अब यह छोड़े भी!" कान्ति ने आँचल से उलझती रीता को बिस्तर पर पटका और कभी इस सन्दूक को खोला, कभी उसे बन्द किया और तब झींकते हुए सारे कपड़े तितर-बितर करके एक नीले मखमल का डिब्बा निकालकर लपकती हुई बाहर चली, "ले, अब मर पड़ी-पड़ी, जब से कह रहे थे, हाँऽ तो।"

माँड़े के नीचे शोभा बनारसी साड़ी-दुपट्टों में खूब दबी-ढँकी बैठी थी। पीछे से पकड़कर बैठी नाइन बार-बार उसके सिर का कपड़ा खींचकर घूँघट बना देती और वह न जाने कैसे उसे पीछे खिसका देती। नाइन की इस हरकत पर उसके चेहरे की झुँझलाहट साफ़ हो जाती। पीछे से दादी और अन्य बड़ी-बूढ़ियाँ खुसुर-पुसुर करतीं तो नाइन फिर घूँघट खींच देती। उसका हाथ अपने हाथ में लिए, खूब फूलों की झालरों से लदा, पूरा ताजमहल सिर पर बाँधे जसवन्त बैठा था। चमकती सुनहरी अचकन पर रोली-चावल गिर पड़े थे। सामने लटकती फूलों की मालाओं को उसने इधर-उधर कानों पर अटका लिया था। इन सब झाड़-झंखाड़ों में सिर्फ़ उनकी नाक ही चमक रही थी।

दोनों ओर के पंडित आमने-सामने जमे बैठे थे और बीच में जलती आग में थोड़ी-थोड़ी देर बाद चम्मच से घी या हवन सामग्री डाल देते थे। शोभा की ओर वाले पंडित रामजीदास कभी-कभी जब मंत्र भूल जाते तो ज़ोर से नाई के लड़के से कह उठते, "अरे सुम्मेरा, लकड़ी ला।" और वह आधा झुका सबसे बचता-सा लकड़ियाँ पास रख जाता। दोनों ओर के पंडितों में अभी शास्त्रार्थ हो चुका था, और हारे हुए पंडित रामजीदास बार-बार हवन-सामग्री में घी मसलते हुए डकरा उठते—"कैलाश बाबू, बुलाओ बहू को भई, फिर फेरों का मुहूर्त निकट आ रहा है।"

कैलाश बाबू ऊपर लोहे के जाल पर लदकर झाँकती स्त्रियों को बार-बार क्रुद्ध दृष्टि उठाकर देखते ! कान्ति पर उन्हें बहुत गुस्सा आ रहा था। ठीक वक्त पर न जाने कहाँ जाकर मर गई है। अपनी कीमती साड़ी की अगली पटलियों को चाल से धकेलती, कपड़े सँभालती, नाक तक घूँघट निकाले जब कान्ति पास आ गई तो कैलाश बाबू ने अपने दुपट्टे से उसके आँचल की गाँठ बाँधते हुए दाँत पीसकर कहा, "वक्त पर कहाँ चली जाती हो?" लेकिन उनकी बात पंडितजी के मंत्रोच्चार में खो गई। मखमली डिब्बा झटके से बटन दबाते ही खुल गया, सँभालकर रखा हुआ सोने का हार, नीली साटनी पृष्ठभूमि में जगमगा रहा था।

"लड़की तेज़ है, जसवन्त के सारे दिमाग़ ठिकाने लगा देगी। देख लो, घूँघट नहीं कर रही, बार-बार सरका देती है।" बरातियों में से एक सूक्ष्मद्रष्टा युवक ने दूसरे के कन्धे पर अपनी बाँह रखकर उसके कान के पास कहा।

"अबे, बी. ए. है, मास्टरनी है। कोई ऐसी-वैसी है। बड़े तीसमारखाँ बनते थे। अब बैठकर पढ़ाया करेगी बेटा को।" दूसरे ने आते ही जनवासे में घर के किसी बच्चे से लड़की के बारे में पूरी जानकारी ले ली थी, उसी आधार पर कुटिलता से हँसकर उसने कहा, "घर भर के ऊपर रहती है।"

"अच्छा!" आश्चर्य दिखाकर पहला बोला, "ले, अब मरे बेटा जसवन्त।"

दोनों हँस पड़े। शेष सब भी मुसकराए। शायद शोभा और जसवन्त ने भी उनकी बातें सुनीं, क्योंकि दोनों की निगाहें शील के नियंत्रण में मुसकराती आपस में मिलती-जुलती-सी उधर ही उठ गईं। जसवन्त ने आँखें भी निकालीं।

सफ़ेद चादर पर घराती और बराती आमने-सामने बैठे थे। बराती लोग सामने पलंग और मेज़ों पर सजाए हुए दहेज को देख रहे थे, या निगाहें बचाकर घरातियों की स्त्रियों को घूरते हुए घर की स्थिति को भाँपने का प्रयत्न कर रहे थे। उनका ध्यान टूटता था उस समय, जब घर वालों की ओर से कोई चौड़े-चमकते थाल में चाँदी के वर्क लगे पानों का ढेर या सिगरेट की तश्तरी बढ़ा देता या अचानक आकर छाती पर इत्र की मालिश कर उठता। बरात के मुखिया मुंशी दयानाथ जी और लड़के के पिता ब्रजनारायण जी अपने दो-एक प्रमुख आदमियों के साथ लड़की वाले के कुछ ख़ास आदमियों के बीच बैठे, अपनी ओर से लाए गए कुछ डिब्बे-डिबियों को खोल-खोलकर सजाते हुए रख रहे थे और धीरे-धीरे किसी अत्यन्त महत्त्वपूर्ण विषय पर बातें भी करते जा रहे थे। मुंशी

दयानाथ अर्थात् चाचा के हाथ में दहेज़ की लम्बी-चौड़ी लिस्ट थी, जिसके एक-एक आइटम को, पन्ने वाली चाँदी की अंगूठी पहने झूर्रियोंदार उँगली रखकर वे पढ़ते; फिर निगाह उठाकर उस वस्तु को नाक तक खिसके चश्मे के ऊपर से ग़ौर से देखते और तब सोचते-से दूसरी चीज़ की तरफ उँगली सरकाते।

शोभा को ऐसा लग रहा था, जैसे एक भँवर उसके दिमाग़ में लगातार चक्कर मारे जा रहा हो, घूमे जा रहा हो। उसके माथे पर पसीने की बूँदें झलक आई थीं। बाहर नेपथ्य में ऊपर की गौख से 'किड़-किड़ धम्' करके नगाड़ा और अपनी कर्णकटु आवाज़ में नफीरी बज रहे थे। नीचे खड़े ताशे वालों से शायद उनकी होड़ हो गई थी। कभी-कभी अवचेतन में बैण्ड की आवाज़ भी आ जाती थी। ऊपर स्त्रियाँ शोभा के अलबेले दूल्हे और बरातियों को लेकर गालियाँ तो नहीं गा रही थीं, लेकिन जो कुछ भी वे अपनी-अपनी अलग-अलग आवाज़ों में गा रही थीं, उसे सुन-सुनकर शोभा को बड़ी विरक्ति हो रही थी। यह कमबख्त नाइन उसे इस तरह भींचे बैठी है जैसे वह न जाने कहाँ भाग जाएगी। सामने पंडितजी अपने बँधे-बँधाए स्वर में मंत्रों का वमन किए जा रहे थे। कितना शोरगुल, हल्ला-गुल्ला, जैसे कहीं चढ़ाई हो रही हो या कहीं बम गिर गया हो ! उसकी तबियत जब बहुत घबरा जाती तो मन यह करता, यह लदे हुए कपड़े-गहने सब फेंक-फाँककर ऊपर भाग जाए। कहाँ आ फँसी!

"लेकिन बाबू शंकरलाल जी, यह तो सब आप अपनी लड़की के लिए दे रहे हैं, इसमें हमारे ऊपर क्या अहसान है? क्यों पेशकार साहब, है न बात?" बाबू ब्रजनारायण ने दहेज की लिस्ट पर दो-तीन बार उँगली ठोककर समर्थन के लिए पेशकार द्वारकाप्रसाद की ओर देखा।

"भई, यह बात तो ठीक है पर..." पेशकार इतने गम्भीर मामले में अपनी राय गम्भीरतापूर्वक ही देना चाहते थे। वे ही दोनों पक्षों का सम्बन्ध कराने वाले थे, इसलिए भी उनकी स्थिति नाज़ुक थी।

"पर-वर क्या, बाबू द्वारकाप्रसाद जी, आप साफ़ क्यों नहीं कहते? मैंने क्या कहा था?" ब्रजनारायण जी लट्ठे के चिकने चूड़ीदार पाजामे वाली टाँगों को एक तरफ़ मोड़कर बैठ गए और ज़ोर से जाँघ पर हाथ मारकर बोले। उनकी सुरमेदार आँखों की लाल डोरियों का फैलाव बढ़ गया।

"तो हुज़ूर, मैं अहसान कब कर रहा हूँ ! मेरी इतनी जुर्रत कैसे हो सकती है?" निहायत ही खुशामदी लहज़े में शकंरलाल जी ने एक सधी चाल फेंकी।

"इन बातों से काम नहीं चलेगा ज़नाब!" ब्रजनारायण जी ने बेमुरव्वती से पंजा हिलाकर कहा और परेशानी से पेशकार की ओर झुके, "पेशकार साहब, मैं इसीलिए कहता था कि बातें बिलकुल साफ़ होनी चाहिए। इसी घपले की वजह से मैंने मुंसिफ तेजबहादुर की शादी लौटाई नहीं? हालाँकि एक कार और नकद दस हज़ार का इशारा उन्होंने दिया था। मुझे ऐसा मालूम होता..." उन्हें बहुत ज्यादा झुँझलाहट पेशकार पर इसलिए हो रही थी कि उनके इतने अहम मामले पर ज़रा भी ग़ौर न करके वह मज़े

में ताली के गुच्छे में पड़ी दाँत कुरेदनी से मुँह फाड़-फाड़कर दाँत कुरेदे जा रहा था। भौंहें तानकर, माथे पर बल डालकर, चेहरा गम्भीर बनाकर सुनता तो लगता कि हाँ, कुछ सुन रहा है।

फिर आख़िर झुँझलाकर ब्रजनारायण जी उठ ही खड़े हुए, और नाक से उतरती शराब के हल्की गंध वाले फुफकारे छोड़ते हुए पेशकार के कंधे को छूकर बोले, "ज़रा पेशकार साहब, सुनिए इधर, आप भी तकलीफ़ कीजिए मुंशी दयानाथ जी।"

बाबू शंकरलाल जी बौखलाए-से अपलक शून्य दृष्टि से निर्लक्ष्य कुछ सोचते हुए दोनों को जाते देख रहे थे। उनका दिल धड़क उठा। फिर वे धीरे से खिसककर मुखिया जी के पास आ गए। सारे वातावरण में यह बात अनजान रूप से फैल गई कि कुछ महत्त्वपूर्ण विषय पर बात अटक गई है। दोनों ओर के प्रमुख व्यक्ति न केवल बात की तह तक पहुँच जाने को उत्सुक होकर अपनी-अपनी नाक उठाए वातावरण को सूँघ रहे थे बल्कि मन-ही-मन उन्होंने अपने को अपमानित अनुभव करना भी शुरू कर दिया था कि उन जैसे ज़रूरी आदमी से सलाह नहीं ली जा रही है। बीच में चलते एक बड़े हुक्के की निगाली पर मुड़ी हुई उँगली लगाकर गूढ़ रहस्यमय दृष्टियों से वे इधर-उधर घूरते और क़श खींचकर हुक्का अगले को दे देते।

"हम तो पहले ही जानते थे कि कुछ न कुछ गड़बड़ होगी ऐन मौके पर!" कन्हैयालाल पोस्टमास्टर ने स्थिति पर अपनी राय दी।

"अरे, होगी नहीं? अब देख लो, हवाइयाँ उड़ रही हैं या नहीं!" दाऊदयाल हैडक्लर्क बोले।

पूरा पंजा फैलाकर वकील शिवसागर ने कहा, "भाई साहब, यह काम चार आदमियों की सलाह से होते हैं, यह नहीं कि बाला-ही-बाला सब कुछ कर डाला और किसी को कानों-कान ख़बर नहीं।" असल में उनकी अपनी लड़की भी काफी उम्र की हो गई थी। उन्हें अफ़सोस यह था कि अगर उन्हें पहले पता लग जाता तो वे इस लड़के को कैसे भी नहीं जाने देते।

"अरे साहब, सलाह-मशविरे की तो आदत ही नहीं है हमारे शंकर लाल में। अपने को न जाने कहाँ का अक्लमन्द समझते हैं।" पोस्टमास्टर चिन्ता से बोले।

"अक्लमन्द समझते हैं तो लो नतीजा, वह तो कहावत है न कि..."

दूर से इशारे से द्वारकाप्रसाद जी ने शंकरलाल जी को बुलाया। एक ने दूसरे को छूकर सन्देश शंकरलाल जी तक पहुँचा दिया। धड़कते वे उठकर भीतर पहुँचे।

उन्हें देखते ही ब्रजनारायण जी बोले, "भाई शंकरलाल जी, हमारे साथ तो बहुत ही ज़बरदस्त धोखा किया गया।" उन्होंने अपनी दोनों तेज़ आँखें उनके चेहरे पर अड़ा दीं और अपनी बात जारी राखी, "और मैं तो साफ़ मुँह पर कहता हुँ कि अगर यह पेशकार साहब बीच में न होते तो मैं हरगिज़-हरगिज़ इस रिश्ते को मंजूर न करता। और पेशकार साहब से भी मुझे ऐसी उम्मीद नहीं थी कि हमारे और इनके इतने ख़ानदानी ताल्लुक़ात होते हुए भी यह हमें इस तरह..." अगली बात कहना उन्होंने ज़रूरी नहीं

समझा और एक गहरी साँस लेकर दोनों हाथ फैला दिए।

"सो तो ठीक नहीं है।" एक-एक शब्द पर ज़ोर देकर ब्रजनारायण जी ने उसी बेबाक़ी से कहा, "अगर यही सब मालूम होता तो मैं यहाँ झक मारने आता ही क्यों? आप पेशकार साहब से पूछ लीजिए, सिर्फ इनकी वजह से मैंने मुंसिफ तेजबहादुर की शादी लौटाई या नहीं? कार और नक़द दस हज़ार तो वे मुँह से कहते थे, लेकिन मैंने कहा, चलो हटाओ, ख़ानदान अच्छा है। लेकिन अगर मुझे यह मालूम होता तो..." उन्होंने नाक से फुफकार छोड़ी।

तभी किशोर ने आकर कहा, "बाबूजी, पंडित जी कह रहे हैं कि आप लोग चलें तो फेरे शुरू हों, मुहूर्त निकला जा रहा है।"

"पहले यह मुहूर्त तो [illegible] जाय।" ब्रजनारायण जी ने विद्रूप से सिर हिलाकर कहा।

शंकरलाल जी एकदम हताश से हो उठे, घिघियाकर बोले, 'बाबू ब्रजनारायण जी, अपने बस तो मैंने कुछ उठाकर नहीं रखा, जो कुछ भी बन पड़ा है, किया..."

"हम कब कह रहे हैं कि नहीं किया? मगर मैं क्या करूँ ? लड़के को तो लड़की चाहिए, लेकिन बाप भी तो किसी उम्मीद पर इस दिन की राह देखता है ! और बर्तन-कपड़ा, बर्तन-कपड़ा यह आप जो घंटे भर से रटे जा रहे हैं, इसका क्या मतलब? आपने लड़की को पढ़ाने में खर्च किया या यह सब जो दिया होगा सो अपनी लड़की को दिया होगा, कुछ हमें आप दान तो नहीं दे रहे!" बिफरकर ब्रजनारायण जी बोले, "बाबू शंकरलाल जी, साफ़ बात सुन लो, अब भी कुछ नहीं बिगड़ा है। मेरे लड़के को लड़कियाँ बीस हैं। आप बखुशी लड़की को रखिए...।"

और शंकरलाल जी के कानों को विश्वास नहीं हुआ, जैसे आसमान फट पड़ा। वे कुछ कहें तब तक पेशकार उन्हें बाँह पकड़कर उठाते हुए एक ओर ले गए और दरवाज़े के पास ऊपर की चौखट को छू-छूकर कुछ बताते रहे।

जब तीसरी बार भी आदमी को भीतर से डाँटकर भगा दिया गया तो लोगों की उत्सुकता का बाँध टूट गया। एक बाहर जाता, दूसरा भीतर—पता नहीं क्या हो रहा है ! सिर्फ़ लोग अनुमान भर कर सकते थे। भीतर कभी ज़ोर-ज़ोर से बातें करने की आवाज़ें सुनाई देतीं। बारह बजे के फेरे थे और अब ढाई बज रहा था। लोग बार-बार जंभाई लेते, बैठकें बदलते और इधर-उधर देखकर अपनी झुँझलाहट व्यक्त करके औंघ जाते। लोग दीवारों के सहारे उठंगे हुए थे। बच्चे वहीं फ़र्श पर ही फैल-फैलकर सो गए थे। ताशे, नफीरी और नगाड़े सब चुप हो चुके थे। दोनों पंडित बैठे-बैठे बार-बार मुँह फाड़ रहे थे। उनमें एक तो ज़रा-सी देर को उठकर अपना धूम्रपान की तलब को शान्त करता, पाँव भी सीधे कर आया था। बड़ी-बूढ़ी और अधेड़ औरतों की किचपिच ऊपर चालू थी। बेटी के भाग्य को कोसती हुई माँ दो-तीन बार रो भी चुकी थी। शेष स्त्रियाँ अपने-अपने अनुभव में आई ऐसी ही घटनाओं को सकारण-सविस्तार एक-दूसरी को सुनाए जा रही थीं। बहू-बेटियाँ कोई गोद के बच्चों का बहाना करके या कोई वैसे ही

यह कहकर कि 'जब फ़ेरे पड़ें तो हमें जगा लेना' इधर-उधर एक-दूसरी के ऊपर लदकर सो गई थीं।

बिलकुल अचल और निश्चल बैठे थे जसवन्त और शोभा। एक दूसरी की बात कम सुनती और दूसरी की बात खत्म हो जाने पर अपनी बात शुरू कर देने को उत्सुक स्त्रियों की किचिर-पिचिर उसके कानों में भन्ना रही थी। जो कुछ आँखों के आगे दिखाई देता था और जो नहीं दिखाई देता था, सब शोभा की समझ में आ रहा था। तीन-चार बार उसकी आँखों में पानी भी भर आया। और अपने हृदय के उद्वेग तथा उमड़ती रुलाई को उसने दाँत भींचकर, होंठ काटकर रोक लिया। पता नहीं क्या होने को है!

तभी भीतर का वार्तालाप एकदम कोलाहल के रूप में बदल गया, और कई आदमियों के रोके जाने पर भी बाबू ब्रजनारायण अपनी काली अचकन फटने की चिन्ता न करके, किवाड़ खोलकर चीखते बाहर झपटे, "भाड़ में ले जाइए अपना दहेज और चूल्हे में ले जाइए अपनी लड़की। यहाँ शादी नहीं होगी, नहीं होगी! मैं भी देखता हूँ, कौन कुँवर आपकी लड़की को ब्याहने आता है ! कमीने, ज़लील बद्‌जा..."

उनके पीछे दोनों हाथों में अपनी गोल टोपी लिए गिड़गिड़ाते-रोते शंकरलाल जी थे, "बाबू जी, मेरी पचपन साल की आबरू मिट्टी में मिल जाएगी...बाबू जी, आप जैसा कहेंगे, मैं वह करूँगा। बात तो सुनिए...बात तो सुनिए बाबू जी, यह मेरी इज्ज़त आपके क़दमों में है—बाबूजी...!"

एकदम जैसे भूचाल आ गया हो या कहीं ज्वालामुखी फट पड़ा हो। सब उठ-उठकर खड़े हो गए। चारों तरफ चीख-पुकार मच गई। बच्चों ने अचानक नींद टूटने की घबराहट से और स्त्रियों ने जान-बूझकर रोना-चीखना शुरू कर दिया। डाका पड़ने जैसा कुहराम था। जब तक लोग सँभले तब तक ब्रजनारायण ने फिर गरजकर कहा, "चलिए साहिबान, आप लोग अभी उठकर स्टेशन चलिए। मुझे अपने लड़के की शादी यहाँ नहीं करनी।" उनके मुँह में झाग आ गए थे और लाल-लाल आँखें फैलकर माथे पर चढ़ गई थीं।

लोग भौंचक-से उनके चेहरे की ओर देखते रह गए। कुछ ब्रजनारायण जी को सँभाले थे, "बाबू जी, गुस्सा थूक दीजिए, गुस्ताखी माफ कीजिए।" औरतों के रोने का स्वर और भी तेज़ हो गया। ऊँघते से जागे हुए लोग चकित और उत्सुक होकर देखते हुए समझाने की कोशिश करने लगे।

अपनी बात का असर न देखकर, खूब गला फाड़कर हाथ-पाँव इधर-उधर फेंककर ब्रजनारायण जी बोले, "आप लोग चल रहे हैं या नहीं? अच्छा, आप लोग बैठिए, मैं जाता हूँ। अपने बाप से पैदा नहीं जो फिर इस देहली पर कदम रखा तो।"

और एक बार उन्होंने फिर अपने को पकड़कर समझाते लोगों का चक्रव्यूह छिन्न-भिन्न कर दिया और लपककर जसवन्त की बाँह पकड़ ली, उसे ज़बरदस्ती झटके से उठाते हुए बोले, "चल बेटा, ऐसी तीन सौ साठ लड़कियाँ तेरे पैरों पर न डालूँ तो मेरा नाम नहीं...अपनी ही तरह समझा है इन्होंने !"

बाँह से बार-बार झटके दे-देकर खींचते-उठाते जसवन्त के पिता को इस बार शोभा ने गर्दन घुमाकर बड़ी करुण आँखों से देखा, फिर जसवन्त की ओर निगाह उठाई। मर्म-भेदी याचना उसकी आँखों में डबडबा आई थी। जसवन्त पटरे से उठ नहीं रहा था। उसकी मुट्ठी में बन्द शोभा का हाथ काँप रहा था।

डकरा-डकराकर रोते हुए शंकरलाल जी ने फिर आकर उनके पाँव पकड़ लिए थे ''बाबू जी, मैं तो अपनी कन्या आपको दान कर चुका हूँ। अब इसे मारो या छोड़ो।''

बाबू ब्रजनारायण ने दहाड़कर जसवंत से कहा, ''उठता है या नहीं?'' गूँज से पूरे घर की दीवारें थर्रा उठीं।

पालथी मारकर बैठे हुए जसवन्त के दोनों पाँव खुल गए, और बाप द्वारा खींचता जाता हुआ वह झिझकता-सा पट्टे पर खड़ा हो गया। उसके हाथ बंद रहने से पसीजी हुई शोभा की मुट्ठी उसके हाथ से छूटकर थोड़ी देर ज्यों की त्यों रही। बाप ने उसकी कलाई खींचकर कहा, ''चलो!''

जसवन्त ने पटरे के नीचे दूसरा कदम रखा...

और शोभा का गाँठ लगा हुआ दुपट्टा खिंचकर नीचे आ रहा...

सहसा पूरे वातावरण में एक बिजली-सी कौंध गई और शोभा डोर टूटी कमान की तरह एकदम सीधी तनकर खड़ी हो गई। हल्दी-तेल के पीले कपड़े, बँधी सुपारी तथा हरी चूड़ियों वाली कलाई की आवेश के कसी मुट्ठी में उसके पाँव की कामदार नई चप्पल चमक रही थी। उसने क्रोध से काँपती, खूब ऊँची आवाज़ में पूरे दम से कहा, ''आप लोग सब इस घर से सीधी तरह निकल रहे हैं या जूते खाकर जाएँगे? ख़बरदार जो इस मकान में आगे कदम रखा। जाइए, मैं कहती हूँ, फ़ौरन निकल जाइए !'' उत्तेजना से काँपती फिर वह शंकरलाल जी के पास आकर बोली, ''बाबू जी, क्यों ज़लील कर रहे हो अपने-आपको इन स्वार्थी लोगों के सामने? मैं कुत्ते-बिल्ली किसी से भी शादी कर लूँगी, लेकिन इन जानवरों पर थूकूँगी भी नहीं। मैं किसी भी गँवार का हाथ पकड़ लूँगी, लेकिन इन राक्षसों को घर से निकालिए। मैं उसे खुद पढ़ा लूँगी।''

और उसने हवन के लिए लकड़ी हाथों में लिए भौंचक, इस तमाशे को देखते सुम्मेरा की कलाई पकड़कर जसवन्त के खाली पट्टे की ओर खींचा।

त्याग और मुसकान

अपनी ज़रा-सी झक पर सचमुच मुझे कभी-कभी इतनी झुँझलाहट आ जाती है कि उस समय मन होता है, बस, क्या न कर डालूँ! आज तक का एक भी तो उदाहरण नहीं है, जब मुझे अपनी इस झक की वजह से विभिन्न तरह के कष्ट न उठाने पड़े हों।

मज़े में फर्स्ट क्लास में जा सकता था। लम्बा सफ़र है, शादियों के दिन हैं, गाड़ी भी ऐसी फ्रण्टियर नहीं है। फिर भी, सब कुछ जानते हुए देखिए मेरी झक कि साधारण जनता के प्रति ऐसी सहानुभूति उमड़ी कि और जा बैठा थर्ड में! जगह मिले तो थर्ड में बैठना भी बुरा नहीं, लेकिन जब गाड़ी इस बुरी तरह ठसाठस भरी हो, तो जबरदस्ती, चार आदमियों से लड़ाई मोल लेकर, ठूँस-ठूँस करके डेढ़ सीटवाले नौकरों के उस खाने में घुसकर बैठने की क्या तुक? जिस खाने में एक-दूसरे को कष्ट देकर भी सात-आठ आदमी बड़ी मुश्किल से बैठ सकते हों, उसमें भरे थे करीब पच्चीस आदमी। एक-दूसरे के पसीने के बदबू से उबकाई-सी आ रही थी, गला सूख रहा था, दम घुट रहा था, दूसरों के दबाव में पिसता शरीर, एक ही स्थिति में रहने के कारण झनझना रहा था, लेकिन कोई चारा नहीं था। आख़िर पहुँचना तो सभी को है। सब एक-दूसरे पर झल्ला रहे थे, कमबख़्त इतना सामान लेकर चलते हैं, दूसरे के ऊपर चढ़े बैठते हैं, अपने बल पर सधने की तमीज़ नहीं।

यह तो कहिए कि दो-चार स्टेशनों बाद ही मुझे वह छोटी-सी सीट मिल गई, जो किवाड़ खुलने पर उसके पीछे आ जाती थी और वह पूरे डिब्बे से कटकर एक अलग ही राज्य बन जाता था। इसमें आराम यह था कि स्टेशन पर जहाँ भी भीड़ चढ़ती-उतरती थी, किवाड़ खुलते ही, मेरी सीट के आगे आ जाता था और मैं पूर्ण सुरक्षित, तटस्थ दर्शक का आनन्द लेता था कि कैसे लोग एक-दूसरे पर चढ़ बैठते हैं, एक-दूसरे को कुचलते, न चढ़ने देने पर लड़ते हैं। मैं उस धक्का-मुक्की में नहीं था, फिर भी मुझे सबसे बड़ी तकलीफ यह थी कि धूप मेरी ओर की खिड़की से आने लगी थी और खिड़की चढ़ा लेने पर इतनी उमस और घुटन हो जाती थी कि साँस लेना मुश्किल। उस बन्द जगह न तो बाहर जा सकता था, न भीतर आ सकता था। नीचे रखी डालिया में से निकाल-निकालकर सारे सन्तरे खा चुका, और प्यास बुझाने के लिए थर्मस की पूरी कॉफ़ी पी गया था लेकिन भीड़ थी कि बढ़ती जा रही थी।

जनता के प्रति सहानुभूति प्रकट करने के लिए जब आप इस तरह के त्याग करते

हैं, तो थोड़ी तकलीफ़ तो उठानी ही पड़ती है। जनता के हृदय में उतरकर अपना महत्त्व मनवाना आसान काम नहीं है। इन बेचारे गन्दे-फटे कपड़े पहने, अशिक्षित, पशु जैसे लोगों को क्या मालूम कि उनके साथ कौन जा रहा है? पार्लियामेंट में मेरे एक-एक शब्द का महत्त्व है, सारा देश जानता है। यहाँ के मुख्यमन्त्री जानते हैं कि मैं न होता तो वह चुनाव जीत नहीं सकते थे। मेरी तरफ घृणा और द्वेष से देखने वाले ये लोग बेचारे क्या जानें कि उनके साथ कौन सफ़र कर रहा है? चढ़नेवाले बड़ी तीखी नजरों से ऊपर की सीट पर रखी मेरी अटैची को देखते और शायद यह सोचकर अपने को समझाते, कोई बाबू है शायद। उन बेचारों को नहीं मालूम कि मैं प्रसिद्ध नेता और एम. पी. हूँ और सिर्फ़ जनता की हालत देखने के लिए उनके प्रति सहानुभूति से भरकर, इतना बड़ा त्याग करके यहाँ बैठा हूँ! किसी दूसरे ने इतनी छोटी-सी बात के लिए इतना बड़ा त्याग किया होता तो मैं श्रद्धा से उसके सामने झुक गया होता। नौकरों को साथ लेकर भी तो आ सकता था, लेकिन नहीं, नौकर साथ चलें तो फिर त्याग क्या? सचमुच युग हो गए इस दर्जे में बैठे, जैसे बिलकुल अपरिचित जगह में बैठा होऊँ। लेकिन भीड़, घुटन, गर्मी कितनी है! इतनी तकलीफ़ तो जेल में भी नहीं मिली...घुटन होती थी, बदबू होती थी, मच्छर होते थे...और जब जेल की वे तरह-तरह की यातनाएँ मैंने काट दीं, तो फिर यह सब क्या है? मुश्किल से दो घण्टे, चार घण्टे और...कल इस समय मैं ग्राण्ड-होटल में लंच ले रहा था और आज ठीक चौबीस घंटे बाद? सबसे पिछले हिस्से में यह डिब्बा है, इधर कमबख्त कोई लेमन-बरफ़वाला भी तो नहीं आता...और गाड़ी भी जैसे रुकने का नाम करती है, जहाँ ज़रा देर रूकती है, वहाँ चढ़ना-उतरना...अपनी जगह बचाना इतना ज़रूरी लगता है कि मन मारकर बैठे रहना पड़ता है।

एक स्टेशन पर गाड़ी रूकी...अरे-रे-रे! कितने आदमी इसी डिब्बे की तरफ़ दौड़े आ रहे हैं...कमबख्तों को और कहीं जगह ही नहीं मिलती ...अरे भाई! पीछे आगे बहुत जगह है, यहाँ तो तिल रखने को भी जगह नहीं, और ऊपर लदे चले आ रहे हैं...मैंने झपटकर खिड़की बन्द कर ली...भीतर और बाहरवालों में ज़ोर का संघर्ष हो रहा है। गार्ड सीटी दे चुका है...पोटलियाँ, बक्से, सूप, चलनी, सब भीतर आ-आकर गिर रहे हैं...इन जाहिल गाँववालों की भी बड़ी भेड़-चाल है...एक आदमी किसी डिब्बे में घुसा, तो एक-दूसरे के ऊपर चढ़ेंगे, मरेंगे, लड़ेंगे, लेकिन अगर सब मिलाकर दो सौ भी हुए, तो घुसेंगे उसी डिब्बे में। और सामान कितना लेकर चलते हैं, जैसे घर पर कुछ छोड़ ही न आए हों...अरे, यहाँ तो दो आदमियों के भी चढ़ पाने की जगह नहीं है, ये बीस-पच्चीस कैसे चढ़ेंगे ?...धक्का-मुक्की, उठा-पटक कैसी कर रहे हैं ! अरे भई, जब जगह नहीं है, तो अगली गाड़ी में आ जाना...लेकिन नहीं, चढ़ेंगे सब इसी में। अच्छा...गाड़ी चल दी, अब सब छूट जाएँगे तो अगली से आएँगे।...अरे, अरे, अरे, रुकवाओ भाई! जंजीर खींचो, यह औरत भी यहाँ इसी डिब्बे में मरेगी...आधी लटक गई है, बच्चा गिरा जा रहा है...ज़नाने में नहीं जा सकती? जाहिल लोग...

गाड़ी दो-चार गज सरककर रुक गई है और आख़िर ज़ोर लगाकर बाकी आदमी

भी चढ़ गए...डिब्बे के दरवाजे पर कैसे लटक गए हैं ! जिनके हाथ लोहे का डण्डा नहीं आ रहा, उन्होंने एक-दूसरे की कमर ही पकड़ रखी है...उफ! कैसा ख़तरनाक है, जरा हाथ फिसल जाए...अरे भाई, ज्यादा उधर मत झुको, अभी सिगनल आएगा तो नारियल की तरह खोपड़ा फूट जाएगा! मैं तो बाज़ आया भैया ऐसे त्याग से! जैसे भी होगा, निकलकर अगले स्टेशन पर डिब्बा बदल ही लूँगा, यहाँ तो मेरी हत्या हो जाएगी...

अचानक दरवाजा, जो मेरी रक्षा करता हुआ मेरे सामने अड़ा था, झटके से खुला और एक औरत जैसे धक्के में उसमें ठेल दी गई...बच्चा उसका भीतर आ गया और वह आधी किवाड़ में फँस गई। मैंने दोनों हाथ लगाकर किवाड़ को वहीं रोक लिया। औरत ने फटे गले से कहा, "बाबू, बचाओ!" कैसी कातर याचना थी उसकी आँखों में!...मैं बाहरवालों की सारी ताकत का विरोध करता हुआ किवाड़ की संधि को और चौड़ा करने में लग गया। पाँव अड़ाकर जो ज़ोर लगाया, तो उधर से कई चीख़ें एक साथ निकलीं, जैसे कई लोग, जो दबे खड़े थे, पिस गए हों...जो भी हो, औरत को तो निकालना ही है...

इसी बीच औरत को इधर-उधर से ठेल-ठालकर दो-तीन आदमी और मेरे उस सुरक्षित स्थान में घुस आए। शायद मौक़ा ही देख रहे थे। ऊपर की सीट पर बन्दर की तरह उछलकर उसका पति चढ़ गया था...उसने बच्चे को ऊपर खींच लिया, और इस बार किवाड़ खोलने को जो मैंने आख़िरी ज़ोर लगाया, तो औरत भहराकर मेरे ही ऊपर आ गिरी, "बाबू!" और चूहेदानी के ढक्कन की तरह दरवाजा बन्द हो गया।

मेरे उस ज़रा-से चौकोर खोल में इस समय पाँच आदमी घुस आए थे। आधी बेहोश-सी औरत मेरी गोद में पड़ी थी...उठकर मैं खड़ा नहीं हो सकता था। ऊपर वाली सीट से सिर टकराता था, इधर-उधर नहीं सरक सकता था, चार-पाँच आदमियों के शरीर फँसे थे...नीचे नहीं उतर सकता था...सामने किवाड़ अड़ा था और गाड़ी दौड़ रही थी।

बड़ी विचित्र स्थिति थी। इस खींच-तान में मेरे माथे पर पसीना आ गया था, साँस फूल गई थी, साँसों की गरम-गरम लपटें नथुनों से टकरा रही थीं...मेरे गले में अपनी दोनों बाँहें डाले मेरी गोद में वह औरत पड़ी थी...। इस बार मैंने देखा, जवान औरत, साँवला रंग, गठा शरीर, लेकिन जैसे बिलकुल अचेत...कपड़े अस्त-व्यस्त, बिखरे बाल मेरे कन्धों और छाती पर फैल गए थे...मेरा हृदय धड़क उठा। बड़ी डरी और सहमी कनखियों से मैंने इधर-इधर देखा, कोई देख तो नहीं रहा...लेकिन किसी को शायद इतनी फुरसत नहीं थी...शायद इतनी जगह और होश भी नहीं था कि मुड़कर देखता...ऊपर उसका बच्चा चीख़-चीख़कर रो रहा था...

एक बार फिर सिर झुकाकर देखा, तीखे नक्श, बीस-बाईस की उम्र, गन्दे कपड़े, औरत गाँव की थी। उसके गन्दे कपड़े मेरे सफ़ेद खादी के कपड़ों की तुलना में शायद और गन्दे लगे...कमबख्त को आँचल भी तो ठीक करने का होश नहीं है...ज़रा भी शर्म नहीं लग रही, मेरी छाती पर यों पड़ी है...कोई देख ले, तो? इसे तो होश है नहीं, अब इसके कपड़े मैं कैसे ठीक करूँ, हाथ हिलाने को जगह हो, तब न...बेचारी को यहाँ तक

आने में बड़ा संघर्ष करना पड़ा है...अपनी पसलियों पर एक मांसल दबाव-सा अनुभव करते हुए मेरा दिल ज़ोर-ज़ोर से धड़क रहा था।

तभी बड़ी तकलीफ़ से जैसे उसके होंठ हिले, "बाबू, पानी!"

साफ़ है कि इस चढ़ने में उसकी खूब गत बनी है...उसकी लुढ़कती गर्दन को मैं बाँह का सहारा देकर रोके हुए था। सिर झुकाकर देखने में उसकी टूटी-टूटी साँस मेरे मुँह पर लगती थी। अगर ज़रा मैं झुककर...छीः-छीः! वह बेचारी मर रही है, उसे अपना होश नहीं है और मैं क्या सोच रहा हूँ?...मैंने अपने को धिक्कारा...इस बार रेल की खड़खड़ाहट और कोलाहल में फिर सुना, "बाबू, पानी!"

उसने अपनी फटी-फटी, सफ़ेद आँखें खोलकर कैसी याचना से देखा...उफ! मैं कहाँ से पानी लाऊँ? थर्मस की कॉफ़ी भी तो मैं पी चुका था...गाँव की औरत है, कॉफ़ी इसे क्या अच्छी लगेगी...लेकिन कुछ तो सहारा होता ही...लड़-भिड़कर खिड़की से निकल भी जाऊँ तो फिर आ नहीं सकता। मैंने खिड़की के पास वाले आदमी से कहा, "पानी वाला दिखाई दे तो बुलाना..."

सचमुच यह औरत होश में नहीं है। तभी तो पति के सामने, इतने लोगों के सामने यों पड़ी है और उस बेचारी को मालूम ही क्या होगा कि वह कैसे और कहाँ पड़ी है? उसके ढीले, शिथिल हाथ मेरे कन्धों पर इस तरह झूल रहे हैं, जैसे वह प्रेम से मेरे गले में बाँहें डालकर सोई हो और अब हाथ नीचे लटक आए हों....फिर बड़ी अस्फुट आवाज़ निकली, पहले से भी क्षीण, "पानी, बाबू!"

कहाँ से लाऊँ पानी...बेचारी! उस एक क्षण को मुझे लगा, जैसे हम लोग बातें बहुत बनाते हैं, कागज़ी घोड़े दौड़ाते हैं...अख़बारों, फाइलों और पार्लियामेंट की बहसों के हिसाब से तो इस समय थर्ड-क्लास में फर्स्ट क्लास से भी कुछ अधिक ही सुविधाएँ होंगी। लेकिन ज़रा हवाई जहाज से चलने वाले मंत्री जी यहाँ आकर तो देखें...देखें जवान औरत किस तरह शर्म और हया छोड़कर यों पड़ी कराह रही है ! कहीं कोई जगह नहीं है...कैसे पानी मिले, कोई बादल तो यहाँ आकर बरसेगा नहीं। इस बात की भी तो सम्भावना नहीं कि लड़-भिड़कर पाख़ाने के नल से भी चुल्लू भर पानी ले आया जा सके...

"बा...बू...पा...नी..."

स्टेशन पर गाड़ी रुकी। मैंने पास वाले से कहा, "भाई, ज़रा पानी देख दो, यह मर जाएगी बेचारी!"

लेकिन कोई पानी वाला नहीं...होगा भी, तो उधर ही रह गया होगा, कहीं फर्स्ट-सेकेण्ड के आस-पास, यहाँ इतनी दूर क्यों आने लगा...गाड़ी फिर सरकी...

ये लोग काजल कितना अधिक लगाती हैं...नाक में शायद मोर-पंख की सींक है, गन्दी हो गई है...होंठ कैसे पपड़ा गए हैं...गला शायद सूखकर चटख गया है। कैसी निश्चिन्तता से पड़ी है, जैसे मैं ही...कल इसी कन्धे पर मिन्नी, नृणा के हाथ थे और शायद ठीक इसी तरह मैं उसे कमर से साधे हुए था...आर्केस्ट्रा बज रहा था और जोड़े

नाच रहे थे...जैसे सागर की लहरें समुद्र की गोद में झूम रही हों...फूलों भरी डाल वासन्ती हवा में झूम रही हो...मृणाल जूड़ा बड़े ही कलापूर्ण ढंग से सजाती है...जब-तब हवा की लहर से उधर जूही के फूलों की खुशबू आ जाती थी...

उफ़! लोगों के पसीने की कैसी बदबू है! पता नहीं, कब-कब नहाते हैं, और नहाते भी हैं या नहीं। उमस के मारे तो क़ै हुई जा रही है। गर्मी भी तो हद की पड़ रही है। लटके कैसे हैं लोग! ऐसी गर्मी में, मैं तो मर जाने पर भी ऐसी भीड़-भाड़ में चलना पसन्द न करूँ...

"बाबू...पानी..."

मेरी छाती पर रखे उस अपरिचित मुँह से वह आवाज़ ऐसे निकलती है, जैसे कोई मेरे दिल में ही बोल रहा हो...जैसे मेरा दिल ही बोल रहा हो...न जाने कब-कब का, किस-किस युग का प्यासा दिल...शायद परोपकार और एक सहज मानवीय सहानुभूति के दान का प्यासा...उफ! पानी दो भाई, कोई कहीं से! कोई सुनता भी नहीं है। कैसे हैं ये लोग हमारे यहाँ के ! एक औरत मर रही है, एक ग़ैरत मर रही है, यों दूसरों की छाती पर सिर रखकर, दूसरे के ऊपर बेशर्मी से लदकर पड़ी है, लेकिन किसी में इतनी तमीज़ नहीं है कि एक गिलास पानी का प्रबन्ध कर लाए...! इस जगह कहीं अंग्रेज़ होते, तो एक औरत के सम्मान के लिए न जाने क्या कर डालते...! जो जाति अपने यहाँ की नारियों की इज्ज़त नहीं करती, वह कभी जीवित नहीं रह सकती!...रमन्ते तत्र देवता...बकवास ! लिखने को लिख दिया, रमन्ते तत्र देवता, और व्यवहार क्या किया औरतों के साथ? उस मनु ने ही औरतों को किस कोटि में डाला? लेकिन ये लोग बेचारे करें भी तो क्या? उठकर खड़े होने की जगह हो तो कुछ करें भी...खड़े होने की कोशिश करें भी तो कहाँ खड़े हों? लेकिन पानी तो दो कोई...यह गाड़ी भी तो ससुरी कैसे धीरे-धीरे रेंग रही है। ऐसा लम्बा फर्लांग-भर का इंजन लगा है, और चल कैसी मर-मरकर रही है! ख़तरे की जंजीर तो लगा दी है, लेकिन ऐसे किसी मौक़े के लिए ये लोग टेलीफोन नहीं लगा सकते? शायद विदेशों में तो होता है। कहीं पढ़ा था...विदेशों की आज पढ़ी बात हमारे यहाँ कोई बीस साल बाद आ पाती है।...अब गाड़ी धीमी पड़ रही है। इस बार तो जो भी हो, पानी लाना ही है। ये लोग नहीं जाएँगे, तो मैं ही जाऊँगा...मेरी सारी अटैची और डलिया का कचूमर निकाल दिया है अन्धों ने...

गाड़ी रुकी। मैंने पूछा, "कोई स्टेशन है?"

बाहर से कोई बोला, जैसे कहीं दूर नेपथ्य में कोई बोल रहा हो, "सिंगल नहीं हुआ है।"

आग लगे! यह और कोढ़ में खाज। अब यह गाड़ी रानी इस तरह ठमकती हुई चलेंगी...।

इस बार अचानक औरत ने सिर उठाया और इस तरह ओ-ओ किया, जैसे क़ै कर देगी। लेकिन उसकी यह ओ-ओ एक अशक्त खाँसी में बदल गई। गले की नसें फूलकर उभरीं, दो-तीन बार खाँसी आई और थूक के छींटे मेरे गले पर आ पड़े। मैंने

सारस की तरह गर्दन ऊँची करके मुँह को बचाया। कौन जाने, किसी रोग के कीटाणु ही हों, साँस का कोई रोग हो...यह कमबख्त पड़ी भी तो किस तरह है कि मैं रूमाल भी जाकेट की जेब से नहीं निकाल सकता...मैंने बड़ी प्रार्थना और आग्रह से, ज़ोर से पुकारकर कहा, ''भाई, ज़रा पानी हो तो दो, यह मर जाएगी...''

''पानी तो कहीं दीख नहीं रहा। ककड़ीवाला ज़रूर है।'' बाहर से आवाज़ आई।

''भई, ककड़ी ही लो, कुछ तो शान्ति मिलेगी।'' जैसे-तैसे शर्मी-बेशर्मी की चिन्ता किए बिना, एक हाथ से उसके ढीले शरीर को ऊपर उठाकर रूमाल निकाला, पैसे निकाले और लोगों के बीच में तुड़ती-मुड़ती एक ककड़ी मुझ तक आई। मैंने बाँह पर रखे उसके सिर को हिलाकर कहा, ''पानी अभी आता है, लो, ककड़ी खा लो, तब तक।''

उसने कोई जवाब नहीं दिया, निर्जीव की तरह उसका सिर यों ही हिलकर रह गया। मेरे मन में धक् से कुछ लगा, कहीं मर तो नहीं गई ? इस बार हाथ उसके गालों पर रखा, नहीं...होश में नहीं है।

''लो, यह ककड़ी खा लो।'' मैंने बिलकुल उसके कान में कहा। उसके होंठ ज़रा-से हिले।

मैंने ककड़ी तोड़कर टुकड़ा उसके होंठों से लगा दिया। उसे थोड़ा गीलापन लगा, वह ककड़ी के टुकड़े को चूसने लगी।

किस तरह इसे गोद में लेकर मैं ककड़ी खिला रहा हूँ! वह ककड़ी चूस रही है और मुझे कितना सन्तोष हो रहा है ! प्यास से मेरा खुद का भी गला चटखा जा रहा है। बार-बार हाथ फड़ककर रह जाते हैं कि ककड़ी का एक टुकड़ा मैं भी मुँह में डालकर चूसूँ। लेकिन सचमुच बात झूठ नहीं है, त्याग करने में, त्याग करके सेवा करने में कितना आत्मिक सुख मिलता है! यह कम त्याग है? मैं यहाँ जान-बूझकर इस कालकोठरी में आ फँसा हूँ, प्यास, घुटन, गर्मी से मर रहा हूँ; वह तो यह कहो, मेरी इच्छा-शक्ति इतनी बलवान है, वर्ना अब तक दूसरा कोई होता तो कब का बेहोश हो गया होता!...यह ऊपर बाप की गोद में बच्चा भी कैसा है, जब से बिना रुके रोए ही जा रहा है। लोग भी कैसी गम्भीरता से अपना समय नष्ट करते हुए लड़ रहे हैं, जैसे सचमुच ही कोई बहुत ज़रूरी काम कर रहे हों...जब मेरी चेतना थोड़ी बहिर्मुखी हो जाती है, तो यही सुनाई देता है, चलो, गाड़ी थोड़ी सरकी तो सही, जरा हवा लगेगी। इस स्टेशन पर पानी जरूर देखना है!...

अचानक मुझे अपनी खुली छाती पर कुछ गीला-गीला लगा। चौंककर देखा, खाली ककड़ी चूसने से उसे सन्तोष नहीं हो रहा था। अब वह ककड़ी का टुकड़ा दाँत से काट लेती थी, और दाँतों से पीसकर पानी चूस लेने के बाद उसे ऐसी तटस्थता से होंठों से नीचे गिर जाने देती थी, जैसे वह खिड़की के बाहर मुँह करके बैठी थूक रही हो। मैंने अपनी छाती पर पड़ी उसकी उगलन देखी तो मेरा जी बुरी तरह मिचला उठा। एकदम मन हुआ कि झटका देकर जोर से फेंक दूँ उधर! भाड़ में गया त्याग और चूल्हे में जाए

अपनी आत्मा का आनन्द! किस भावुकता में मैं फँसा हूँ? उस वक्त मेरे मन में ऐसी मिचली उठने लगी कि लगा, मैं एक-एक आदमी को धक्का देकर बाहर फेंक सकता हूँ! रेल की यह काठ की दीवारें, खिड़कियाँ, दरवाज़े सब चूर-चूर कर सकता हूँ। मैंने जी कड़ा करके रूमाल से वह उगलन एक ओर झटककर फेंक दी। ठीक है, कभी जब सेवाग्राम में था, तो सभी कुछ उठाया था लेकिन वह सबका नहीं था। दूसरे उस सबको इतने दिन हो गए हैं कि आदत नहीं रह गई है। मैंने झिड़का, "क्या करती हो?"

गाड़ी धीमी पड़कर स्टेशन पर रुक गई। मैंने फिर कहा, "भाई, पानी देखना!"

"पानी वाला है तो सही, लेकिन बहुत पीछे है।"

लटके हुए आदमी चढ़ने-उतरने वालों से जैसे ही निश्चिन्त होते थे, प्लेटफॉर्म पर उतरकर अपनी शक्तियों को फिर समेटते थे। हाथ-पाँव सीधे करते थे। उन्हीं में से कुछ सहानुभूति से बहुत पीछे कहीं पानी वाले को इस तरह देख रहे थे, जैसे दृष्टि से ही उसे खींच रहे हों।

"भाई साहब, जरा भागकर ले आइए!"

"कोई बर्तन दीजिए," एक साहसी युवक बोला।

एक क्षण सोचकर मैंने फौरन ऊपर बैठे उसके पति से कहा, "जरा थर्मस का ढक्कन तो दो!"

जैसे-तैसे ढक्कन दिया गया और वह व्यक्ति आगे की ओर भागा। मैंने सन्तोष की साँस ली, चलो, अब पानी आ जाएगा तो कुछ शान्ति मिलेगी।

लेकिन गाड़ी अचानक ही सरकने लगी...। ओह, जहाँ ज़रूरत न हो, वहाँ तो दो-दो घण्टे डाले रखेंगे और यहाँ ज़रूरत है, तो एक सेकेंड नहीं रुक सकते...देखा, भागता हुआ वह युवक अपनी जगह आ लटका, लेकिन अपनी पूरी बाँह फैलाकर, लटकते हुए थर्मस के ढक्कन को फैलाए था। गाड़ी सरक रही थी। पीछे-पीछे पानी वाला मोटे तार में लुटिया का गला फँसाए पानी भरे भाग रहा था। पानी ढक्कन से जरा-जरा रह जाता था। गाड़ी तेज़ होती जा रही थी।...क्या इतने पास से पानी निकल जाएगा? युवक चीख़ रहा था, "एक औरत बेहोश है भाई, पानी ज़रूर दे दो!" अचानक प्लेटफॉर्म ख़त्म होने से पहले पानीवाले ने पूरे ज़ोर से लपककर पानी ढक्कन में डाल दिया। आधा फैलकर ढक्कन में आधा ही रह सका। चलो, कुछ तो सहारा हुआ। दर्जनों लोगों की ललचाई-भूखी आँखों से तैरता पानी मेरे पास तक आया। ओफ़, पानी! इस आधे घण्टे में ही यह कितना अलभ्य और अपरिचित बन गया था, जैसे किसी दूसरे लोक से लाया गया हो ! जैसे लक्ष्मण के प्राण निकल जाएँगे यदि सूरज निकलने से पहले कोई हनुमान पानी नहीं लाया !

मैंने खूब ज़ोर से कहा, "लो, पानी आ गया, पियो।"

वह मरी और निर्जीव पड़ी औरत जैसे एकदम सचेत होकर जाग पड़ी। उसने बौखलाकर दोनों हाथों से थर्मस के ढक्कन को ऐसे पकड़ लिया, जैसे वह कहीं भागा जा रहा हो। मैं ढक्कन को सँभाले रहा। बौखलाहट में वह उसे फैला देती। उसने अपने

भूखे होंठ उस पर टेक दिए।

'पानी' शब्द सुनकर ऊपर वाला बच्चा और भी ज़ोर से चीख़कर रोया।

ऊपर बैठे पति ने झुककर कहा, "पहले इसे दे दे!"

औरत के प्यासे, ललकते होंठ वहीं रुक गए। उसकी चमकती निगाह में एक क्षण को विकल्प आया। वह फिर बुझ गई और मशीन की पुतली की तरह ढक्कन लिए, उसके हाथ ऊपर उठ गए। ऊपर से ढक्कन पति ने ले लिया। बस, होंठों से ढक्कन हटाते हुए उसकी अधखुली आँखों वाली निगाह मेरी निगाह से मिली और एक अजब-सी मुसकराहट की छाया उसके पपड़ाए होंठों पर फैलकर कोने में अटक गई। उफ़! संसार का कोई चित्रकार, कोई अभिनेता, कोई लेखक शायद उस मुसकान को नहीं पकड़ सकता! मैं उस मुसकान में डूब गया...

और वह औरत फिर निढाल होकर मेरे ऊपर पड़ गई। उसके दोनों हाथ मेरी छाती पर लटक आए और बाल मेरी खुली गर्दन में सुरसुरी करने लगे। मैंने पीछे काठ की दीवार से पीठ टिका ली।

हठात् मैं चौंक उठा, ऊपर से पानी टपका, बच्चे ने एकदम पूरा ढक्कन अपने मुँह पर औंधा कर लिया था, जितना मुँह में भर गया, वह गया, बाकी नीचे फैल गया।

ऊपर की सीट की दरार से टपककर दो-चार बूँदें उस युवती की कनपटी पर गिरीं। अपनी खुली छाती पर सटी उसकी कनपटी के पास खुलती पलकों की बरौनियों से मैंने जाना कि उसने आँखें खोली हैं, बड़ी कठिनाई से नीचे देखा कि उसके होंठों पर वही मुसकान तैर आई थी।

...शायद वह किसी को दिखाने के लिए नहीं थी, शायद उसे मालूम भी नहीं था कि कोई उसे देख रहा है। करुणा, वात्सल्य....पता नहीं क्या थी वह मुसकान! धीरे-धीरे वह मुसकान होंठों की एक बेजान हरकत में बदल गई, "पानी!..."

बड़ी कृपा है

माधव को जैसे-तैसे एक पुस्तक लिखने का काम मिल गया। उसके पीछे प्रयत्नों और धैर्य की कितनी लम्बी कड़ी थी, इसका जायज़ा न ही दिया जाए तो अच्छा है। बस, इतना ही काफ़ी है कि काम उसे मिल गया और वह भी पन्द्रह दिन के वादे पर। पन्द्रह दिन बाद पुस्तक प्रेस में चली जाएगी, शीघ्र ही छपकर उसे किसी कोर्स में लगना था। अतः पैसे भी छपने पर ही मिलने का मामला तय हुआ। पुस्तक दो सौ पृष्ठ की थी। दो रुपए पृष्ठ की बात थी।

माधव ने मन-ही-मन दो-चार दिन उस पुस्तक की तैयारी तथा मानसिक स्थिति को सुधारने के रखे और शेष दस दिन में बीस पृष्ठ प्रति दिन के हिसाब से लिख डालने का अनुमान लगाकर पुस्तक पूरी कर देने की लिखा-पढ़ी कर डाली। मेहनत ज़रा ज़्यादा थी, लेकिन इतना कर्ज़ हो गया था कि उसे वह छोड़ना नहीं चाहता था।

माधव लेखक है तो सही, लेकिन लिखना उसका पेशा बने—इसे उसने कभी नहीं सोचा था। कॉलेज का बहुत अच्छा विद्यार्थी होने के नाते तो मशहूर ही था—लिखने में इस प्रसिद्धि ने कुछ श्रद्धा और मिला दी थी। जब एम. ए. करके कॉलेज छोड़ा तो विभिन्न प्रार्थनापत्रों, इंटरव्यू तथा अखबारों के वांटेड कालम टटोलने में जो समय और शक्ति का अपव्यय हुआ उसका तो हिसाब नहीं है; लेकिन इन पिछले दो सालों में नकद छः सौ तिहत्तर रुपये साढ़े सात आने वह ख़र्च कर चुका था—और कहीं कोई भी काम नहीं बना था। इस बीच थोड़ा-बहुत अपने लिखने से ही ख़र्चा निकाल लेता था। उसके पिता ने जिंदगी-भर चाहे कुछ न किया हो, एक दर्जन बच्चों के अलावा, देखने में सुन्दर छोटा-सा एक मकान वह ज़रूर बनवा गए थे।

पिता जो मकान छोड़ गए थे, उसे आधा किराए पर उठाकर जैसे-तैसे काम चल रहा था, लेकिन दो साल का टैक्स छाती पर चढ़ आया था। उधर किरायेदार अपनी इच्छा और सुविधानुसार किराया देता था। माधव को काफ़ी दिनों बाद यह काम मिल गया तो बिना आगा-पीछा सोचे उसे ले लिया, रात भर वह दिमाग़ में उसे ही बुनता रहा। मेहनत की चिंता किए बिना वह उसे ख़त्म कर डालना चाहता था, ताकि पैसे मिलें और आफ़त टले। सुबह उसने घर वालों से कह दिया था कि कोई आए तो कह देना कि पता नहीं कहाँ गए हैं।

पहला अक्षर वह लिखने ही वाला था कि बाहर से आवाज़ आई, "माधव जी!"

माधव चुप रहा। पहचान तो लिया। राशनिंग इंस्पेक्टर सक्सेना था। उसका माधव पर बड़ा अहसान था। चीनी, कपड़े–सभी का परमिट बिना किसी दिक़्क़त के उसकी वजह से मिलता रहा था। दो-तीन आवाज़ों पर ही बहन ने उससे कह दिया, "पता नहीं, कहाँ चले गए हैं सुबह से ही !"

माधव ने जब बाहर सक्सेना को यह कहते सुना, "कह दीजिएगा, इंस्पेक्टर सक्सेना आए थे," तो सन्तोष की साँस ली। लेकिन फिर सोचा, पता नहीं क्या ज़रूरी काम हो ! लाओ, दो मिनट बात कर ही लें। वह फ़ौरन बैठक के किवाड़ खोलकर बाहर निकल आया। सक्सेना साइकिल पर चढ़ा हुआ चलने के लिए पैडिल ऊपर कर ही रहा था। माधव बोला, "कहो सक्सेना साहब, कैसे सुबह-ही-सुबह तकलीफ़ की?"

"तुम यहाँ घुसे बैठे हो! मुझसे तो कहा गया कि बाहर गए हो !"

माधव ने सफ़ाई दी, "नहीं भाई, उसे पता नहीं था।"

सक्सेना ने साइकिल दीवार से टिकाई और भीतर कुर्सी पर आराम से आ बैठा, बोला, "कुछ ज़रूरी काम कर रहे थे क्या?"

"हाँ, काम तो ज़रूरी ही था–शुरू करने ही वाला था। तुम बहुत सुबह निकल आए।"

"हाँ। सोचा, चलो हो ही आएँ। आओ, ज़रा प्रोफ़ेसर शाह के पास तक चलें।" माधव द्वारा दिए गए सिगरेट को जलाते हुए वह बोला।

"क्यों?" माधव ने पूछा।

"यार, तुम्हारी उनसे अच्छी जान-पहचान है। मेरी एक रिश्ते की बहन की कापियाँ उनके पास आई हैं। तुम उनसे कह दोगे तो कुछ हो जाएगा। तुम जानते हो, लड़कियों का एक तो पढ़ना ही बड़ा मुश्किल होता है..."

उसके लेक्चर को रोककर माधव बोला, "लेकिन सक्सेना साहब, मेरी तो उनसे जान-पहचान भी इतनी नहीं है," माधव ने बड़े डरते-डरते कहा। कहीं यह न समझें कि बहाना बना दिया।

"अरे, चलो तो। जितनी जान-पहचान है, वही काफ़ी है।" उसने लापरवाही से उठते हुए कहा।

माधव झिझकता-सा बोला, "मैं जरा लिखना..."

"अरे, लिख लेना। लिखना कहीं भागा थोड़े ही जाता है। बस, पन्द्रह-बीस मिनट का काम है।"

माधव जानता था, यह काम नक़द डेढ़ घंटे का है। मन मारकर उसके द्वारा किए अहसानों को कोसता उठा। बैठक बन्द करके दरवाजे से निकला तो बहन बड़बड़ाई, "ऐसा ही था तो हमें क्यों झूठा बनाया? अब आगे से मैं सबसे कहूँगी कि भीतर बैठें हैं।" उसे जैसे-तैसे समझाया।

दोनों प्रोफ़ेसर शाह के घर चल दिए।

वहाँ से जब वह लौटा तो पौने नौ बज रहे थे।

चलते-चलते सक्सेना ने कहा था, ''शाम को आऊँगा।''

इतनी देर में कितना काम कर लेता! झुँझलाता हुआ माधव सिर झुकाए चला आ रहा था कि अचानक उसकी पीठ पर किसी ने हाथ मारा, ''अरे, लेखक जी, कुछ दीन-दुनिया का भी होश करो—यों चलोगे तो कोई इक्के-टाँगेवाला मुफ्त जेल चला जाएगा और हमें भी घाट तक घसीटोगे।''

मुड़कर देखा, नगर के प्रसिद्ध साहित्यकार 'रसज्ञ जी' और माधव का एक सहपाठी था, जो कॉलेज में लेक्चरर हो गया था और नाम के आगे दस रुपये में खरीदी हुई होम्योपैथी की डिग्री लगाकर डॉक्टर के नाम से प्रसिद्ध था। वह खुद भी ऐसा ही पोज़ करता था, जैसे साहित्य का डॉक्टर है।

चौंककर माधव ने सिर उठाया और मुँह पर प्रसन्नता का भाव लाकर कहा, ''कहो डॉक्टर, किधर निकल पड़े? और 'रसज्ञ जी' भी हैं! कहिए, किधर चल पड़े आप लोग?''

''कहीं नहीं, तुम्हारी ही तरफ़ जा रहे थे। एक परेशानी आ खड़ी हुई है।'' चिंतित स्वर में डॉक्टर बोला।

''क्या?'' माधव ने सोचा, चलो यहीं बला टल जाए, ''कहिए, मैं आपकी क्या सहायता कर सकता हूँ?''

''अब क्या सारी बात यहीं बता दें? जरा बैठने तो दो, फिर आराम से सलाह देना।''

''हाँ, हाँ, चलिए उधर ही चल रहे हैं,'' मन-ही-मन इस बात का अनुमान लगाकर कि ये लोग कितनी देर बैठेंगे, माधव बोला। फिर 'रसज्ञ जी' से पूछा, ''कहिए, रसज्ञ जी, क्या हो रहा है?''

''होना क्या है भाई—इस गरमी में हम खुद ही बचे हुए हैं—यही क्या कम है,'' 'रसज्ञ जी' बाएँ होंठ से खिसियानी-सी हँसी हँसते हुए बोले।

बैठक में पहुँचे तो डॉक्टर ने निहायत ही बेतकल्लुफी से कहा, ''सुबह-ही-सुबह आए हैं, कुछ लस्सी वग़ैरा नहीं पिलाओगे?''

इच्छा तो हुई कि मना कर दे, लेकिन 'रसज्ञ जी' नगर के प्रसिद्ध साहित्यकार हैं। पहली बार आए हैं—क्या सोचेंगे! मरे मन से उत्साह प्रदर्शित करके उसने कहा, ''हाँ, हाँ, अभी देखता हूँ।''

'रसज्ञ जी' ने आकांक्षा-भरे स्वर में कहा, ''क्यों कष्ट करते हो! बैठो, हम तो अभी चले जाएँगे।''

''नहीं जी, कोई बात नहीं है।'' कहकर माधव भीतर घर में चला गया।

धरती पर खड़िया से लकीरें काढ़कर एक टाँग से उछलते हुए छोटे भाई से बोला, ''जाओ अन्नू, ज़रा दही ले आओ, मेरा नाम लेना। बरफ भी लेते आना।''

''हमें ही भेजते रहते हैं!''

''जाओ!'' माधव ने घुड़का, ''जल्दी लेकर आना।''

''पैसे!'' नाक के स्वर में वह बोला।

"कह तो दिया, हमारा नाम लेना। और हाँ, चार पान भी लेते आना।"

"पान वाला नहीं देता। कहता है, उधार नहीं दूँगा।"

"दूसरे से ले आना।"'

जैसे-तैसे भाई को ठेला तो माँ बड़बड़ाई, "यहाँ सब बच्चों के इम्तहान हैं। क्या बखेड़ा फैला रहा है!"

"कुछ नहीं, ज़रा-सी देर का काम है।" कहकर माधव कमरे में चला गया।

"माधव जी, आपने हमारी वह कविता सुनी होगी, 'ज़िन्दगी बोझ है?' " 'रसज्ञ जी' उससे बोले।

"उसकी प्रशंसा तो बहुत सुनी है, लेकिन सुनने का अवसर नहीं मिला।"

"अरे वही तो एक कविता है जिसने तहलका मचा रखा है।" और फिर इस विषय पर एक लम्बा भाषण देकर कि किस कवि सम्मेलन में उसने क्या हंगामा मचाया है, और किस प्रकार हर जगह उनके विशेष प्रतिपक्षियों के चेहरे फक कर दिए गए हैं, 'रसज्ञ जी' ने उस दो सौ पंक्तियों की लम्बी कविता का सस्वर पाठ किया।

माधव आश्चर्य कर रहा था कि आखिर उस काम का क्या हुआ, जिसके लिए वे इतने सुबह ही आए हैं ?

इस साहित्य-चर्चा में लस्सी बन जाने की सूचना ने विघ्न डाला।

अत्यन्त ही तृप्त भाव से लस्सी पीकर, पान चबाते हुए 'रसज्ञ जी' बोले, "आपने बेकार ही कष्ट किया।"

डॉक्टर बोला, " 'रसज्ञ जी', आप भी किस तकल्लुफ में पड़ गए! बैठा-बैठा लिखता रहता है—इसे क्या कष्ट करना है! कष्ट तो हमें है, सुबह से शाम तक कुत्ते की तरह क्लास में भौंकते हैं। एक दिन बच्चू को भौंकना पड़े तो सारा साहित्य निकल आए। यहाँ तो बैठ गए और उल्टा-सीधा लिख डाला।"

डॉक्टर की इन बेकार की बातों पर झुँझलाकर माधव ने दो-तीन बार मेज़ पर रखी घड़ी को देखा। इसे लक्ष्य करके 'रसज्ञ जी' बोले, "हाँ, भाई डॉक्टर, बता दो। शायद यह कोई काम कर रहे थे। फिर चलें, अभी और जगह भी तो जाना है।"

"पहले सिगरेट दे।" और खुद बढ़कर मेज़ से सिगरेट उठाकर उसे देखते हुए बोला, "क्या घटिया सिगरेट पीता है! मैं ऐसी-वैसी सिगरेट तो फेंक देता हूँ। आज तेरी वजह से मुँह खराब करना पड़ेगा।" और उसने सिगरेट जलाई।

"तुझे बँधे-बँधाए तीन सौ मिल जाते हैं न, सो बक-बक कर रहा है। यहाँ तीस का भी डौल नहीं है।" आख़िर माधव ने संयत भाषा में कह ही डाला।

"वही घिसी-पिटी बातों पर उतर आया न ! अच्छा, अब सुनो। 'रसज्ञ जी' एक पत्रिका निकाल रहे हैं।" फिर ज़रा पास मुँह करके धीरे से 'रसज्ञ जी' के प्रतिपक्षी, नगर के दूसरे साहित्यिक दल का नाम लेकर कहा, "ज़रा उन्हें देखना है—बहुत बहकने लगे हैं। वह मिट्टी पलीद करेंगे कि पानी न मिले। उनकी एक भी रचना नहीं छापी जाएगी। बस, तुम एक बढ़िया फड़कती-सी कहानी लिख दो—दो दिन में।"

“आजकल तो मैंने एक ज़रूरी काम ले रखा है।”

“अरे दियासलाई दिखा उस काम को। यह काम ज़रूरी है। दो दिन में मिल जाए, वरना तुम्हारी भी डंडाडोली उठवा दी जाएगी, समझे?”

“हाँ, माधव जी, कोई ऐसी कहानी दीजिए कि बस मज़ा आ जाए। लोग समझें तो कि पत्रिका में कुछ वज़नदार चीज़ें हैं।” ‘रसज्ञ जी’ ने नम्रता से कहा, “हम सभी लोगों को आपसे बड़ी-बड़ी उम्मीदें हैं। आप सचमुच कहानी के क्षेत्र में क्रान्ति कर रहे हैं।”

इस प्रशंसा में माधव की सारी झुँझलाहट उड़ गई। वह बड़े पसोपेश में पड़ गया। हाथ में काम है। कोई कहानी तैयार भी नहीं है, होती तो उसे ही दे देता। अगर लिखता है तो दो-तीन दिन चले जाएँगे। फिर कुछ मिलने की भी उम्मीद नहीं है। मित्रों से लिया भी क्या जाए! सिर झुकाकर वह सोचने लगा।

तभी बैठक के दरवाजे पर हैट हिलाते हुए, गरमी से लथपथ, मिस्टर अग्रवाल ने प्रवेश किया। यह पहले कभी माधव के पड़ोसी थे और पत्रिकाओं व पुस्तकों को पढ़ने के बहाने संध्या को आ जाया करते थे। अब शहर के दूसरे सिरे पर चले गए थे। बीमा कम्पनी में नौकर थे। रोज़ दफ्तर जाना होता था।

जैसे इस मुसीबत से निस्तार के लिए माधव बोला, “आओ अग्रवाल, दफ्तर जा रहे थे?”

“हाँ भाई, हमने सोचा, चलो ज़रा बैठ लें। थोड़ी देर है—ग्यारह बजे पहुँचना है। अभी क्या बजा है? कुल सवा दस। अरे अभी तो बहुत वक्त है। बड़ी गरमी है, ज़रा ठंडा पानी तो पिलाइए,” पंखे के ठीक नीचे बड़े आराम से कुर्सी पर बैठकर अपने हैट से हवा करते हुए वह बोले।

“हाँ, तो तैयार हो, माधव जी!” बिना कुछ बोलने का अवसर दिए ‘रसज्ञ जी’ ने कहा, “अच्छा, अब हम लोग चलें। धूप तेज़ होती जा रही है।”

पानी लेने जाता हुआ माधव ठिठक गया। उसने वहीं से आवाज़ दी, “पानी दे जाना, अन्नू।”

“अरे, साहब, हमसे ऐसी क्या नाराज़गी है! हमारे आते ही आप चल दिए। माधव जी, परिचय तो हो जाता।” अग्रवाल बोले।

माधव ने परिचय कराया। अग्रवाल बोले, “तो साहब, हमारा भी भाग्य खुल जाए। सुना तो आपका नाम बहुत दिनों से था। तेरह तारीख को शायद आप ही रेडियो से बोल रहे थे?”

‘रसज्ञ जी’ ने सकुचाने का अभिनय करके, जैसे वह अत्यन्त ही तुच्छ बात हो, कहा, “उस दिन ‘कवि के मुख से’ में मेरा नम्बर था। कौन-सी सुनाऊँ? इस वक्त कोई याद भी तो नहीं है। तुम बताओ डॉक्टर!”

“जो आप चाहें,” अग्रवाल पानी का खाली गिलास लौटाते हुए बोले।

थोड़ी देर गुनगुनाकर ‘रसज्ञ जी’ एक कविता का पाठ करने लगे। माधव बुरी तरह

ऊबकर बार-बार घड़ी की ओर देख रहा था। साढ़े दस बजे थे।

जब वे दोनों चले गए तो अग्रवाल ने कहा, "बड़े सुस्त हो। क्या बात है?"

'सुस्त है तुम्हारा सर! तुम टलो, महाराज !' लेकिन प्रकट में कहा, "यार, मेरी तो मुसीबत है। कहानी माँगने आए थे।"

"तो दे दीजिए। इसमें सुस्त होने की क्या बात है!"

"दे तो सब कुछ दूँ, लेकिन लिखूँ कब? दिन भर, एक के बाद दूसरा आता रहता है। जरा भी लिखने का वक्त नहीं मिलता। देखो, पाँच-छः पत्र-पत्रिकाओं के ख़त आए रखे हैं।" माधव ने तीन-चार पत्र दिखाए।

"बेवकूफ़ आप खुद हैं। साफ़ क्यों नहीं कह देते कि इस वक्त मैं काम कर रहा हूँ।"

"यार, कल ही शहर भर में शोर मच जाएगा कि माधव साहब तो अब बहुत बड़े आदमी हो गए हैं। उनके तो मिलने का समय निश्चित है, घर में बैठे रहते हैं और मना करवा देते हैं। एक हो तो मना करा दूँ—आज कोई कलकत्ते से आ रहा है, कल दूसरा बम्बई से। वक्त भी खराब करो और पैसा भी फूँको। उधार लेते-लेते दम निकला जा रहा है। कोई कुछ सोचता ही नहीं। स्टेशन के पास घर होने से और भी परेशानी है। आख़िर किस वक्त लिखूँ?"

माधव को लगा, वह रो पड़ेगा। कुछ देर रुककर उसने कहा, "लोग ज़रा भी नहीं सोचते कि इसे भी वक्त की ज़रूरत है। घरवाले अलग परेशान हैं।"

"वह तो होंगे ही। एक हो तो लोग चुप भी रहें।" अग्रवाल ने सहानुभूति से कहा।

'साला बातें बना रहा है, लेकिन जाएगा नहीं। अब किस वक्त लिखूँगा?' फिर बोला, "और हर आदमी समझता है पहली बार जा रहा है।"

"सब आपकी ग़लती है," अग्रवाल ने कहा। फिर जैसे अचानक याद आ जाने पर घड़ी की ओर देखकर बोले, "अभी तो पाँच मिनट और हैं।" फिर थोड़ी देर ऊपर घूमते पंखे को देखते रहे।

"नौकरी कोई मिलती नहीं। तीन साल से परेशान हूँ।"

"अरे नौकरी-चाकरी की आपको क्या चिन्ता? वह तो हम जैसे आदमियों का काम है। भागे जा रहे हैं दफ्तर—धूप-लू की चिन्ता किए बिना। आपका तो ठाठ में पंखा चल रहा है। मज़े से उलटा-सीधा लिखना। नाम का नाम हुआ और पैसे भी आए। यहाँ तेल निकल जाता है।"

"हम बाज़ आए ऐसे नाम से। जान आफ़त में कर दी यारों ने। कोई नहीं देता पैसे। पैसे के नाम हिन्दी की सेवा है।" माधव ने देखा, ग्यारह बजने वाले हैं। उसके दिमाग़ में एक बात आई।

"अच्छा चलें, फिर मिलेंगे।" कहकर ज्यों ही अग्रवाल उठने लगे, उसने हाथ पकड़कर बैठा लिया।

"बैठिए, अभी क्या जल्दी है! ज़रा देर और बैठिए।"

"नहीं, माधव जी, आजकल अफ़सर बड़ा सख़्त आया हुआ है। दफ़्तर का समय हो चुका है।"

"लीजिए, यह एक सिगरेट पीकर जाइएगा।" माधव ने एक सिगरेट खुद लिया, एक उन्हें देकर बैठा लिया।

"नौकरी की आपको ज़रूरत क्या है? ठाट का मकान है। मज़े में किराया आता है," अग्रवाल बोले।

"यह तो सभी कहते हैं, लेकिन मकान को ओढ़ूँ या बिछाऊँ? यह इतने आदमी हैं, पता नहीं आधे मकान में कैसे रहते हैं, किरायेदार ने किराया तीन महीने से नहीं दिया है। कोई यह नहीं सोचता कि आखिर खाते-पीते कहाँ से हैं? कैसे काम चल रहा है—यह हम ही जानते हैं। डेढ़ सौ रुपये तो बच्चों की फीस जाती है।"

बात अनसुनी करके उठते हुए अग्रवाल बोले, "अरे, आप मकान मालिक हैं। आपको तो ऐसी बात कहनी ही नहीं चाहिए। अच्छा, देर हो रही है।"

"बैठिए न!" फिर हाथ पकड़कर बैठाते हुए माधव बोला, "पूरे मकान का मालिक मैं नहीं हूँ। इतनी बहनें हैं शादी होने के लिए, इतने भाई हैं पढ़ाने को। अगर हिस्सा हो तो मेरे हाथ एक फुट दीवार भी न आए।"

"यह सब कहने की तो लोगों की आदत होती है। आप यहाँ के साहित्यकारों में सबसे रईस हैं। आज आप मुझे इतना क्यों रोक रहे हैं? भाई, सरकारी नौकरी है, जवाब तलब हो जाएगा।"

उसकी बेचैनी का मन-ही-मन आनन्द लेते हुए माधव लापरवाही से बोला, "गोली मारो साहित्यकारों को। यहाँ ज़िन्दगी चखचख में मुहाल हुई जा रही है।"

माधव कभी सिगरेट देकर, कभी यों ही अग्रवाल को रोकता रहा। जितना ही वह जाने की जल्दी मचाता, उतना ही उसे मन-ही-मन आनन्द अनुभव होता। अब पता लग रहा है। आपकी तो सरकारी नौकरी है, सो आप तो अपने वक्त में से एक क्षण नहीं दे सकेंगे। दूसरे का कोई वक्त ही नहीं।

माधव का इरादा था, दो घण्टे कम-से-कम रोका जाए, लेकिन तभी आ गए कॉलेज के दो विद्यार्थी। बारह बज गए थे, अग्रवाल का चेहरा उतर गया था। अब पता चला, दोस्ती करते हैं या दुश्मनी निभाते हैं। आज इतना दंड काफी था।

"कॉलेज में दो घण्टे लगातार खाली थे—सोचा, आपके दर्शन ही कर आएँ," विद्यार्थी बोले।

'बड़ा अच्छा किया,' मन-ही-मन खून का घूँट पीकर उसने कहा।

"यह बड़ी अच्छी कहानियाँ लिखते हैं। इस बार कॉलेज मैगज़ीन में निकल रही है इनकी कहानी।"

"यह तो बड़ा अच्छा है," माधव को कहना पड़ा। ये नए विद्यार्थी आते ही अपनी सारस-सी गरदन, नई-नई चमकदार पत्रिकाओं में गड़ाकर बैठ गए थे। सिर उठाकर बोले, "आपके पथ-प्रदर्शन में कुछ सीख जाएँगे।"

"अरे साहब, हम क्या हैं? यहाँ और भी बड़े-बड़े लोग हैं, उनसे मिलिए।" माधव बोला।

वह लड़का बी. ए. का विद्यार्थी था। मुँह बिचकाकर बोला, " 'नन्दन' जी के पास गए थे, हम लोग। एक रोज़ तो बड़ी अच्छी तरह मिले। दूसरे दिन अन्दर बैठे थे, फिर भी मना करवा दिया। ऐसे के पास क्या जाएँ!"

दोनों विद्यार्थी माधव को जैसे बिलकुल भूलकर, एक-एक पत्रिका हाथ में लेकर पढ़ने लगे। उसके पास आने वालों की यह नई आदत नहीं थी।

एक विद्यार्थी ने माधव की छपी हुई कहानी की ओर दूसरे का ध्यान खींचा और दूसरा एक वाक्य पढ़कर उसकी प्रशंसा करने लगा, "देख लो, कैसा स्वाभाविक चित्रण है! वाह, खूब लिखा है!"

अब थोड़ी देर में स्थिति यह हो गई कि एक विद्यार्थी उसकी कहानी को ज़ोर-ज़ोर से पढ़ता जाता था, दूसरा प्रशंसा कर रहा था, और लेखक महोदय भूखे बैठे धैर्यशील श्रोता का पार्ट अदा कर रहे थे।

बहन ने खाने के लिए बुलाया तो बुझा हुआ-सा मुँह बनाकर, उनसे जरा देर के लिए क्षमा माँगकर वह भीतर आ गया। माँ ने कहा, "किसे-किसे बैठाए रखता है! न खाते समय चैन, न सोते समय।"

"पता नहीं कहाँ से आ मरते हैं! मैं क्या कहूँ? एक काम था सो उसे कोई करने ही नहीं देता।"

माधव रोटी और दाल निगलकर जल्दी-जल्दी बाहर भागा।

बैठक में अब दो के स्थान पर तीन हो गए थे। एक सज्जन थे जो अपना उपन्यास पढ़ने के लिए दे गए थे। उसने जैसे-तैसे क्षमा माँगकर उन्हें विदा किया। हाँ, जब उन्होंने पानी माँगा था तो गुस्से में उसने पूरी सुराही और गिलास लाकर रख दिया। चलते-चलते एक विद्यार्थी बोला, "माधव जी, साहित्य में चलने वाली धाँधली के सम्बन्ध में आपकी क्या राय है?"

"कैसी धाँधली?"

"यही कि लोग एक-दूसरे की प्रशंसा करते हैं, अखबार वाले रचनाओं का जवाब नहीं देते।"

"सब चलता है," टालने के लिए उसने अन्यमनस्क स्वर में कहा। वह नहीं चाहता था कि वे लोग फिर आकर बैठ जाएँ या नया विषय शुरू कर दें, या किताब माँग बैठें।

सबके बाहर निकलते ही ज़ोर से बैठक बन्द करके जब वह जरा आराम करने खाट पर लेटा तो क्रोध के मारे सिर भन्ना रहा था। निश्चय किया, इस समय तो सोया जाए। रात को छः घंटे अवश्य ही लिखना है।

अचानक बैठक के किवाड़ किसी ने धड़धडाए। जानकर उसने अनसुना कर दिया। इस बार आवाज़ भी आई, "माधव जी!" उसकी इच्छा हुई कि चीखने दे, लेकिन किवाड़ों पर थपकी जारी रही तो उसे उठना पड़ा, खोला तो देखा, चार सज्जन और

एक महिला द्वार पर खड़े थे। पास में ढेर-सा सामान, अटैची-बिस्तर रखे थे। माधव ने ग़ौर से देखा—वह इनमें से एक को भी नहीं पहचानता था।

"आपने मुझे पहचाना नहीं शायद!" चारों में से स्थूलकाय लीडरनुमा व्यक्ति ने आगे बढ़कर उसे ग़ौर से देखते हुए कहा, "हमारी-आपकी मुलाकात नागपुर में लेखकों की मीटिंग में हुई थी, मेरा नाम ब्रह्मस्वरूप है, यह बड़े अच्छे कहानीकार हैं, यह कवि हैं, यह पत्रकार और समाज-सेवक हैं, यह इनकी पत्नी हैं।"

माधव भौंचक-सा उन्हें देख रहा था। देर में उसे याद आया, घंटे भर की मीटिंग में ब्रह्मस्वरूप से उसका परिचय हुआ था। वह एक पत्रिका के सम्पादक हैं, आगरा आने की उन्होंने इच्छा प्रकट की थी, तो इस बात की कल्पना किए बिना कि सचमुच वह आ भी सकते हैं, शिष्टता के नाते अपने यहाँ आने का उसने निमंत्रण दे डाला था।

"ओह, हाँ! आइए। क्षमा कीजिएगा, मैं भूल गया था।" उसे कहना पड़ा। वे लोग एक-एक करके भीतर चले आए। माधव को खुद ही उनकी अटैची इत्यादि उठाकर भीतर लानी पड़ी। बैठक में एक ओर ढेर लगा दिया।

"वह लड़की आपकी बहन थी शायद! बोली, भाई साहब सो रहे हैं। हमने कहा, हमारा नाम लो और जगा दो। बड़ा कष्ट दिया आपको।"

"कष्ट क्या? आप लोग आराम से बैठिए न।" माधव ने मुसकराकर कहा।

"हाँ-हाँ, बिल्कुल ठीक है," गरमी से हाँफते हुए वे बोले, "आपका मकान बड़ी सुन्दर जगह है। स्टेशन के बिल्कुल पास। ज़रा भी दिक्कत नहीं हुई। मैं कहता था न, वहाँ कोई तकलीफ़ नहीं होगी।"

दूसरे ने कहा, "बना भी बहुत सुन्दर है! क्यों जी, भीतर भी काफ़ी बड़ा है न?"

माधव कुढ़ रहा था और मकान का नक्शा बता रहा था।

"तो आप यहाँ साहित्य-साधना करते हैं ! भई, बड़ी लगन के आदमी हैं आप।" वह पत्र-पत्रिकाओं और पुस्तकों को निगाह से टटोलकर बोले, फिर आराम से चारपाई पर दीवार का सहारा लेकर लेट गए।

"भाई, मैं तो रास्ते में इन्हें यही बताता आ रहा था कि साहित्य में किसी के नाम के आगे यदि कहानी-सम्राट लगेगा तो वह तुम्हारे ही। बड़ी ताकत है तुम्हारी लेखनी में। पाठकों के ऐसे-ऐसे खत आते हैं कि कहा नहीं जा सकता। कोई फ़ोटो माँगता है, कोई पता।" ब्रह्मस्वरूप ने बताया।

झुंझलाहट और क्रोध के बावजूद माधव ऊपर से प्रसन्न और संकुचित हो उठा। वह चिंता के मारे मरा जा रहा था कि अब इन लोगों की ख़ातिर करनी पड़ेगी। ब्रह्मस्वरूप उसकी कहानियाँ बड़े चाव से मँगवाते और छापते थे, हालाँकि बार-बार अपनी स्थिति का रोना रोने पर भी उन्होंने कभी एक कहानी के दस रुपये से अधिक नहीं भेजे थे।

"देखो भाई, तकल्लुफ की ज़रा भी जरूरत नहीं है। हम तो बस यहाँ की प्रसिद्ध जगहें देखकर जल्दी-से-जल्दी चल देना चाहते हैं। ज़रा ठंडा पानी मँगा दीजिए और

नहाने-धोने का प्रबन्ध कर दीजिए, ताकि हम लोग चार-पाँच बजे तक निकल जाएँ।"

"अच्छी बात है, मैं अभी आता हूँ," कहकर माधव भीतर आ गया। वह आगरा में ऐतिहासिक इमारतें बनवाने वालों के बाप-दादाओं को कोस रहा था।

माँ भन्नाई बैठी थी, "किस-किसको बुला लेता है रोज़-रोज़! मैं साफ़ कहे देती हूँ, न तो मेरे यहाँ पूरी बारात के सोने की जगह है और न यहाँ कोई मन भर रोटियाँ सेंकने को बैठा है।"

जैसे-तैसे लड़-भिड़कर पाँच गिलास नीबू का शरबत बनवाकर जब वह बैठक में आया तो ब्रह्मस्वरूप बोले, "भई, इतने सब तकल्लुफ़ की क्या जरूरत थी? ठंडा पानी काफ़ी था। चीनी शाम को दही वग़ैरह में डालने के काम आ जाती।"

"चीनी और आ जाएगी," खिसियाना-सा माधव बोला।

"नहीं, मैंने एक बात कही।"

जब ब्रह्मस्वरूप नहाने के लिए चले गए तो माधव ने कवि महोदय से पूछा, "आप इनके पत्र में लिखते होंगे?"

कहानी-लेखक बोले, "नहीं जी, हमारा सम्पादकजी से परिचय यहीं टूंडले में हुआ। हम प्लेटफ़ॉर्म पर गाड़ी की राह देख रहे थे। वहीं इनसे भी परिचय हो गया। मैं बनारस का हूँ, यह जबलपुर के हैं और यह अहमदाबाद के।"

माधव ने तकदीर ठोंक ली, पूछा, "तो आप लोगों का पहले से कोई परिचय नहीं है?"

"जो भी है सो टूंडले में ही हुआ है, हम तो होटल में ठहरने की सोच रहे थे। सम्पादकजी ने कहा, माधवजी का अपना घर है। बड़े अच्छे कहानी-लेखक हैं। और फिर तो वहाँ से यहाँ तक बस आपकी प्रशंसा ही करते आए हैं।"

जब वे लोग घूमने जाने लगे तो माधव ने क्षमा-याचना करते हुए कहा, "मैं तो चल नहीं सकता आपके साथ, मुझे एक ज़रूरी काम है।"

"खैर, जैसी आपकी इच्छा। नई जगह है, आप साथ होते तो दिक्कत नहीं होती। खैर, एक गाइड पकड़ लेंगे।" फिर बोले, "हम लोग दस बजे तक लौट आएँगे। हमारा खाना रखवा दीजिएगा। किसी को तकलीफ़ देने की ज़रा भी ज़रूरत नहीं है और तकल्लुफ़ मत कीजिएगा वरना हमारी आत्मा को बड़ा कष्ट होगा। हम तो घर समझ कर ही आए हैं।"

"नहीं, नहीं, कोई बात नहीं। घर ही है।" माधव बोला।

"बस, ज़रा एक बात का ध्यान रखिएगा—मैं खटाई-मिर्च नहीं खाता। और हाँ, बाद में मीठा मुँह करने की आदत है। एक छोटी-सी गुड़ की डली काफ़ी है। या एक काम कीजिए—दूध की मलाई में ज़रा सी चीनी मिला दीजिएगा, क्योंकि दूध के साथ मलाई की हममें से किसी की भी आदत नहीं है।"

बहुत खूब! देने के नाम पर कहानी के दस रुपये और मलाई, दूध-दही...तुम्हारा सिर!

और जब वे लोग बैठक से बाहर निकल गए तो माधव धम से कुर्सी पर आ बैठा। सुबह का खुला हुआ कलम अभी तक वैसा ही पड़ा था।

कुत्ते

हम लोग एकदम ठिठक गए।

उस पतले और संकीर्ण बाज़ार में बहुत-से आदमियों का एक झुण्ड खड़ा था। इधर-उधर से आने-जाने वाले भी उसी झुण्ड में सम्मिलित हो जाते और एक-दूसरे के ऊपर चढ़े जाते हुए से झाँक-झाँककर भीतर की ओर देखते थे। सब जैसे स्तब्ध, उत्सुक और भीत। स्वाभाविक जिज्ञासा हुई। पास पहुँचने पर पता चला कि बीच में कोई घटना हो गई है, जिसे घेरे हुए इतने लोग खड़े हैं। लोगों की भीड़ चीरकर, पंजों पर उचककर झाँका, तो कुछ क्षण को हम भी बँधे रह गए। बीच में सड़क पर कोई पन्द्रह-बीस गज़ का एक गोलाकार स्थान खुला छोड़कर लोग घिरे थे। इस गोले की आमने-सामने की सीमाएँ बाज़ार की दोनों ओर की दुकानों से बनती थीं। दोनों ओर दुकानों पर भी बहुत से आदमी बैठे और खड़े तमाशा देख रहे थे।

इस गोले के बीच में गँवारू कपड़े पहने एक आदमी सिर झुकाए बैठा था और अपने झुके हुए सिर को दोनों हाथों से पकड़ रखा था। उस गोले में निगाह सबसे पहले चारों ओर फैले खून की ओर जाती थी। गाढ़ा-गाढ़ा लाल खून दो स्थानों पर ढेर-सा पड़ा था और अब धीरे-धीरे नालियों की ओर रेंगने लगा था। वह आदमी सिर झुकाए बैठा था। उसके मुँह से खून की एक पतली धार सड़क की पथरीली ज़मीन पर गिरकर काफ़ी स्थान ढँक चुकी थी, और अब इठलाते साँप की तरह धीरे-धीरे एक ओर बह रही थी। झुका होने के कारण उसका चेहरा देखा नहीं जा सकता था—पता नहीं उसके कहाँ चोट लगी थी। हाँ, कभी-कभी वह खून थूक देता था। एक ओर एक मैली पुरानी-सी साइकिल खड़ी थी, उसके कैरियर में दूध की बड़ी टंकी बँधी थी—इसी टंकी का ढक्कन इस आदमी के पास पड़ा था। सब स्तब्ध, उत्सुक, आतंकित!

“यहाँ अभी कोई दुर्घटना हो चुकी है ?”

लोग एक-दूसरे से पूछ रहे थे और एक-दूसरे के ऊपर चढ़े-से चले आ रहे थे। उनके कंधों पर बोझ डालते, ऊँट-सी गर्दन बढ़ाकर फैली आँखों से स्थिति स्वयं देखने-समझने की चेष्टा करते थे। मैंने आगे वाले से पूछा, “क्या हुआ?”

“पता नहीं, कुछ झगड़ा हो गया।” वह बोला और व्यस्तता से देखने लगा।

“किस-किसमें? झगड़ा हो गया है, सो तो मुझे भी दीखा।”

“इन्हीं दोनों में हुआ है।” उसने उस व्यक्ति की ओर संकेत करके एक तरफ

की ढाई फीट ऊँची दुकान पर बैठे आदमियों की ओर इशारा किया। उस ओर देखा—सबसे पहले चिकन की चिनी हुई चमकदार टोपी पर दृष्टि पड़ी और फिर कुरते-पाजामे पर। दूसरा सादा बनियान और पाजामा पहने था—मोटी कमानी का चश्मा लगाए हुए। दोनों बिल्कुल निरपेक्ष तटस्थता से बैठे थे, जैसे कुछ हुआ ही न हो और तभी उस बीच वाले आदमी ने अपना सिर उठाकर दर्शकों से कहा, "आप लोग सब देखते हो, मैंने क्या किया है? मैं यहीं मर जाऊँगा आज। ये बड़े आदमी हैं।" उसका सारा मुँह खून से सना था, इसलिए यह पता लगाना बड़ा मुश्किल था कि खून उसके नाक-आँख-मुँह—कहाँ से निकल रहा है। उसके गन्दे कपड़े स्थान-स्थान से फट भी गए थे।

अचानक एक खद्दरधारी सज्जन भीड़ में से कुछ आगे बढ़कर बोले, "वाह, अच्छा मज़ाक बना रखा है कि चाहे जिसको लिया, पीट दिया। हम देखेंगे किसने मारा है। बाबा, उठो!" उसने आदमी की कुहनी पकड़कर झुकते हुए कहा।

"हमने मारा है, हमने। जाइए, जो कुछ आपको करना हो, कर लीजिए—हो सके तो फाँसी पर चढ़वा दीजिए।" दुकान पर बैठने वाले आदमियों में से एक ने खूब गरजकर ऊँची आवाज़ में कहा—स्वर में तीखी चुनौती थी।

वे दुबले-पतले सज्जन भीड़ में चले गए। बात अभी तक समझ में नहीं आई थी कि मामला क्या है। हल्की आलोचना-प्रत्यालोचना अस्पष्ट भनभनाहट के रूप में चारों ओर फैल रही थी—कोई कह रहा था कि पैसों के ऊपर कुछ कहा-सुनी हो गई है; कोई कहता, पुरानी बात है। जैसे किसी सिनेमा का कोई रोमांचक दृश्य एक स्थान पर रुक गया हो—कुछ-कुछ वैसी ही उत्सुकता चारों ओर व्याप्त थी। तभी दो-तीन सिपाहियों के साथ वे सज्जन फिर लौट आए। सिपाही भीड़ को हटाकर भीतर गोले में आ गए। घटना को शीघ्र-से-शीघ्र समझने का प्रयत्न करते वे भीड़ को धकेलते हुए बोले, "जाइए साहब! आप लोग जाइए। क्यों यहाँ भीड़-भाड़ बढ़ाते हैं बेकार ?" लोग पीछे हट गए, लेकिन गया कोई नहीं। कई आवाज़ें भीड़ में से उठीं। सिपाहियों ने भी कहा, "इसे ले चलो, 'रपोट' होगी।" एक सिपाही ताँगा लेने गया, दूसरा उस घायल आदमी के पास खड़ा रहा और तीसरा सामनेवाली दुकान में लाला से घटना समझने की कोशिश कर रहा था—बार-बार वह उस आदमी को देखता, फिर उस दोनों दुकानवालों की ओर देखता। उन तीनों के पास लाठियाँ थीं।

ताँगा आ गया और भीड़ तितर-बितर हो गई—गोला टूट गया। कई आदमी उसे उठाकर ताँगे में रखने लगे।

"आप चलेंगे साहब!" एक सिपाही ने उन दोनों को लक्ष्य करके पूछा। उसके शब्दों में नम्रता और झिझक थी; कम-से-कम वह तेज़ी नहीं थी, जिससे उसने भीड़ को सम्बोधित किया था।

"अच्छा जी!" दर्प से उस बनियानवाले ने इस प्रकार कहा, जैसे सिपाही ने कोई घोर बेअदबी की बात कह दी हो, "आप ही रह गए हैं हमें ले चलने को!" सिपाही

चुपचाप चला गया। लोगों को एक बार फिर चले जाने का आदेश देकर वह खद्दरधारी सज्जन और तीनों सिपाही उस घायल को ताँगे में रखकर थाने चले गए। पीछे एक आदमी उस साइकिल और दूध की टंकी को भी ले गया।

अब भीड़ इन दोनों की ओर सिमट आई। कई आदमियों ने उनकी ओर बढ़कर पूछा, "क्या हुआ ठाकुर साहब, यह क्या हो गया?"

"कुछ नहीं जी, कोई खास बात नहीं।" बड़ी उपेक्षा और निश्चिंतता से चिकनधारी ने सिर हिलाकर कहा। उसकी मूँछें खूब भारी और ऊपर को ऐंठी हुई थीं। दूसरे की सफ़ाचट। उसने कई बार अपने होंठ चबाए। फिर वह गरजकर बोला, "आप लोग खून को खराब मत कीजिए, दारोग़ाजी आकर देखेंगे।" और बनियान में बनी जेब से उसने कैप्सटन की सिगरेट निकालकर खूब स्थिरता से जलाई। लोगों ने खून वाले स्थान छोड़ दिए थे।

भीड़ में से एक वृद्ध ने आगे बढ़कर सहज स्नेह के स्वर में पूछा, "कहो भई बल्लू, क्या हंगामा है यह?—तुम्हारी यह आदत जाने कब जाएगी?"

"चाचा, वह कहीं जा सकती है! वह तो ज़िन्दगी के साथ ही जाएगी।" दोनों एक ओर कुछ आदर की भावना से सरक गए—उन्हें बैठने का स्थान छोड़कर।

वृद्ध महाशय बैठ गए, "क्यों, ज़्यादा मारपीट दिया क्या?"

"जाओ-जाओ भई—तुम लोग क्यों घेरे खड़े हो?" भीड़ की ओर देखकर ऊँचे स्वर में उन्होंने कहा, फिर जैसे वृद्ध के प्रश्न के उत्तर में बोले, "कुछ नहीं, यों ही ज़रा-सा ख़ून निकल आया। चोट-फोट तो कुछ नहीं है, मेरी काठ की एकाध चट्टी पड़ी हो तो पड़ी हो, नहीं तो इसके दो-एक घूँसे पड़ गए हैं—बस!" कहकर उन्होंने अपने पास बैठे एक लड़के की ओर संकेत किया। पहलवान छाप बीड़ी के पहलवान की मुद्रा में अठारह-उन्नीस साल का वह लड़का भी चुपचाप बैठा अपनी आस्तीनें ऊपर उठा-उठाकर पुष्ट बाँहों पर हाथ फिरा रहा था। उस लड़के से बोले, "अरे बाबा के पैर नहीं छुए—चलो।"

लड़के ने आगे बढ़कर उनके चरण छुए और उनके आशीर्वाद को शाबाशी की तरह ग्रहण करते हुए बोला, "पड़े, कहाँ! बस, एक नाक पर पड़ा, एक जबड़े पर—तभी तो गिर पड़ा।"

"बात क्या हो गई?" वृद्ध ने पूछा। मालूम हुआ कि वे रिटायर्ड तहसीलदार हैं।

"कुछ नहीं, साला गाली दे रहा था। एक तो दूध इतना पतला, फिर तीन लुटिया डालकर बोला—चार डाली हैं। मना किया तो गाली देने लगा—फिर भला यहाँ किस साले से कम हैं! इन उल्लू के पट्ठों की ज़बानें तो ऐसी हो गई हैं कि जी चाहता है, बाहर खींच लो।" सिगरेट पीते हुए वह बनियानवाला बोला।

"अरे भई, इन सालों के पास पैसा है।" वृद्ध ने कहा। फिर जैसे गम्भीर रहस्योद्घाटन करते बोले, "बल्लू, तुम समझते हो, गरज़ हमारी ही है आजकल दूध लेना हो तो सालों के सब नखरे सहो।"

"अरे, तब भी चाचा, गाली तो कभी नहीं सुनी। फिर इन कमीनों के मुँह से? तुम्हें याद होगा जब दादा ज़िन्दा थे, उस आदमी से कहा-सुनी हो गई थी उनकी। गाली तक तो नौबत भी नहीं आई थी। हम चारों ने मार-मारकर बिछा दिया था ज़मीन पर। दूसरे दिन लड़ने को ललकार कर चला गया। पाँचों बाप-बेटों ने सिर घुटाए, लाठियों पर तेल मला और अपने-अपने कफ़न सिर पर बाँध लड़ने पहुँच गए थे। हम पाँच थे और वे सात-आठ। चार घण्टे वो लाठी चली, वो लाठी चली कि छठी का दूध याद आ गया। चाचा, हल्ले हो गए थे शहर में। मेरी तो बाँह उतर गई थी, पर सबको भगा दिया।" और एक बार उन्होंने गर्व से साँस खींचकर भीड़ की ओर देखा जो अब छँटने लगी थी। हम लोगों को काफ़ी आनन्द आ रहा था--खड़े सुनने लगे।

"भई, वो ज़माने ही और थे--तब जैसा खाने-पीने को कहाँ मिलता है अब! वो तो बातें ही और थीं।" वृद्ध अतीत में डूब गए।

"हाँ चाचा, हमारे ख़ानदान में ही देखो। हमेशा से तलवार और ढाल मुग़ल बादशाहों को सप्लाई करने का काम रहा है। मौत और खून तो साँस में भरी है। अब दो बूँद ख़ून की देखो और भीड़ इकट्ठी हो गई। अब जिस देहली पर तुम बैठे हुए हो, बादशाहों की इनाम दी हुई है। राजा बीरबल खुद इस मकान में रहते थे पहले। इस शहर के ये तीन-चार बड़े-बड़े मुहल्ले सब हमारे ही पुरखों के नाम पर तो हैं। वाह साहब, क्या हिम्मत थी उनमें भी--क्या दिलेरी! हमारे ख़ानदानी राजा लालसिंह, महाराजा मानसिंह के साथ काबुल फ़तह करने गए थे। वो मारकाट मचाई वहाँ कि आज भी बच्चा-बच्चा थर्राता है। अब भी छोटे बच्चे रोते हैं तो वहाँ की औरतें उन्हें चुप कराती हैं--चुप हो जा, चुप हो जा, लूलू-मूनू आ गए। और बच्चा चुप हो जाता है। 'लूलू-मूनू' लालसिंह-मानसिंह का ही बिगड़ा हुआ रूप है! हौवे की तरह से डरते हैं बच्चे। हमारे परबाबा की बात है--मगर के शिकार का बड़ा शौक था उन्हें। पानी में कूदकर सिर्फ़ एक कटार से चाहे जैसे मगर को मारकर लाते थे। लंगोटी लगाई, एक कटार ली, एक हल्दी जैसी गाँठ थी उनके पास--न जाने क्या बूटी थी, एक सन्त-महात्मा ने प्रसन्न होकर दी थी। उसकी खुशबू से ही मगर कोसों दूर भागता था। वे सीधे मगर के ऊपर कूदते थे।" फिर एक बड़ी गहरी साँस लेकर बोले, "अब सब बातें रह गई हैं चाचा! लोग कहानी समझते हैं--बस। अब ये नई पीढ़ी के हमारे ही लौंडे इन पर विश्वास नहीं करेंगे।"

"अरे तब भी वह खून का उबाल कहाँ जाएगा? शेर चाहे जैसा भी मरा-गिरा हो, कुत्ता तो बन नहीं सकता।" वृद्ध ने जैसे प्रोत्साहन देते हुए कहा।

"खून की बात तो यह है चाचा कि आजकल के इन नए लड़कों से तो हज़ार गुने अच्छे हैं। पानी इन लोगों को नसीब नहीं है, जितना हमने घी पिया है।" और स्वतः उनकी चौड़ी छाती फूल उठी। आँखों में सुरूर झूम आया। मूँछें होंठों पर लेटे अंग्रेजी अक्षर 'सी' की तरह तनकर ऐंठ गईं। चेहरा जैसे एक अद्‌भुत नशे में डूब उठा। हम लोगों की ओर देखकर ओजस्वी स्वर में बोले, "जयपुर का अजायबघर देखने गए।

महाराणा प्रताप का जिरहबख़्तर और तलवार टँगी थी। वहाँ का आदमी बोला—छुओ मत, दूर रहो, गिर पड़ेगा, बहुत भारी है। मुझे बड़ा बुरा लगा। लपककर वो लम्बी बीस सेरी तलवार यों उठा ली।'' उन्होंने हाथ से तलवार की लम्बाई बताई और बड़ी आसानी से उसे उठाने का अभिनय किया, ''फिर जनाब, छः मन के उस जिरहबख़्तर को पहनकर दो घण्टे तलवार चलाई कि देखने वाले दाँतों तले उँगली दबा गए। बोले—'वाह! तेरी माँ ने पिलाया है दूध।' '' फिर उन्होंने सामने खड़े लोगों की ओर मुँह घुमाया—गर्व-दीप्त उनके मुँह को प्रायः सभी ने प्रशंसा-मुग्ध नेत्रों से देखा। जब अधिकांश लोग जा चुके थे—केवल बीस-पच्चीस श्रोता खड़े रह गए थे। उस घटना और तीखेपन के पीछे पड़े खून को प्रायः सभी लोग भूल चुके थे। वहाँ मक्खियाँ भिनभिना रही थीं। लोगों को अपने से आकृष्ट और प्रभावित देखकर उन्होंने और भी अधिक प्रभावशाली ढंग से बताना शुरू किया। मैंने देखा, बातों में भौंह की चाल, मुख की भंगिमा, वाणी के उतार-चढ़ाव, हाथ और शरीर की सहायता से चित्र-सा खींच देने की उनमें अद्‌भुत शक्ति है।

''उन दिनों बाइस्कोप नया-नया निकला था (उनका तात्पर्य मूवी से था)। एक पुराना मुग़ल बादशाहों के ज़माने का खेल था। किले में तस्वीरें उतारने उनकी पूरी कम्पनी आई। हज़ारों आदमी देखने गए, हम भी पहुँचे। उस समय चढ़ती उमर थी, जवानी अंग-अंग में भरी थी। क्या कहना था हमारे जोश का ! वो तनी हुई मूँछें, चढ़ी हुई आँखें, रौबीला चेहरा, सेब-से गाल, कुल्लेदार साफ़ा, खूब झकझकाती लम्बी कमीज़-सलवार, पैरों में सलीम शाही सुनहरी कामदार जोधपुरी जूती; क्या पूछते हो उस समय!'' उन्होंने वास्तव में हाथों और मुँह की सहायता से एक ऐसे ही रौबीले जवान का चित्र खड़ा कर दिया, ''हम भी एक तरफ़ खड़े देख रहे थे। तभी सिनेमा के मालिक ने पुकारा—'ऐ जवान, इधर आओ'! मैंने चौंककर इधर-उधर देखा, फिर जा पहुँचे पास। किसी का डर तो था ही नहीं। वह बोला—'हम तुम्हें हीरो बनाएँगे, हीरो ! बादशाह जहाँगीर का पार्ट तुम्हें दिया जाएगा।' और सा'ब, उन्होंने हमें अपनी कम्पनी में ले लिया। वो ख़ातिर की कि क्या पूछना ! हीरोइन थी एक योरोपियन लेडी। अब उसकी सुन्दरता क्या बताऊँ—चमचमाता चाँद-सा टुकड़ा, देखो तो देखते ही जाओ, काश्मीरी सेब-से गाल, भूरी-भूरी आँखें, नीली पुतलियाँ, सुनहरे बाल—रेशम-से मुलायम। पान खाती तो गले में पीक की लाइन-सी चली जाती, साफ़ देख लो। रुई के गोले जैसा—ओफ़, क्या कहना उसकी ब्यूटी का! हमें वो सा'ब उसके पास ले गए। एक डॉयलाग बताकर उसका एक्टिंग करने को कहा। हमने दोनों हाथ माथे पर मारे और कहा—'राँड, तू हमारी बोली नहीं समझती, हम तेरी ज़बान नहीं जानते, हमारा-तेरा साथ क्या?' बस सा'ब, डॉयलाग बोलने भी नहीं दिया और 'ब्यूटीफुल', 'एक्सीलेंट' कहकर उन्होंने हमें गोद में उठा लिया। पूरे फ़िल्म में हमने काम किया और बाद में हमें पता चला कि उस फ़िल्म के डायरेक्टर थे हिमांशु राय!''

इस चरम पर कथा को लाकर उन्होंने श्रोताओं की ओर देखा। सब आश्चर्य से

विश्वासपूर्वक उन्हें देख रहे थे। इतना सजीव एवं शक्तिशाली उनका वर्णन था कि उसके अनुसार ही श्रोता मुसकराते और गम्भीर होते। तभी पीछे पड़े खून की ओर मेरा ध्यान गया। इस कथा में हम उसे बिल्कुल ही भूल चुके थे। एक कुत्ता सूँघता हुआ आकर उसे चाटने लगा था। मन में हुआ, मनुष्य का खून क्या इतना सस्ता है? भगा देने की इच्छा हुई, पर न जाने क्यों हाथ हिल नहीं पाया।

"यह ज़रा-सा खून निकला और लोगों ने समझा, न जाने क्या फाँसी लग जाएगी।" इस बार उन बनियान वाले महाशय ने सिगरेट फेंककर कहा, "अरे मुझे पच्चीस साल यही करते हो गया। हम लोगों को क्या खून...दो भाई हम फ़ौज में हैं, एक पुलिस में—जहाँ दिन-रात यही होता है। एक बार की बात है जब हम लोग ईरान में थे। दुश्मन से घिर गए थे। मार्च का आर्डर मिला। कैप्टेन होने के नाते सारा चार्ज मेरे ही ऊपर था।" और वे भी एक किस्सा बताने को थे कि भीड़ में सनसनाहट हुई, दरोगाजी आ गए। लोगों ने इधर-उधर हटकर जगह छोड़ दी। तभी साइकिल पर बगल में डेढ़ हाथ का बेंत, काला चश्मा लगाए गोरे-मोटे से दरोगाजी पूरी वर्दी में वहीं उतरे। प्रायः सभी लोग सटपटाकर इधर-उधर थोड़े-से खिसके। बातों के जादू में स्थिति की जिस गम्भीरता को भूल गए थे, वह जैसे फिर नई हो गई। पर अब क्या होगा, यह जानने की इच्छा से और भी चलते-फिरते लोग, दुकानदार फिर आ जमा हुए। कुत्ता अब भी बड़े मनोयोग से खून को सूँघ-सूँघकर चाट रहा था।

"आइए, आइए, दरोगाजी!" ठाकुर साहब एकदम उठ खड़े हुए—उनकी अभ्यर्थना करते हुए एक क़दम आगे बढ़े, "हटो भाई, बैठने दो इन्स्पेक्टर साहब को, हटो, जाइए सा'ब आप लोग, क्या भीड़ लगाई है ! अपना-अपना काम देखिए !" कहकर उन्होंने दरोगाजी की साइकिल लेकर एक ओर खड़ी कर दी। दरोगाजी दुकान पर बैठकर, चश्मा हटाकर लोगों के बीच से उस खून की ओर तीव्र दृष्टि से झाँकते हुए बोले, "और कहिए ठाकुर साहब, यह क्या हंगामा खड़ा कर दिया?"

"कुछ नहीं सा'ब!" फिर पास बैठे लड़के की ओर देखकर बोले, "जा भई, शर्बत, पान, सिगरेट ला कुछ, दरोगाजी के लिए।" फिर खुद ही हँसकर कहा, "कभी-कभी ही तो ग़रीबों को ख़ातिर करने का मौक़ा देते हैं।" लड़का चला गया और उन्होंने स्वयं बड़े आदर के साथ अपनी जेब से हाथी छाप सिगरेट और दियासलाई की डिबिया पेश की। दरोगाजी ने सिगरेट जलाकर जब लोगों की ओर ग़ौर से देखा, फिर उन बनियान वाले सज्जन की ओर देखकर कहा, "कहिए कैप्टन साहब, छुट्टियाँ कब तक और हैं, अब तो लड़की की शादी का काम-काज भी ख़त्म हो गया होगा। आप तो ऐसे बैठे हैं बनियान पहनकर, कौन कह देगा कि कैप्टन हैं?" और स्वयं सिगरेट का धुआँ छोड़ते हुए बड़े ज़ोर से हँसे।

"अरे भई, यह घर है। यहीं नंगे घूमे थे। आज कैप्टन हो गए तो क्या हो गया?" पहले दरोगाजी का रुख़ देखकर कैप्टन साहब बुरा मान बैठे थे, अब खुश हो गए। एकदम जैसे कुछ याद करके बोले, "अरे, तुम्हें भी तो निमन्त्रण मिला होगा—बड़ी राह

देखी तुम्हारी।''

''आप तो समझते हैं कैप्टन साहब, शहर का मामला है, कितने बिज़ी हैं हम लोग। अब यही साला गिड़गिड़ाने लगा जाकर कि 'ग़रीब आदमी हूँ, बेकार मारा है। मैं ठीक गिन रहा था।' मैंने कह दिया, 'ग़रीब है तो वहाँ उन लोगों से भिड़ा क्यों था जाकर?' एक और थे लीडर-से साथ में। वे वकालत कर रहे थे, उन्हें भी डाँट दिया—आप कौन होते हैं दालभात में मूसलचन्द ? मेरे मन में जो होगा वहीं करूँगा। आप कहेंगे वह कैसे हो सकता है ? आजकल तो ठाकुर साहब, ऐरे-ग़ैरे सब उपदेश देने लगे हैं। सब कानूनदाँ की पूँछ बन जाते हैं। हमने पन्द्रह साल जैसे घास ही खोदी है।'' फिर कुछ सोचते हुए उस पर झुँझलाकर दरोगाजी ने ज़ोर से सिगरेट का कश खींचा।

''अरे सा'ब, क्या पूछते हो आजकल को!'' ठाकुर साहब ने कहा। तभी वह लड़का एक गिलास में शर्बत तथा एक हाथ में पान ले आया। उन्होंने उसके हाथ से गिलास लेकर दरोगाजी की तरफ बढ़ा दिया। कुत्ता अब भी खून चाट रहा था।

''नहीं-नहीं, ठाकुर साहब, इस तकल्लुफ़ की क्या ज़रूरत थी?'' गिलास लेकर घूँट-घूँट पीते हुए दरोगाजी बोले। जब गिलास समाप्त हो गया तो ऐसा भाव दिखाया जैसे चित्त प्रसन्न हो उठा। पान को बड़े एहतियात से मुँह में रखते हुए कहा, ''कैप्टन साहब, तेल निकल गया हमारा तो इस नौकरी में—ख़ास तौर से इस शहर में। यहाँ भाग, वहाँ जा, रात को सड़कों की धूल फाँकते फिर रहे हैं। सभी अफ़सरों का डर। दो-दो दिन बाद सबके यहाँ हाज़िरी बजाने जाओ, नहीं तो उनके दिमाग़ चढ़ जाएँगे। और मज़ा यह कि लेन-देन का कोई मामला नहीं, वे दिन-रात बस यही चाहते हैं कि दरोगा चाहे अपने घर से दे, पर दिलवाता रहे—उनका गड्ढा भरता रहे। उल्लू के पट्ठों से पूछो, दरोगा के भी बाल-बच्चे हैं। अंग्रेज़ तब भी ठीक था। इन हिन्दुस्तानियों के मारे तो और भी नाक में दम है।''

दरोगाजी ने सिगरेट जलाई, ''अब ठाकुर साहब, तुम्हारी कसम, कोई सेन्स नहीं इस भाग-दौड़ में—सब खानापूरी—दिखावा। अब यहाँ आना पड़ा इस बेवक्त। बोलो, बीबी के पास अच्छे-खासे लेट रहे थे खाना खाके। दो आदमियों में आपस में कुछ कहा-सुनी हो जाती है, तो दरोगा क्या उसमें अपनी ऐसी-तैसी कराए? लेकिन नहीं साहब, आई. जी. के ऑर्डर्स हैं—रोज़नामचा भरने यहाँ भी आना पड़ा। ईश्वर कसम ठाकुर साहब, इस जैसा बेबकूफ़ी का महकमा दूसरा नहीं है। दो-एक दिन कहीं कुछ नहीं हुआ, अब इंस्पेक्टर पूछ रहा है कि वारदातें क्यों नहीं हुई? जवाब तलब किए जा रहे हैं। अब या तो वारदातें कराओ या कहीं गाँव में फिंको, जहाँ डाकखाना भी नहीं हो। दरोगा को शहर में रहना है, नौकरी करनी है—बैठा-बैठा रोज़नामचे में वारदातें भर रहा है। अच्छे-भले आदमियों को 109 में ला-लाकर जेल भर रहा है कि आवारा घूम रहा था।'' दरोगाजी सहसा उठ खड़े हुए, ''अच्छा ठाकुर साहब, अब चलें आगे—और चक्कर लगा आऊँ ज़रा। अच्छा, कैप्टन साहब !'' इतनी देर से बेंत को धीरे-धीरे हथेली पर मारते हुए वे यह सब कह रहे थे, उसे बगल में लगाया, एक हाथ से कालर ठीक

करते चले गए। थोड़ी दूर पैदल चलकर फिर साइकिल पर चढ़ गए।

कुत्ता उस खून को चाटता एक सिरे पर आ गया था।

दरोगाजी की नमस्ते का प्रत्युत्तर देकर कैप्टन साहब और ठाकुर साहब ने सारी भीड़ की तरफ गर्व-स्फीति आँखों और छाती से देखा। एक बड़ी साँस तीर की तरह खींची और छोड़ दी। आदमी कुछ निराश होकर इधर-उधर बिखरने लगे। उन्हें कुछ और आशा थी।

कुत्ते ने खून को इधर-उधर से चाट-चूटकर बीच का, गाढ़े खून का हिस्सा बिलकुल छोड़ दिया था। वहाँ मक्खियाँ भिनभिना रही थीं। अचानक टाँग उठाकर उसने खून पर पेशाब किया, खूब तनकर लम्बी अँगड़ाई ली और धीरे-धीरे एक ओर चला गया।

कुतिया

बड़े भैया न जाने कहाँ से उसे उठा लाए थे। बड़ा सुन्दर पिल्ला था—मोटा-सा। गदबदे शरीर का, बड़े-बड़े बाल, सुनहला रंग। अजीब आकर्षण उसमें था कि देखो तो गोद लेने की इच्छा होती और आँखें तृप्त हो जातीं। अपने छोटे-छोटे पैरों से जब वह इधर-उधर चलता तो बच्चे कुतूहल से उसे देखते। और जब एक आवेश में उसे उठाकर छाती से चिपका लेता तो दूसरा खींचातानी करता, झगड़ता। वह कुतिया थी। घर भर का एक खिलौना। जो आता उसकी तारीफ़ करता। दिन भर उसे कुछ न कुछ खिलाया-पिलाया जाता और उसका पेट फटने की सीमा तक फूला-सा लगता। कभी कोई बच्चा अकेले में उससे बात करता, कभी बच्चों की तरह थपकी देकर उसे सुलाया जाता—मैं चाहता कि मैं जब पढ़ूँ-लिखूँ तो वह मेरी मेज़ या गोद में बैठी रहे।

और वह पिल्ला कुछ बड़ा हुआ।

बाल उसके कम होने लगे और शरीर की सुडौल गठन के स्थान पर एक पतली-लम्बूतरी—देशी कुतिया की सूरत उसमें से बाहर निकलने लगी। दिन-भर गोद या हाथों में रहने के कारण पाँव उसके टेढ़े (पंगु) हो गए थे। वह निहायत सुस्त-आलसी थी—दिन भर मुँह झुकाए पड़ी रहती, क्योंकि खाना उसे बिना श्रम के मिल जाता था। बच्चों का प्यार कम हो गया।

कुछ और दिन बीतने पर हमने देखा, कुतिया साधारण बाज़ारू कुतिया जैसी हो गई है, उसकी आँखों से कीचड़दार पानी बहता रहता है, जहाँ मक्खियाँ भिनभिनाया करती हैं, कानों में कलीले भरे रहते हैं। अब उसको खाज भी होनी शुरू हो गई थी।

उसके प्रति सारा स्नेह और प्यार ग़ायब हो चुके थे और बच्चों को निषेध कर दिया गया कि वे उसे ज़रा भी न छुएँ।

बच्चों को खाज न लग जाए या इसका कोई और प्रभाव न पड़े, इसलिए हमें विवश होकर इक्के में बाँधकर उसे शहर के एक दूसरे हिस्से में छोड़ आना पड़ा कि वह उधर आ ही न सके।

बहुत दिन बीत गए।

आज मुझे अचानक उधर से गुज़रने का मौका मिला। एक कुतिया मेरे पैरों से लिपट गई, बार-बार मेरे पैरों को सूँघती और दुहरी होकर पूँछ हिलाते हुए कूँ-कूँ करती। मैंने पहचाना, वही कुतिया थी। अब वह बहुत बड़ी हो गई थी और शायद गर्भिणी थी।

खाज उसकी अब भी वैसी ही थी। घृणा से मैंने बचना चाहा और बेंत से परे हटाकर चलने लगा। लेकिन वह नहीं मानी, लिपटी-लिपटी चलने लगी। मैंने डाँटा, मारने के लिए बेंत भी हिलाया, पर वह गई नहीं। हारकर दो-तीन बेंत उसकी पीठ पर जड़ दिए, क्योंकि मुझे अब उससे तनिक भी मोह नहीं रह गया था।

टाँगों के बीच में पूँछ दबाये 'क्यों-क्यों' चीख़ती वह एक तरफ हट गई और सड़क के किनारे बैठी एक स्त्री के पास खड़ी होकर अपलक मुझे देखने लगी। मुझे लगा, उसकी आँखों में पत्थर को भी पिघला देने वाली शक्ति है। वह मूक पशु! दिल भर आया और मैं खड़ा उसे देखता रहा। वह कभी हमारे यहाँ रही थी और प्यार की भाजन थी। काश, वह बोल पाती!

स्त्री की पीठ मेरी ओर थी, शायद वह कोई भिखारिन थी, लेकिन जवान थी—कुतिया ने उसे सूँघा और मेरी ओर देखती पूँछ हिलाती रही। प्यार से स्त्री ने कुतिया के ऊपर हाथ फेरा। हाथ का रंग गोरा था—लाल काँच की चूड़ियाँ थीं। सड़क पार सामने दूकान पर बैठे लाला को सम्बोधन करके उसने कड़ककर रोती हुई आवाज़ में कहा, "जाड़े-धूप-लू में मैं यहीं सड़क पर मर जाऊँगी—पर जाऊँगी नहीं! ईश्वर तुझे देखेगा, तेरे शरीर में कीड़े पड़ेंगे। पहले मीठी-मीठी बातें करके घर से—माँ-बाप के यहाँ से भगा लाया। आठ-दस साल मौज उड़ाई और अब छोड़ दिया, जवान थी तो तेरे यहाँ रही—अब बता, मैं कहाँ जाऊँ? मेरा घर-बार सब छुड़ा दिया। कोठा लेके बैठूँगी भी तो तेरे सामने ही बैठूँगी। बड़ा सेठ बना है...नास जाएगा, नास..." खजैली कुतिया की पीठ पर मुँह रखकर वह फूट-फूटकर रो पड़ी। सिर की धूल-भरी उलझी लटें कुतिया की पीठ पर बिखर गईं—शायद कभी वे सुन्दर रही हों...

पिल्ला

किसी ने घंटी बजाई। मैंने छोटी बहन को भेजा, "देखना, कौन है?" उसने किवाड़ खोले और चौड़ी-सी संध बनाकर वहीं खड़ी बाहर किसी से बात करती रही। मैं उत्सुक था कि आख़िर कौन है जो भीतर नहीं बुलाया जा सकता, मैंने बैठे-बैठे ही पूछा, "कौन है?"

उसने जवाब कुछ नहीं दिया और भागकर मेरे पास आकर धीरे से, ताकि बाहर वाला सुन न ले, बताया, "कोई आई हैं। मैंने भीतर आने को कहा, पर नहीं आतीं।"

"आई हैं?" आश्चर्य से दोहराता हुआ मैं उठा। "कौन आई हैं?" द्वार पर देखा—अट्ठाईस-तीस वर्ष की, सफेद धोती और ब्लाउज़ में गेहुएँ वर्ण की कोई महिला खड़ी थीं। उलटे पल्ले की धोती देखते ही बताया जा सकता था कि वह पढ़ी-लिखी हैं और ईसाई हैं। मैंने शिष्टतापूर्वक नमस्कार किया। पूरा दरवाज़ा खोलकर एक ओर हटते हुए कहा, "आइए, भीतर आइए न ! कहिए, कैसे तकलीफ़ की?"

"नहीं, नहीं, ठीक है," उन्होंने और भी नम्रता से मुसकराकर कहा। फिर जैसे किसी अपराध की क्षमा-याचना कर रही हों, बोलीं, "देखिए, एक अर्ज़ है।"

"कहिए, कहिए न!" मैंने शीघ्रता से कहा। मेरी समझ में नहीं आ रहा था कि आख़िर अर्ज़ क्या है, और इन्हें इतना संकोच क्यों हो रहा है !

"देखिए, आपकी यह कुतिया है न—यह कब बच्चे दे रही है?" फिर माँगने की झेंप से संकुचाते हुए बोलीं, "हमारा एलसेशियन मर गया है। अब हमें एक कुत्ते की सख्त ज़रूरत है। वह बेचारा तो बड़ा ही अच्छा था। बारह साल का होकर मरा। उसे टॉमी कहते थे बच्चे।" और शायद उस टॉमी की याद में पिघलकर उनका गला रुँध गया।

मैंने इस विषम स्थिति से उनका उद्धार करते हुए कहा, "बड़े शौक से, बड़े शौक से! यह तो दो-तीन बच्चे देगी—उन सबका हम क्या करेंगे? बहुत हुआ तो एक रखेंगे। वैसे मैं आपका परिचय..."

"हाँ-हाँ, मैं जैक्सन परिवार की हूँ—आशा जैक्सन। प्रैक्टिस कर रही हूँ। यहीं पास के मुहल्ले में हमारा बँगला है। जैक्सन साहब को तो आप जानते होंगे न—शराब की दुकान है बहुत बड़ी, कैंट में। ख़ैर, अगर आप इस बच्चे का कुछ चाहेंगे..." फिर जैसे झेंपकर कहा, "बात यह है कि मुझे आपकी कुतिया बहुत ही पसन्द है। बड़े क़द का

कुत्ता मुझे पसन्द नहीं है। छोटे-से-छोटा हो और देखिए, मैं आँखें बन्द ही ले जाऊँगी।"

बच्चे का कुछ चाहने की बात सुनकर मैंने जल्दी से कहा, "अरे...अरे, आप क्या बात करती हैं! आप तो पिल्ला लेंगी न?"

"जी हाँ, देखिए, किसी दूसरे को मत दीजिएगा," शिष्टता की प्रतिमूर्ति बनकर उन्होंने कहा, "मैं परसों फिर पूछ जाऊँगी।"

"नहीं, कोई बात नहीं, मैं ज़रूर आपको दे दूँगा।"

"अच्छा, मैं चलूँ। देखिए, भूलिएगा मत।" माथे तक हाथ करके उन्होंने नमस्कार किया और बरामदे से उतर गईं। जाते वक्त फिर कहा, "देखिए, किसी और से वादा मत कीजिएगा।"

"आप ख़ातिर जमा रखिए।" मैंने उन्हें आश्वासन दिया।

कानों में मफ़लर लपेटे और मोटे-मोटे चैस्टर डाटे हम दोनों ही घूमने जा रहे थे। जाड़े के कारण हमने हाथ जेबों में ठूँस रखे थे। दिसम्बर के अन्तिम दिनों की ठंड और सुबह के पाँच बजे का वक्त। सूरज निकलने में अभी काफी देर थी और कोहरा बड़ा घना था। सुबह की ठंडी हवा नाक-कानों को जमाए दे रही थी। बोलने में भी बड़ा आगा-पीछा सोचना पड़ रहा था। हम लोग चुपचाप ही चलते गए। हम जैसा साहसी एकाध और आता-जाता दिखाई दे जाता था। टहलकर लौटने वाले प्रायः जुगाली की तरह उन्मुक्त रूप से दातून चबाते हुए। आने-जाने वाले जाड़े की सीत्कार के साथ 'रघुपति राघव राजा राम' या कोई और भजन की धुन मुँह से निकालते हुए।

निर्दिष्ट स्थान पर आकर हम लोग रुके, और मशीन के पुतलों की तरह लौटने के लिए घूम गए। चुपचाप ही लौट चले। इनका नाम सरन बाबू है। अध्ययन में मुझसे बहुत, और उम्र में पाँच-छह वर्ष बड़े हैं, इसलिए मैं इनका आदर करता हूँ।

आख़िर मैंने कुछ सोचकर हँसते हुए कहा, "सरन बाबू, आप जैक्सन साहब को जानते हैं? कैंट में शराब की दुकान है।"

"कौन जैक्सन? जैक्सन एंड कम्पनी तो नहीं?" उन्होंने मेरी ओर देखा।

"हाँ, हाँ, वही। कल उनकी कोई बहन आई थीं—मिस आशा जैक्सन, पिल्ला लेना चाहती हैं। बड़ी खुशामद कर रही थीं। हमारी ज़रा-सी तो कुतिया है। मुश्किल से दो-तीन पिल्ले देगी, और लोगों ने अभी से माँगने शुरू कर दिए हैं।"

"अच्छे किस्म की होगी?" फिर अचानक याद करके कहा, "अच्छा, वह नौ इंच ऊँची वाली—क्या नाम है उसका? भई, साफ़ बात है, उसका एक पिल्ला तो तुम्हें हमें देना पड़ेगा। पीछे देते रहना किसी जैक्सन-फैक्सन को। तुम जानते हो, बाल-बच्चे कोई हमारे है नहीं। अच्छा-सा पिल्ला हमें जरूर चाहिए। मैं तुमसे साफ़ कहे देता हूँ—कोई भी बहानेबाज़ी नहीं सुनूँगा।" फिर कुछ रुककर कहा, "इन माँगने वालों की क्या है ! वही कुतिया तो है न..." वह नाम याद करने लगे।

"हाँ, वही। बड़े अच्छे किस्म की है। वह तो उसका कुछ देने को भी तैयार है। हमारे यहाँ तो यों ही आ गई थी।"

"भई, चीज़ अच्छे किस्म की हो, बीस माँगने वाले आ जाएँगे। कहीं कस्तूरी छिप सकती है ! चीज़ तो दूर-दूर से अपना मोल पुकारकर कह देती है।" सरन बाबू ने बड़ी गम्भीरता से कहा, "अब यहाँ जात-पाँत न मानने वालों से मैं एक सवाल करूँगा। क्यों भई, कुत्ते-कुत्ते तो सभी एक बराबर हैं। उनमें इस तरह का भेद करना कहाँ तक उचित है कि एक को आप दो हज़ार रुपये का भी खरीद लें और एक की बात भी न पूछें ?"

"क्या मतलब है आपका ? आप कहना चाहते हैं कि आदमी-आदमी का यह भेद, रक्त सम्बन्धी ऊँच-नीच शूद्र और ब्राह्मण का बँटवारा ईश्वर का किया हुआ है ?" मैंने चौंककर उनकी ओर देखा। मुझे मालूम था कि वह जातिवाद में विश्वास रखते हैं, लेकिन अभी तक मैं अपने आपको उनसे सहमत नहीं कर पाया था।

"बिलकुल, बिलकुल," उन्होंने दृढ़ता से कहा, "ईश्वर और प्रकृति ने सभी जगह विभाजन किया है। शेर-शेर एक नहीं होते, मछलियों में भी सैकड़ों भेद हैं, आप कहीं भी ले लीजिए। फिर यही क्यों असम्भव है कि आदमी-आदमी में कुछ भेद हो? क्षत्रिय क्षत्रिय है, ब्राह्मण ब्राह्मण है। आप कितनी भी कोशिश कर लीजिए—बनिया नहीं छिप सकता। सभी मनुष्य समान हैं, यह सिद्धान्त बड़ा ही अवैज्ञानिक है।"

"लेकिन ये प्रगतिशील विचारों वाले लोग तो गले के सारे व्यास को फैलाकर बस यही चीखते हैं कि सब मनुष्य बराबर हैं, उनमें कोई भेद नहीं है !" मैंने तर्क रखा।

"यही इनकी अवैज्ञानिकता है," उन्होंने बड़े आत्मविश्वास से बताना शुरू किया, "किसी भी चीज का वैज्ञानिक विश्लेषण आप तभी कर सकते हैं जब अपने को उससे बिलकुल तटस्थ और निर्लिप्त बना लें। जब तक आपका उस वस्तु से किसी भी तरह का सम्बन्ध है, आप निर्लिप्त नहीं रह सकते, यानी वैज्ञानिक दृष्टि से जाँच नहीं कर सकते। जो आदमी-आदमी के बराबर होने की बात चिल्लाते हैं, असल में वे अपने आपको तटस्थ नहीं कर पाते। इसीलिए उनका निर्णय सर्वमान्य नहीं है। एक कुत्ता भी अगर कुत्तों में विभाजन करने बैठेगा तो वह कैसे वैज्ञानिक रह सकेगा, यह मेरी समझ में नहीं आता। क्योंकि पता नहीं, वह खुद किस वर्ग में आए ! इनमें विभाजन तो आप ही कर सकेंगे जो इन सबसे बिलकुल अलग हैं। आप ही तो बता सकते हैं, यह ग्रेहाउंड है, बुलडाग, पायनियर, ताजी, देशी शिकारी वग़ैरा है।" और अपने तर्क की अकाट्यता पर वह स्वयं सन्तुष्ट से चलने लगे।

"इसका मतलब तो यह हुआ कि आप सिर्फ़ यही नहीं मानते कि मनुष्य-मनुष्य में श्रेष्ठता और हीनता प्राकृतिक है, बल्कि यह भी मानते हैं कि जिन्होंने इन नियमों को बनाया, वे मनुष्य मात्र से बौद्धिक रूप में उठे हुए थे—तभी तो यह विभाजन कर सके !"

मेरा मन इसे स्वीकार तो नहीं कर रहा था, लेकिन बात इतने तर्कपूर्ण ढंग से और

इतने आत्मविश्वासपूर्वक कही गई थी कि इसके विरुद्ध कोई युक्ति नहीं सूझ रही थी।

"इसमें शक ही क्या रह जाता है ? निश्चित रूप से वे मनुष्य मात्र से ऊँचे उठे हुए थे, नहीं तो इतना तर्कपूर्ण विभाजन हो ही नहीं सकता था। और मैं तो यह मानता हूँ कि समाज का वह ढाँचा बड़े सोच-समझकर विशाल अनुभवों के बाद बनाया गया था—योंही बैठे-बैठे किसी के दिमाग में फ़ितूर नहीं आता। समाज में यह जातिवाद और ऊँच-नीच रहेगा ही और रहना ज़रूरी है। इसके बिना समाज चल नहीं सकता। मेरा दावा है कि समाज में जब तक अपना वही पुराना ढाँचा नहीं लाया जाता, सुख और शांति आ ही नहीं सकती।"

जैसे वह किसी घोर विरोधी को उत्तर दे रहे हों, उसी जोश में एक-एक वाक्य कहते रहे। आख़िर उत्तेजना में जेब से हाथ निकालकर हवा में हिलाते हुए उन्होंने कहा, "लोग साम्प्रदायिकता-साम्प्रदायिकता चीखते हैं—समझते तो हैं नहीं, साम्प्रदायिकता चीज़ क्या है ? आप ब्राह्मण हैं भंगी को अपने पास बैठा लीजिए, खाना खा लीजिए साथ, इससे होता क्या है ? आप उस खून का क्या करोगे जो उसकी नस-नस में दौड़ रहा है, जो उसके बाप-दादाओं ने दिया है ? आप उसे कहाँ निकाल फेंकेंगे ? एक चीते और बबर शेर को सिर्फ़ साथ बैठाकर खिला देने से ही आप उनका भेद दूर कर सकेंगे ?" फिर जैसे अनुपस्थित विरोधियों के प्रति उन्होंने घृणा व्यक्त की, "बेवकूफ़ी, बकवास !"

"लेकिन शेर-चीतों का बाहरी भेद इतना साफ़ है कि हम उन्हें देखते ही पहचान लेते हैं। आप आदमी को देखते ही कैसे पहचान लेंगे कि वह किस कुल का है ? क्योंकि मनुष्य में जो फ़र्क है वह भौगोलिक परिस्थितियों के अनुसार है। पहाड़ों पर रहने वाले गोरे होंगे, विषुवत् रेखा के पास रहने वाले काले—अब आप कैसे पता लगाएँगे ?"

मैं उनके इस जोश से सहम गया, फिर भी तर्क देता रहा। हम लोग घर के काफ़ी निकट आ गए थे।

"देखो, बेवकूफ़ी की बात तो तुम किया मत करो।" अपने बड़े होने के अधिकार का उन्होंने फ़ौरन ही सदुपयोग किया, "आप यह क्यों नहीं सोच सकते कि जिन लोगों ने इस तरह का विभाजन किया, उन्होंने जाति-कुल पहचानने की तरकीब और चिह्न भी दिए हैं ? आपने कभी स्मृति-पुराण आदि कोई चीज़ उठाकर देखी है कि योंही बक-बक किए जा रहे हैं ? आप मेरे सामने लाइए कोई आदमी, बताता हूँ।"

आवेश में वह थोड़ी देर चुप रहे। अपने होंठों को भींचते रहे, फिर कुछ नरमी से कहा, "मैं मानता हूँ कि भौगोलिक परिवर्तन होता है, लेकिन कितना होगा ? आप मुझे बताइए, बंगाल और गुजरात करीब-करीब एक ही रेखाओं पर हैं, फिर क्यों वहाँ के रंगों में इतना फ़र्क है ? तो भाई मेरे, यह कोई सार्वभौम नियम नहीं है।"

अपनी बुद्धि पर इस आक्रमण से मैं तिलमिला गया, "आदमी-आदमी में यह विभाजन यहाँ क्यों है ? हमने तो किसी भी देश में ऐसा नहीं सुना ?"

"तभी तो वहाँ आए दिन युद्ध, क़तल, लड़ाई, डकैती होती है। आप मुझे बताइए, वहाँ कोई सुख, कोई शान्ति है ?"

"सो तो यहाँ भी हो रहा है।" मैंने कहा।

"यही तो मैं कह रहा हूँ श्रीमान्, यहाँ यह सब कुछ क्यों हैं ? क्योंकि हम सब उससे दूर हो गए हैं। विदेशों में तो यह चीज़ है ही नहीं–उसकी अंधी नक़ल में हम भी उसी तरफ़ भाग रहे हैं। कोई नहीं जानता, कहाँ पहुँचेंगे, कहाँ मरेंगे ? बस, घिसटना, पीछे घिसटना।" अपनी आत्मा की सारी तिक्तता लाकर उन्होंने कहा।

हम लोग चुपचाप चलते रहे।

"कुछ भी हो, आखिर यूरोप वाले भी इस चीज़ को समझेंगे ही, जाएँगे कहाँ ?" उन्होंने गर्व और विश्वास से कहा।

मैं चुप रहा, प्रायः निरुत्तर भी। हम लोग घनी बस्तियों में आ गए। रोशनी हो रही थी और कुहरा मिट रहा था। नाले की पुलिया पर बैठे कुछ बुड्ढे चैस्टरों और अलवानों में ढके-दबे बड़े जोश में अपने-अपने राजनीतिक विचारों को व्यक्त कर रहे थे। हम मुख्य सड़क पर चलने लगे थे।

अचानक मैं चौंक गया। एक पतली-सी गली मकानों के बीच में चली गई थी, उसी में ज़रा भीतर जाकर सैकड़ों आदमी झुंड बनाए खड़े थे। हम लोग वहीं रुककर देखने लगे। भीड़ में जिन लोगों के मुँह दिखाई दे रहे थे, वे बड़े शरमाए और मुसकराते हुए थे।

"आइए सरन बाबू, ज़रा देखें, क्या है ?" मैंने ठिठककर कहा।

"अरे होगा क्या, कुछ चुनाव का प्रोपेगैंडा है–आजकल तो सभी पर यही चुनाव का चक्कर है।" उन्होंने लापरवाही से कहा। वह अधिक उत्सुक नहीं थे।

"नहीं, तब भी देखें न," मैंने कहा और गली में मुड़ गया। चादर लपेटे, जनेऊ कान पर चढ़ाए एक आदमी सामने के नल पर मिट्टी लगा-लगाकर हाथ धो रहा था। उसी से पूछा, "क्यों भई, क्या मामला है ?"

"कुछ नहीं जी, आज सुबह ही सुबह भंगिन जब झाड़ू लगा रही थी तो मन्दिर की दहलीज़ पर टाट में लिपटी हुई कोई चीज़ दिखाई दी। उसने समझा, कूड़ा-करकट होगा; झाड़ू मारी तो टाट खुल गया। देखा, एक बच्चा था।"

"बच्चा ?" चिहुँककर मेरे मुँह से निकल गया।

"हाँ, बच्चा, हाल का होगा या एक-दो दिन का होगा।" उसने कुछ दुःख प्रकट करके कहा, "जाड़े के मारे बेहोश-सा था। वह तो लोगों ने रूई से दूध पिलाया, कपड़े उढ़ाए, तब उसके गले से आवाज़ निकली।"

"अच्छा ! तब तो ज़रूर देखना चाहिए।" वहाँ से बढ़कर हम और सरन बाबू भीड़ में आ गए। हृदय में बड़ी उत्सुकता थी। आख़िर बच्चे को यहाँ कौन छोड़कर चला गया ! कैसा है !

भीड़ में झाँककर देखा, गोल घेरा-सा छोड़कर ज़मीन पर ही वह बच्चा लेटा था, नीचे टाट था। फिर एक सफ़ेद फटी धोती कई तह करके बिछाई हुई थी, उसी पर वह लेटा था, ऊपर से फटे कम्बल का टुकड़ा किसी ने उढ़ा दिया था। बच्चे का केवल

मुँह ही खुला था—छोटा-सा गोल-गोल लाल मुँह। सिर में बालों की जगह हलके रोएँ, छोटी-छोटी आँखें और नाक देखते ही एक अनजान प्यार दिल में उमड़ने लगा। अधखुली आँखों से संसार को देख रहा था वह मासूम, अबोध, अनजान शिशु ! भंगिन न देखती तो नन्ही-सी जान...चुपचाप मर जाता, लेकिन है कितना प्यारा ! अभी संसार की क्रूरता और विषमताओं की छाया उस पर नहीं पड़ी, संसार...एक गहरी साँस हृदय से उठने को हुई। तभी पास वाले सज्जन की चुभती वाणी से चौंक गया।

"किसी को अपने पाप की कमाई रखने की जगह कहाँ मिली है—मन्दिर का दरवाज़ा !" कुटिलता से हँसते हुए वह कह रहे थे, कोट और पाजामा पहने थे, मफ़लर में बँधा उनका मुँह बनमानुस की शक्ल की याद दिला रहा था।

इधर-उधर के वातावरण को देखा—मिश्रित भावनाओं का एक विचित्र वातावरण था। भीड़ में स्त्रियाँ, पुरुष, बच्चे, बूढ़े—सभी थे।

"हाय, कैसा खूबसूरत बालक है !" एक स्त्री ने दयार्द्र होकर कहा।

"कौन कमबख्त थी—यहाँ डाल गई ?"

"देखा अम्माँ, छोटी-छोटी आँखों से टुकर-टुकर देख रहा है !" एक पाँच-छः साल की लड़की ने कहा, "अम्माँ, इसे घर ले चलें, यहाँ क्यों पड़ा है ?" ललककर माँ की उँगली झटकते हुए उसने माँ के मुँह को देखा, "कौन लिटा गया है इसे यहाँ ?"

माँ ने हाथ झटककर झिड़क दिया,"चुप भी रह !" एक हलकी लाली उसके साँवले गालों पर झलककर छिप गई, उसे छिपाने के लिए वह और अधिक तन्मयता से उसे देखने लगी।

एक युवक ने दूसरे के कंधे पर हाथ मारा, "देख लो, यह तुम्हीं जैसे किसी लफ़ंगे की करतूत है—और क्या पता, तेरी ही हो !" अपने मज़ाक पर वह खुद ही दाँत निकालकर हँस पड़ा। दो-तीन श्रोताओं ने भी उसका साथ दिया।

जिससे कहा गया था, वह झेंपकर मुसकरा उठा, "चुप बे !" और वह अधिक व्यस्तता से बच्चे को देखने लगा, जैसे इस सबको सुनने की फुरसत नहीं है। लेकिन चोट कुलबुला रही थी, थोड़ी देर चुप रहकर बोला, "अबे साले, यह तो तुम्हीं जैसे किसी का करम है कि आनन्द लूटा और हाथ झाड़कर अलग हो गए—अब भुगतना है जिसे सो भुगते।"

सारे वातावरण में एक विचित्र रहस्य, सहानुभूति, दिल्लगी व कुतूहल व्याप्त हो गया था। एक व्यक्ति दूसरे की ओर देखता तो कुछ अजीब निगाह से, जैसे मज़ाक कर रहा हो। बिलकुल स्पष्ट था कि किसी विधवा या कुमारी के पाप का परिणाम है, जिसे समाज की नज़रों से बचाने के लिए उसने यहाँ छोड़ दिया है। लेकिन आख़िर उसका कलेजा कैसा होगा ? क्या उसका हृदय टुकड़े-टुकड़े होकर बाहर नहीं आ गया होगा ? आख़िर वह हिम्मत कैसे कर सकी ? पता नहीं, उस बेचारी पर क्या बीती होगी ? उसकी विवशता, धँसी हुई आँखों से सिसकती कराहों के पिघलते लावे, जैसे आँसू एक-एक बूँद करके टपकते दिखाई दिए और मैं इस कल्पना-चित्र से ऊपर से नीचे तक बिजली

के करेंट के झटके की तरह सिहर उठा। कोई सहानुभूति दिखा रहा था, कोई मज़ाक कर रहा था। वैसे सबके सामने यही प्रश्न था कि इस बच्चे का आख़िर होगा क्या ?

एक वृद्ध ने टोपी उतारकर अपने सफ़ेद बाल दूसरे को दिखाते हुए कहा,"सफ़ेद बाल हमारे हो गए—हमने तो अभी तक ऐसा अधर्म देखा नहीं।"

"हे भगवान्, अभी इन आँखों से न जाने क्या-क्या देखना और रह गया है !" दुख से विह्वल होकर दूसरे वृद्ध ने कहा।

"हमें तो राम अब उठा ले, बाबा ऐसा कलजुग तो देखा नहीं जाता," पहले वाले बोले, "आजकल तो जो न हो जाए सो ही थोड़ा है।"

भीड़ में अपना सिर छिपाकर किसी ने आवाज़ कसी, "बाबा, ये सब तुम्हारे ज़माने की ही तो बातें हैं, अभी हम लोगों का ज़माना आया कहाँ है ?"

बाबा नाराज़ हो गए और उस ओर ऐसे देखा जैसे नज़रों से ही इस बात को कहने वाले को भस्म कर देंगे, "अरे लौंडो, सब तुम्हारी करतूतें हैं।"

"अच्छा, यह बहस तो छोड़ो, अब यह बताओ, होगा क्या इसका ?" अधेड़-सी उम्र के एक व्यक्ति ने पूछा। अपने सिलेटी शॉल और कत्थई रंग के ऊनी कपड़ों में वह इस मुहल्ले का प्रमुख व्यक्ति मालूम होता था।

"अनाथालय वाले ले जाएँगे, ज्यादा हुआ तो पुलिस वाले ले जाएँगे।" एक ने उत्तर दिया।

तभी भीड़ के एक दूसरे सिरे से किसी ने मज़ाक-भरी आवाज़ में पुकारकर कहा, "सरन बाबू, तुम ले जाओ इसे। तुम्हारे कोई बाल-बच्चा भी नहीं है। पाल लेना इसे। बेचारे का उद्धार हो जाएगा।"

पास ही किसी ने प्रार्थना के स्वर में कहा, "हाँ, सरन बाबू, तुम्हीं ले लो न, अनाथालय वालों के पास पहुँच गया तो उल्टा-सीधा खाना देंगे और दयानंद का डंका बजवाते हुए दरवाज़े-दरवाज़े भीख मँगवाएँगे और क्या पता, बीच में ही मर जाए—उनके घर से क्या जाता है ? पुलिस वालों का भी क्या ठीक है—वे भी किसी अनाथालय में जाकर डाल आएँगे।"

सभी लोग आशा से उत्सुक होकर एकदम सरन बाबू की ओर ही देखने लगे। इस अप्रत्याशित प्रहार से सरन बाबू अचकचा उठे। झुँझलाकर कहा, "अच्छा मज़ाक है ! कोई बाल-बच्चा नहीं है तो सड़क से उठाकर डाल लूँ ? तुम भी लाला जी, क्या बातें करते हो ! अब इसकी जात का पता नहीं, पाँत का पता नहीं। मेरी बीवी तो घुसने भी नहीं देगी—किसका बच्चा उठा लाए !"

"हाँ, यह बात तो है।" गंभीरता से सोचते हुए बहुतों ने सिर गिरा लिए, "पता नहीं, किस जात का है !"

एक गाँव के-से धर्मप्राण आदमी ने पास वाली बुढ़िया को समझाया, "हाँ, ठीक कह रहे हैं बाबू जी। ज़रा-सा बच्चा—क्या पता लगे किस जात का है ? बोल सके नहीं, बता सके नहीं। माथे पर उसके लिखा नहीं कि फलाँ जात का है। भंगी, चमार ठाकुर,

बामन—पता नहीं, किस जात का है ! और कौन जाने, मुसलमान ही हो ! कोई कैसे ले ले ?" फिर बड़े निराश होकर वह वीतराग महाशय घर की ओर चल दिए।

"हाँ-हाँ, ठीक है।" बुढ़िया ने स्वगत-कथन करते हुए राय दी, "राँड थी कैसी ? यहाँ बीच सड़क पर डाल गई है। अरे सब अंधे हो जाएँ जवानी में—आगे देखें न पीछे। अब तो किसी की लिहाज़-शर्म रही ही नहीं।" अथाह दुःख उसके प्रत्येक शब्द में कराह रहा था।

प्रत्येक व्यक्ति इस बात को इस तरह ले रहा था, जैसे संसार में यह घटना बस पहली ही बार हुई है और कभी किसी भी व्यक्ति के जीवन में, कम-से-कम उसकी आँखों के सामने, ऐसी घटना हुई ही नहीं थी। और इस समय तो बस स्तब्ध रहने के अतिरिक्त वे कुछ कर ही नहीं सकते। बुड्ढे-बुढ़िया या कुछ और व्यक्ति भी भीड़ से ज़रा हटकर एक-दूसरे के अधिक से अधिक पास मुँह ले जाकर, धीमे-धीमे स्वर में बात को, इस सामने पड़े बच्चे से, अपने पास-पड़ोस के जान-पहचान वालों के घरों में ले गए थे—फलाने की बहू का अपने देवर से क्या सम्बन्ध है, ससुर से कैसे बेपर्दगी करती है, जेठ के सामने कैसे मुसकराती है। उसकी लड़की या बहन कैसे उस लड़के को देखकर हँस रही थी ! चिट्ठी की गोली बनाकर फेंकते अपनी आँखों से देखा—और भी न जाने कौन-कौन से जाने-अनजाने रहस्य। हालाँकि उनमें से हरेक बात कह लेने के बाद अपने घर की बात मन ही मन ज़रूर सोच लेता था।

"जात-पाँत से तुम्हें क्या है, सरन बाबू ? ले जाओ, अब इस बच्चे की क्या जात ?" एक सुधारवादी ने राय दी।

"वाह, यह अच्छी बात कही !" सरन बाबू चिढ़कर बोले, "किसी का पाप मैं क्यों घर ले जाता फिरूँ ? और जात-पाँत से होता कैसे नहीं है ? हम तो मानते हैं।"

"तो पता लगा लो न, किस जात का है ? है कोई टेस्ट ट्यूब ?" उस आदमी ने सरन बाबू को चुनौती दी, "सीधी-सी बात कही और बाबूजी उस पर ऐंठने लगे। अरे, हम ज्यादा बखेड़ा जानते ही नहीं। पाप हो या पुण्य, सीधी-सी बात जानते हैं—आदमी का बच्चा है, कैसा फूल-सा मुसकरा रहा है ! तुम जात और रख़ दो अभी से उसकी छाती पर !" शायद वह सरन बाबू से पहले परिचित नहीं थे।

"जात छाती पर नहीं रख दो, तो तुम क्यों नहीं ले जाते ?" रूई की फतोई और कंटोपेवाले अधेड़ उम्र के व्यक्ति ने सरन बाबू का पक्ष लिया।

"जी हाँ, छः बच्चे घर पर न होते और सौ की बजाय कुछ भी तनख्वाह ज्यादा होती तो मैं ले जाकर भी दिखा देता।" वह बोले।

तभी पास बैठी भंगिन ने ज़रा ललकार-भरे स्वर में कहा, "कोई नहीं ले जा रहा तो बाबू जी, मैं ले जाऊँ ? अपने मुहल्ले में दे दूँगी किसी को। कोई न कोई तो ले ही लेगा।" बात उसने खूब ऊँचे स्वर में सबको सुनाकर कही थी।

सब चुप थे, लेकिन इस बात को मन-ही-मन किसी ने स्वीकार नहीं किया कि इस बच्चे को भंगिन ले जाए। रंग खूब गोरा है। हो सकता है, किसी ऊँची जाति का हो !

भंगिन की इस बात का सभी एक स्वर से विरोध करना चाहते थे, लेकिन फिर ले कौन ?

सरन बाबू ने कुहनी का इशारा किया और धीरे से मुँह को इस तरह झटका कि चलो, वक्त बरबाद करना मूर्खता है। और वह मेरी प्रतीक्षा न करके स्वयं मुड़कर चल दिए। लाचार मुझे भी लौटना पड़ा।

भीड़ से अलग आकर उन्होंने भुनभुनाते हुए कहा, "हुँः मैं ही एक बेवक़ूफ़ मिला !"

मैंने कुछ नहीं कहा। मेरे भीतर एक विचित्र क्षोभ उमड़ पड़ा था। वाकई कितना मुश्किल प्रश्न है : एक बच्चा है लावारिस, बोल नहीं सकता, बता नहीं सकता—कैसे पता लग सकता है कि उसकी जाति क्या है ? मुझे सरन बाबू के सारे तर्क व्यर्थ लगे।

वह जगह आ गई जहाँ हम लोगों को अलग होना था। बीच में आई उस उत्तेजना को सरन बाबू दबाकर अब भरसक प्रकृतस्थ होने का प्रयत्न कर चुके थे। उनके मुँह पर ऐसा भाव था जैसे कुछ हुआ ही नहीं।

विदा होते हुए उन्होंने कहा, "अच्छा भई, फिर कल चलेंगे घूमने।"

थोड़ी दूर चलकर वह फिर लौटे। बोले, "और सुनो भई, इन जैक्सन-फैक्सन के चक्कर में मत आना—पिल्ला मैं ले जाऊँगा, समझे ?"

"अच्छा।" मैंने अन्यमनस्क होकर उत्तर दिया।

रोशनी कहाँ है ?

वाकई बिस्सो बाबू आज परेशान था। इतने विश्वास का परिणाम यह हुआ ! भूखे मरते उस सोभा को खिलाया-पिलाया, रखा, और अब यों धोखा देकर चला गया। हाथ में दूध का गिलास और ताली लिए जब वह आया तो दुकान के तख्ते तो लगे हुए थे, लेकिन छड़ बाहर नहीं थी—उसका माथा ठनका। वह बाहर छड़ और ताला खुद अपने हाथ से लगाकर गया या। रात मज़ा चखाने के विचार से ताला लगाकर घर आ सोया था। उसका दिल धक् से रह गया—पता नहीं आज क्या दुर्घटना उसकी प्रतीक्षा कर रही है ! उत्सुकता के मारे फटे जाते हृदय को दाबे, उसने जल्दी से दुकान के दो तख्तों को निकालकर बाहर एक ओर रख दिया। अभी तक मन में ही कहीं यह आशा थी कि हो सकता है, सोभा के हाथ कहीं से ताली पड़ गई हो और वह भीतर जा सोया हो—झाँककर देखा, कोई नहीं था। जब वह भीतर घुसा तो उसकी आँखों में अँधेरा इस तरह नाच रहा था, जैसे कुतुबमीनार से उसे किसी ने धकेल दिया हो ! रेस्तराँ की अलमारी की हर चीज़ इधर-उधर गड़बड़ पड़ी थी और चाय के पुड़े, दियासलाई के बंडल—सभी कुछ ग़ायब थे। चूहों के डर से जिन अमृतबानों को वह फूटे शीशे वाले शो केस में बंद कर गया था, उनमें न तो डबल रोटी थी, न केक-पेस्ट्री, न बन। गिलास उसने एक ओर रख दिया, जैसे हाँफते हुए हताश भाव से इधर-उधर देखकर वह बड़बड़ा उठा, "सफ़ाया कर गया सारी दुकान का।"

जैसे-तैसे बैंच पर बैठकर उसने एक बार सूनी आँखों से अपने उस दुकाननुमा रेस्तराँ में लगाई अँगीठी को देखा, काउण्टर को देखा, खुली अलमारी के धुएँ और गन्दगी से काले दोनों पटों को देखा, ख़ाली खानों को देखा। धूल से अटे शो केस पर तीनों ख़ाली अमृतबान, गाँधी जी के बन्दरों की तरह रखे थे—और वह कुछ सोच नहीं पाया। सोडावाटर की गैस के ज़ोर से बोतल के मुँह में आ फँसने वाली गोली की तरह एक बड़ा-सा गोला न जाने कहाँ से उठकर उसकी छाती में आ फँसा। हर आदमी उसके विश्वासों को नोचकर फेंकने के लिए ही पैदा हुआ है ? कोई नहीं चाहता कि उसकी कोमल भावनाओं को एक क्षण भी सुरक्षित स्थान मिले ? आख़िर ये सब लोग चाहते क्या हैं ? क्या चाहते हैं ये लोग ?

रास्ते भर वह अन्ना को गालियाँ देता आया था, कोसता आया था। ज़रा भी समझना नहीं चाहती, इतनी देर रोक लिया, पता नहीं कितने आदमी लौट गए होंगे !

लेकिन इस क्रोध के भीतर एक दृश्य बिजली की कौंध की तरह रह-रहकर चमक उठता था, और उस दृश्य की हर चमक पर उसे ऐसा लगता जैसे कोई बड़ी निर्दयता से उसकी छाती में छुरा घोंप देता हो। वह क्रोध के कृत्रिम आवरण के नीचे उसे दबाने की कोशिश करता। एक तो यह दुकान ही ऐसे कोने में है कि नया आदमी देख ही न पाए, फिर बँधे-बँधाए उसके ग्राहक। आख़िर वह ज़रा-सी बात क्यों नहीं सोच पाती ? क्यों आज वह ज़िद कर बैठी ? ज़रा भी तो सब्र नहीं होता था। ख़ास-ख़ास आदमी सब इस समय तक लौट गए होंगे और इस समय वह ज्वार, एक उफान बनकर उसकी छाती में घुटने लगा, घोंटने लगा।

वह बैठा रहा। उस उफान और उबाल के बावजूद उसके मन में कहीं कोई चीज़ थी जो स्थिर और अलिप्त थी—एक सहज विवेक, जो कह रहा था: जो हो गया सो हो गया—अब उठो, देर हो रही है। अँगीठी जलाओ, झाड़ू-बुहारी करो, यों हताश बैठने से तो जो हो गया, लौटा नहीं आता। जैसे इस ज्ञान को झुठलाने को ही वह और भी ज़ोर से ज़िद किए बैठा रहा। नहीं, मैं नहीं उठूँगा—यों ही बैठा रहूँगा; यों ही रात तक ! अब यह मज़ाक बहुत अधिक नहीं चलेगा...

"अमाँ, बिस्सो बाबू, ये क्या नमाज़-सी पढ़ रहे हो उधर अलमारी की तरफ मुँह करके ? आज सोते ही रह गए ? बहुत प्यार किया क्या भाभी ने ? ये तीसरी बार आया है निगम हुज़ूर की दरगाह में।" निगम ने बीड़ी का आख़िरी कश खींचा, झटके से उसे वहीं नाली में फेंका और दुकान में घुसते हुए बोला, "सब लौट गए एक-एक बार, और यार, तुम हो बड़े लापरवाह आदमी। दुकान यों खुली छोड़ गए, अभी आकर मैंने देखा। भाई मेरे, ज़माने अब वो नहीं रह गए। एक तो निकलकर अब आए और अभी भी ऊँघ रहे हो। रात भर जागे थे क्या ? अब उठो, भले आदमी की तरह अँगीठी-वँगीठी जलाओ।"

एकदम बिस्सो के हृदय में बड़ी प्रबल इच्छा हुई कि अपनी सारी शक्ति से इस कमीने की पीठ पर एक दुहत्थड़ दे—धकेलकर बाहर निकाल दे उसे। और उछल-उछलकर नाचे, बड़े आए हमारी भलाई देखने वाले ! बैठे-बिठाए यहाँ पच्चीस-तीस का नुकसान हो गया। अब यह रूपए कहाँ से आएँगे ? अभी थोड़ी देर में चायवाला गाड़ी लेकर आएगा, दियासलाई वाला आएगा। सबसे ऊपर ज़रा-से ढाई आने के दूध के लिए वह जो व्यवहार अन्ना से कर आया है, वह जैसे अनजाने रूप से हर क्षण उसकी साँस घोट रहा है। चाहे जो कुछ हो, उसे अमल के लिए दूध पहुँचाना ही है। आज वह काम नहीं करेगा।

"आदमी तुम निहायत ही सुस्त हो भाई, ऐसे कहीं कोई काम चलता है ! आज ऐसी ख़ास बात क्या है, रात को जो नम्बर लगा आए थे फीचर में, वो आया नहीं, क्यों ?" निगम ने उसके कंधे पर हाथ मारकर कहा, "यार मेरे, ऐसी-ऐसी बातों पर सोचोगे तो हो गया !"

बिना निगम की इन बातों की प्रतिक्रिया दिखाए भीतर-ही-भीतर खौलता हुआ

बिस्सो बाबू धीरे से उठा। मरी चिड़िया के पंखों-से खुले अलमारी के दोनों किवाड़ बन्द कर दिए। एक-एक तख़्ता उठाकर भीतर एक ओर लगा दिया। कल तक इसमें ऊपर तक दियासलाइयाँ, मोमबत्तियाँ, सिगरेट के डिब्बे, चाय के पैकेट रखे थे, आज वह ख़ाली थी। शे-केस को सामने वाली दीवार पर अलमारी के ऊपर टाँगा। एक के ऊपर एक रख मूढ़े और कुर्सियाँ मेज़ के तीनों तरफ़ लगा दीं–दीवार की तरफ़ लगी बैंच को साफ़ कर दिया। निगम चुपचाप बाहर आकर सिगरेट पीने लगा। जब आले में उसे सिगरेट का पैकेट दीख गया तो हाथ बढ़ाकर उसे उठाया और बाहर छजली पर इस तरह आ गया, जैसे दूकान ठीक करने से उड़ने वाले धूल-धक्कड़ से परेशान होकर बचने को आ गया हो–लेकिन उस पैकेट में एक ही सिगरेट थी। अत्यन्त गहन चिन्तन की मुद्रा में, दोनों हाथों को पाजामेनुमा पतलून की जेबों में ठूँसे, सिर झुकाए वह छजली पर घूमता रहा।

रद्दी क़ागज की सहायता से बिस्सो बाबू ने अँगीठी सुलगा ली थी। उसमें से खूब धुआँ निकलने लगा था। अँगीठी सुलगती रही और वह मेज़-कुर्सी की धूल झाड़ता रहा। फिर वह टीन के टुकड़े से फटाफट अँगीठी धौंकने लगा। जब धूल और धुआँ दोनों कम हो गए तो निगम पुनः नमूदार हुआ।

"अमाँ बिस्सो बाबू, आज तुम्हारा सोभा नहीं दिखाई दे रहा ? न हो तो निगम ही लपककर ले आये दूध–कहाँ है गिलास ?" निगम बैठ गया।

"सोभा साला भाग गया !" पानी भर लाने के लिए नीचे झुककर बाल्टी उठाते हुए बिस्सो बाबू ने कहा।

"भाग गया ? कुछ ले तो नहीं गया ?" निगम ने चौंककर पूछा।

"जब भागना ही है तो कोई चीज़ छोड़े ही क्यों ?" खिसियानी-सी हँसी बिस्सो के स्वर में झनक उठी, "निगम सा'ब, उसने कोई चीज़ नहीं छोड़ी। अभी तो आकर मैंने देखा है।"

"ऐं !" निगम ज़रा उत्तेजित हुआ, "और तुम यों ही बैठे हो चुपचाप !"

"तो क्या सारे बाज़ार में गाता फिरूँ ?" एकदम बिस्सो के दिमाग़ में आया, कहीं यही महाशय तो सुबह सफ़ाया नहीं कर ले गए ! वर्ना उन्हें क्या मालूम कि दुकान खुली है ? वह बाल्टी लेकर पानी भरने जाते हुए एकदम रुक गया, मुड़कर देखा।

"पुलिस में रिपोर्ट करो, अपने आप बँधा-बँधा फिरेगा।"

"हुँह, ले गया होगा मुश्किल से बीस-पच्चीस की चीजें और पुलिस वाले पचास रुपये झटक लेंगे।" और वह बिना उत्तर की राह देखे नल से पानी भर लाने चला गया। नहीं, निगम नहीं कर सकता। जब से 109 में पकड़ा गया है तब से रात में निकलता ही नहीं है। दिनदहाड़े ले जाने की हिम्मत नहीं है।

नियमानुसार निगम ने चीनी के डिब्बे से दो फंकियाँ लगाईं और मुँह पोंछते हुए अपनी जगह इस तरह आ बैठा जैसे कुछ हुआ ही नहीं। बाल्टी लाकर बिस्सो बाबू ने केतली चढ़ा दी और दूध का नीचे रखा हुआ गिलास उठाकर खुद दूध लेने चला।

"अरे, तुम क्यों जा रहे हो, लाओ, इधर लाओ।" निगम ने उसी तरह बिना ज़रा भी उठने की इच्छा दिखाए हुए या हिले-डुले सिगरेट फूँकते हुए कहा। फिर एकदम विषय बदलकर बोला, "सोभा भाग गया, अरे बिस्सो बाबू, निगम जो कह दे उसे पत्थर की लकीर समझना। निगम तो पहले कह सकता था कि वह रहने वाला आदमी था ही नहीं। लाओ, लाओ न !"

"नहीं निगम साहब, तुम आधा पीकर इसमें पानी भर लाओगे, और इसी दूध की वजह से सुबह ही सुबह आज बीवी से लड़ाई हो गई।" बिस्सो के स्वर में कड़वाहट थी। कुछ सोचता-सा वह उतरकर चला गया।

"तुम भी यार उस बेचारी से हर समय लड़ते रहते हो।" उसकी पीठ को सुनाकर निगम ने कहा और मुँह से धुआँ निकालते हुए फिर एक बार चीनी के डिब्बे की ओर देखा। बिस्सो बाबू की बात का उसके ऊपर कोई असर नहीं पड़ा था।

तभी काठ की सीढ़ी पर पाँव रखा जसवंत ने।

"हलो-हलो, जसवंत बाबू, निगम साहब तुम्हारी कितनी देर से राह देख रहे हैं, आओ।" सामने से आते जसवंत की बगल से सिगरेट का टोंटा फेंकते हुए दोनों हाथ फैलाकर निगम ने उसका स्वागत किया।

"हाँ यार, ज़रा देर हो गई।"

"तुमने तो कह दिया, देर हो गई और निगम साहब तुम्हारे इंतज़ार में सूख-सूखकर हाथी रह गए।" निगम पूर्ववत् बैठ गया, फिर ज़रा धीरे से बोला, "कोई केक-बेक रखा हो तो देखियो, एकाध निगाह से चूक गया हो, उस सोभा से।"

"आज तो कुछ भी नहीं है।" इधर-उधर झाँककर जसवंत ने हाथ का पंजा नकारात्मक ढंग से हिलाया, "सब अमृतवान भी खाली हैं, दुकान कुछ खाली-खाली-सी लगती है।" फिर हाथ की दो फटी-फटाई-सी किताबें ज़ोर से मेज़ पर पटककर धम् से लोहे के मूढ़े पर बैठ गया।

"आज तो यार, बिस्सो बाबू की हज़ामत सोभा कर गया, ऐसी झाड़ू लगाई है कि कुछ नहीं छोड़ा।" निगम बोला, फिर दूध लेकर आते बिस्सो को सुनाकर कहा, "कुछ हो यार, यह बिस्सो है सीधा आदमी।"

"जी हाँ, बिस्सो बाबू सीधा तो है ही, तीस-तीस रुपये की चाय जो उधार कर चुका है न ! साफ़ सुन लो निगम साहब, और जसवंत बाबू तुम भी, एक बूँद चाय की नहीं दूँगा, आज।" बिस्सो अपनी टूटी मेज़ के काउण्टर पर आ खड़ा हुआ। पास ही चढ़ी केतली में पुड़िया से निकालकर चाय डालने लगा।

"अमाँ बिस्सो बाबू, आर्टिस्ट लोगों से जब तुम यों दिल फटने की बातें करते हो तो ईमान से हलफ़ उठाकर कहता हूँ कि खुदकशी कर लेने को जी चाहता है। अरे, एक प्रोग्राम लगने दो कहीं, निगम तो सब चुका देगा। सब एक साथ। अब तुम्हारा एक साला शहर भी तो ऐसा है, साले में एक रेडियो स्टेशन भी तो नहीं है। फिर भी यह याद रखो, निगम किसी का अहसान नहीं रखता।" निगम अत्यन्त ही बेबाक़ी से

बोला। उसने जसवंत को आँख मारी।

"नहीं बिस्सो बाबू, तुम दो चाय दो, मैं दूँगा तुम्हें सारे पैसे।" जसवंत ने कहा।

"नक़द ?" बिस्सो बाबू ने घूरा।

"जी, बिलकुल नकद, लो पेशगी।" और उसने जेब से चवन्नी निकालकर बड़े अन्दाज़ से उसकी ओर फेंक दी। फिर उस ओर से ऐसे आँख फेर ली जैसे बैरे को टिप दे दी हो।

"अच्छा।" इतनी देर बाद बिस्सो मुसकराया, "आज तो गहरे में हो, कहाँ हाथ मारा ? किसी की साइकिल उड़ा दी या किसी का हिस्सा मिला ?"

"सब तुम्हारी ही तरह हैं न। अरे लाख बेकार हों, कुछ न कुछ करते ही हैं। ट्यूशन के मिले हैं। जाते हैं एक जगह सितार सिखाने–हफ्ते में दो बार।" रौब से जसवंत ने कहा और कमीज़ से अपना चश्मा पोंछने लगा।

"तब तो दोस्त, अपने हिसाब में भी कुछ दिला दो। पैंतीस हैं, पाँच ही सही। कसम से, बड़ी ज़रूरत में हूँ। एक वो रखा था सोभा को सीधा-सादा समझकर, सो साला सब चौपट कर गया।" बिस्सो के स्वर में प्रार्थना आ गई। चाय तैयार करके दो कप उनके सामने रखते हुए कहा। एक गिलास अपने लिए उसने नहीं बनाई। मन में बड़ी कड़वाहट थी, इच्छा ही नहीं हुई।

"इस वक्त नहीं; दे दूँगा बिस्सो बाबू, जल्दी ही।"

"तुम्हारी जल्दी को तीन महीने तो हो गए !" वह मुरझा गया।

जसवंत और निगम एक-दूसरे की आँखों में देखते हुए चाय पीने लगे। दोनों प्लेट में ढाल-ढालकर पीते रहे। बिस्सो चुपचाप खड़ा सोचता रहा, उसने फिर कुछ नहीं कहा, चवन्नी कान में लगा ली। कहीं दूर देखता रहा। लोगों के लिए जीवन आशीर्वाद बनकर आता है, उसके लिए तो जैसे विषैले धुएँ के बादल की तरह घिर उठा है। कितने दिन हो गए उसे, जब से वह बीते हुए कल और आज के बीच की मशीन बनकर रह गया है। आज वह व्यर्थ ही अन्ना से बुरी तरह पेश आया। पता नहीं, क्यों उसे इतनी जल्दी क्रोध आ जाता है ! ज़रा वह अपने को दबा नहीं सकता। ज़िन्दगी में आज के अपराध को वह कभी नहीं भुला सकेगा...कभी नहीं। पता नहीं, कहाँ लगी होगी ! धकेल दिया...क्रूर...नीच...। अमल को जाने कहाँ लगी होगी ! वह मुझसे ग़लत क्या कह रही थी आख़िर ? वह भी बेचारी कब तक चुप रहे ? इस अँधेरे का तो शायद छोर नहीं, कोई सिरा–कोई अन्त नहीं। वह आने वाले कल के उजाले के लिए कसमसाती है, तड़पती है, और जब कोई आशा नहीं देखती तो चीख उठती है। और वह इस इच्छा को दबा देता है, कुचल देता है। पता नहीं यह रोशनी कहाँ है ? कौन हिरण्यकशिपु उसे धरती की तरह ले गया है–हिरण्यकशिपु...और बैठे-ठाले यह सोभा आ मरा...

"अरे भाई, ये सारी बातें फिर कभी सोच लेना। कब से हम तुम्हें सिगरेट दे रहे हैं बिस्सो बाबू ?" जसवन्त ने कहा तो वह चौंका, उसके हाथ से सिगरेट ले ली। देखकर बोला, 'ओहो, कैप्सटन है ! यार, आज तो मामला कुछ ऊँचा है, तुम चाहे बताओ

मत।" कागज के एक टुकड़े को अँगीठी में लगाकर उसने सिगरेट जलाई। कश खींचकर बोला, "आज तो यार, अपनी किस्मत खुल गई, मास्टर जसवंत ने सिगरेट पिलाई है।" हाथ हिलाकर उसने जलता कागज बुझाकर फेंक दिया।

"अच्छा बिस्सो बाबू, अब चले, थोड़ी देर में आएँगे।" जसवन्त और निगम सिगरेट फूँकते चले गए। बिस्सो अपनी कापी उठाकर देखने लगा जो 'उधार-उधार' से भर गई थी।

तभी रेस्तराँ में झाँकता हुआ किशोरी सड़क से जाता दिखाई दिया।

"अरे किशोरी भाई, सुनो तो, तुम्हें देखे तो बरसों हो गए।" चौंककर बिस्सो ने पुकारा।

किशोरी ने भीतर प्रवेश किया, वह जैसे किसी को खोज रहा था। घुसते ही बोला, "बिस्सो बाबू, जसवंत कहाँ है ?"

"जसवंत ? जसवंत से तुम्हारा क्या ? अभी तो गया है। तुम हमारा एक काम करो यार, ये लो चवन्नी और ये गिलास, चवन्नी का दूध ज़रा हमारे घर दे आओ।"

"दूध तो मैं दे आऊँगा, तुम यह बताओ, जसवंत तो नहीं लाया कुछ यहाँ ?" उसने घबराकर पूछा।

"कुछ ? कुछ क्या ? वह तो किताबें लेकर आया था, सो चला गया।" उसने चवन्नी को गिलास में डालकर उसकी ओर बढ़ाते हुए कहा।

"यह अच्छा रहा। वह मेरा यार मुझे एक अण्डी की चादर दिलाने वाला था, निगम और वो कल मुझसे रुपये लाए हैं।"

"हैं !" बिस्सो बाबू ने उसे देखा और ज़ोर से हँस पड़ा, "तो दोस्त, तुम फँसे, तभी तो मैं सोच रहा था कि ये रुपये आए कहाँ से ! चाय के पैसे उसने ज़िन्दगी में कभी दिए नहीं, कैप्सटन सिगरेट... !" उसने उँगलियों के बीच में दबी सिगरेट दिखाई और धुआँ निगलकर बोला, "जाओ, हाथ धो लो उन रुपयों से।"

किशोरी की आँखें फटी रह गईं और वह रुआँसा हो आया, "मुझे कुल तीस रुपये महीने भर में मिलते हैं। उस निगम ने कहा था कि बहुत बढ़िया चादर है। बस, ज़रा इस्तेमाल की हुई है। जसवंत के पास है, दस रुपये में दिला दूँगा। चादर उसने दिखाई भी थी।"

"वह चादर भी उड़ा लाया होगा कहीं से।" बिस्सो बोला, "अच्छा, ज़रा ठहर, अभी जसवंत आता होगा तब पूछूँगा तेरे सामने ही।"

कृतज्ञता के बोझ से दबा हुआ किशोरी गिलास लेकर चला गया। चवन्नी देते हुए एक बार बिस्सो का हाथ काँपा, क्या पता दूध भी यह घर देकर आएगा या नहीं। उसे एक क्षण को लगा जैसे इस युग में, समाज में वह एक विचित्र तरह का आदमी है, जो अपने आपको हर जगह अनफ़िट पाता है, जो आउट ऑफ डेट है—इन सबके बीच में एक अपरिचित। हर आदमी सिर्फ़ अपनी ही बात सोचता है, एक इंच दूसरे की नहीं सोचना चाहता। वही क्यों दूसरों की बातें सोचता है ? क्यों उसके भीतर यह कमज़ोरी

है कि वह आदर्श और नैतिकता जैसी चीज़ों को छाती से चिपकाए हुए है ? आखिर यह बुराई और भलाई, आदर्श और नैतिकता सब साक्षेप चीज़ें ही तो हैं—सब चीज़ें अपने ही लिए तो हैं।

और वह अनमना-सा अपना काम करता रहा। शर्मा जी आए, रेखा और नीलाम्बर आए, कपूर और गोस्वामी आए। सुबह के हर ग्राहक ने जब कुछ खाने की चीज़ें माँगी तो उसने अत्यन्त ही मरे स्वर से मना कर दिया कि ये सब चीज़ें खत्म हो गई हैं और दे जाने वाला अभी आया ही नहीं है। वह उलटी-सीधी बातें सोचता रहा, घर की बात, किशोरी की बात, अपने आस-पास की बात। कभी-कभी आने वालों की कोई बात उसके ध्यान को भंग कर देती, फिर वह अपने में डूब जाता, नहीं तो मशीन की तरह काम किए जाता।

जसवंत चुपचाप आकर बैठ गया।

"देखो जसवंत, तुम्हारी यह हरकत निहायत ही ख़राब है। तुम्हें कोई और नहीं मिला ? तुमने उस बेचारे किशोरी को दस रुपये से मार दिया। मैं यार, तुमसे इसीलिए डरता हूँ। आज का दिन खाली नहीं जाने दिया न।"

"मैंने ? कौन कहता है ?" जसवंत तेजी से बोला, "मैंने उससे कुछ भी नहीं लिया, मुझे पता भी नहीं। कुछ कहने के पहले पता लगा लिया करो, बिस्सो बाबू।"

"किशोरी खुद कह रहा था। तुमने कोई चादर देने का वायदा किया था—निगम ने और तुमने।"

"हाँ, चादर देने का वायदा किया था निगम ने, उसे ही मालूम होगा। रुपये उसी ने लिए होंगे—वह साला बदमाश ! मुझे उससे क्या !" जसवंत उठकर खड़ा हो गया।

"तुमने नहीं लिए ?" बिस्सो ने ज़रा तेज़ पड़कर पूछा।

"नहीं।" दृढ़ता से वह बोला, "तुम साबित करो।" फिर लापरवाही से कहा, "लिए होंगे तो उस निगम ने लिए होंगे, चादर तो मेरे पास रखी है, रुपये कहाँ से ले लेता ?"

"निगम कहाँ है ?" बिस्सो ने दरोगा की तरह पड़ताल की। वह उसके सामने आ बैठा।

"मुझे नहीं मालूम, मेरे सामने तो चौराहे से पान खाकर चला गया था।" जसवंत बैंच और मेज़ के बीच से तिरछा होकर निकलने लगा।

"ख़ैर, पता तो लग ही जाएगा जसवंत बाबू, लेकिन कहे देता हूँ—ऐसी कोई बात हुई तो दुकान में फटकने नहीं दूँगा।"

जसवंत ने कोई उत्तर नहीं दिया, उसकी भवें तन गईं। चुपचाप उतर गया—केवल एक बार उपेक्षा से मुँह हिलाकर। बिस्सो जानता था कि वह कहीं नहीं जाएगा, अभी घूम-फिरकर अधिक से अधिक आध घंटे में आ जाएगा। यही उसकी आदत थी।

निगम को उसने दरवाज़े पर देखते ही कहा, "निगम साहब, रुपये दिलवाओ। यार, ग़रीब-अमीर तो सोचा करो। किशोरी को तीस रुपये कुल तनख्वाह मिलती है, उसमें

से दस तुमने झटक लिए।"

अपनी बैंच को लक्ष्य करके चला जाता निगम एकदम चौंककर पलटा, "रुपये ?"

"बनो मत निगम साहब !" बिस्सो ने सिर हिलाया।

"कैसे किशोरी के रुपये ? निगम को क्या मालूम ?" निगम बड़े ठाठ से बैठ गया।

"उड़ो मत, उड़ो मत निगम साहब, मुझे सब मालूम है।" निगम के हाथ से बीड़ी लेकर खुद पीते हुए उसने कहा।

"बिस्सो बाबू, तुमने कुछ नशा तो नहीं कर लिया ? सुबह से कुछ अजब बहकी-बहकी बातें कर रहे हो। आज यह चक्कर क्या है ? तुम खुद सोचो, खरीददार किशोरी, चीज़ जसवंत की, फिर उस दाल-भात में मूसरचंद निगम कहाँ से आ मरा ?"

"ये सब बातें तो यार, उससे कहना जो तुम्हें जानता नहीं। तुमने सौदा पटवाया तो तुम्हारा हिस्सा न हो, यह मैं किसी हालत में नहीं मान सकता। जसवंत खुद कह रहा था।" बिस्सो बाबू ने एक तरह से प्रार्थना की, "दे दो यार, क्यों तंग कर रहे हो बेचारे को ?"

"जसवंत खुद कह रहा था ?" निगम का ढीला-ढाला शरीर एकदम तनकर बैठ गया, "साला जसवंत, बदमाश। अब साफ़ बता दूँ तुम्हें, खुद हरामज़ादा सब रुपये लिए बैठा है, दूसरों पर इलज़ाम लगाता है सुअर ! निगम खुद उससे रुपये लेने को भटक रहा है। निगम से पूछो उसकी पोल, दसियों साइकिलें इधर-से-उधर कर चुका है, वर्ना ये नक्शे सब चलते कहाँ से हैं !"

"तो तुम्हें नहीं मालूम ?" बड़े आश्चर्य से बिस्सो ने पूछा। वह चकित था, "मुझसे तो भाई, जसवंत ने ही कहा है।"

"यों कहने से कुछ नहीं होता, निगम के सामने पुछवाओ, मुँह पर। बाद में तो राजा के बारे में भी लोग उड़ाते हैं। कोई ज़बान तो रोकता नहीं है किसी की।" निगम कड़का।

"मुँह पर पुछवा दूँ, अगर बात सच हुई तो क्या जुर्माना दोगे ?" बिस्सो ने भी तेज़ी से कहा।

"जुर्माना ?" निगम ज़रा ढीला पड़ गया, "जो तुम्हारे मन आए सो करना। हाँ, उसके चाय-सिगरेट का गुनहगार तो निगम ज़रूर है, उसे हिस्सा समझ लो या कुछ और।"

"तो फिर इतना तेज क्यों पड़ते हो, अभी सब पता चला जाता है। जसवंत आ ही रहा होगा। तुम्हें तो पता होगा ही, कहाँ गया है ?"

"निगम से मतलब ? चौराहे के बाद पता नहीं किधर निकल गया। निगम लगा फिरता है उस लफंगे के साथ। जिधर मुँह उठा, चल दिया। अपना धन्धा-पानी करने गया होगा। बैंक या राशनिंग दफ्तर में।" निगम बोला, फिर दाँतों से नाखून कुतरते हुए बड़बड़ाया, "इस तरह से बदनाम करेगा तो निगम साले से बात नहीं करेगा आगे से।"

"तुम क़सम से कहते हो ?" बिस्सो ने फिर पूछा।

"निगम के हाथ में यह अग्नि है।" उसने बीड़ी दिखाई और उसका गुल झाड़ दिया। दोनों टाँगों को उठाकर उसने मेज़ पर फैला दिया, और पीछे पीठ टिकाकर अधखुली आँखों से बीड़ी फूँकने लगा, जैसे इन सब तुच्छ बातों से उसे कोई मतलब नहीं है।

"यार, तुम लोगों ने उस गरीब को मार डाला।" बिस्सो ने परेशानी से कहा, "अरे, ऐसे लोगों पर तो दया कर दिया करो।"

निगम फिर तड़पकर उठा झटके से, "यार बिस्सो, यही तो तुममें सबसे बुरी आदत है। किसी का विश्वास नहीं करते। निगम ज़बान से ही तो कह सकता है, सिर काटकर तो रख नहीं सकता। इससे ज़्यादा निगम क्या अपनी जान निकालकर रख दे—बैठा है, आने दो जसवंत को भी, अभी मुकाबला हुआ जाता है।" वह फिर अपनी पहली वाली स्थिति में हो गया, और स्वकथन के रूप में बोला, "लुच्चे, साले, बदनामी करते फिरते हैं। किसी भले आदमी को रहने नहीं देंगे दुनिया में।"

बिस्सो चुपचाप बैठा रहा। फिर अपनी अलग बीड़ी अँगीठी से जलाकर दरवाज़े पर खड़ा होकर सड़क को देखने लगा। भूरेलाल कंघे और कैंची फटकारते हुए किसी के बाल बना रहे थे। कैंची और ज़बान साथ, समान गति से चल रही थीं। कभी-कभी कैंची को पिछड़ना पड़ता था और हाथ रोककर वे अपनी बात सुनाने लगते थे। वहीं खड़े-खड़े उसने कहा, "अच्छा निगम साहब, एक काम करो, दुकान बन्द करने वाले उन तख़्तों के पीछे चले जाओ। जसवंत आ रहा है। मैं तुम्हारे सामने कहलाए देता हूँ।"

"निगम क्या किसी से डरता है ?" और निगम सचमुच एक ओर रखे दुकान बन्द करने वाले तख़्तों के पीछे जा बैठा।

"अबे, वहाँ तो बीड़ी मँत पी, धुएँ से समझ जाएगा।" बिस्सो ने धीमे से घुड़का।

निगम ने बीड़ी घिसकर बुझा दी।

जसवंत को देखकर बिस्सो ने कहा, "कहो जसवंत बाबू, कहाँ की विज़िट दे आए ?"

जसवंत सिर झुकाए सुस्त और उदास चला आ रहा था, "विज़िट को कहाँ विलायत जाना था, वही रोड इन्स्पेक्टरी कर आए, सड़कों को नापना।" निराश स्वर में जसवंत ने कहा और उसकी बगल से निकलकर भीतर आ बैठा। बिस्सो दरवाज़े पर ही खड़ा था। भीतर की तरफ मुड़ आया। जसवंत ने एकदम से सिर झटके से उठाकर कहा, "बिस्सो, एक कप चाय नहीं पिलाओगे ?"

"भाई, कुछ तो रहम करो मुझ पर। आख़िर मैं भी तो कहीं से खाऊँगा ही। तुम्हें मिलेगी पहली तनख़ा, तो मुझे पकड़ा नहीं दोगे।" फिर एकदम विषय बदलकर बोला, "किशोरी बेचारे को तुमने पीस डाला न ?"

"मैंने ?" जसवंत तन गया, "सहने की अब हद हो गई है, बिस्सो बाबू ! आखिर तुम मेरे पीछे क्यों पड़े हो ? तुम्हारी ही एक दुकान ज़रा बैठने की जगह है सो कहो यहाँ भी न आया करूँ। रुपये निगम डकार गया, खींचातानी मुफ्त में मेरी हो रही है।"

"यार, अज़ब उलझन है। निगम कहता है, रुपये तुम ले गए, तुम कहते हो निगम। रुपये आख़िर क्या फ़रिश्ते ले गए ?" बिस्सो सिर खुजलाने लगा।

"फ़रिश्ते नहीं, बिस्सो बाबू, रुपये ले गया है वह। जिसने किशोरी से लिए हैं," जसवंत बोला—"निगम, निगम, निगम। मैं उसके मुँह पर कहूँगा। बदमाश, साले, रैस्कल, डफ़..."

"निगम साहब का आदाबअर्ज़ लीजिए, जसवंत बाबू !" बड़े लखनवी ढंग से छाती के पास पंजा हिलाकर सलाम करते हुए चतुरता से मुस्कराता निगम तभी तख़्तों के पीछे से बाहर निकल आया, जैसे डिब्बा खोलते ही स्प्रिंग के सहारे दाढ़ीवाले बुड्ढे का खिलौना निकल आता है।

जसवंत एकदम फ़क रह गया। उसका मुँह खुला और आँखें जैसे फटी रह गईं। सारी तेज़ी खत्म हो गई। फिर एकदम सँभलकर बोला, "तो जनाब यों छिपे हैं। ये मेरे पीछे क्या पुछल्ला लगा दिया यार, साफ़ क्यों नहीं कह देते कि पाँच रुपये गटक गए हो।"

"अभी तो बिल्कुल मुकर गए थे, अब पाँच पर आ गए।" निगम अपने पेटेण्ट स्थान बैंच पर आ जमा। विजेता की मुस्कान से उसका चेहरा खिला था।

बिस्सो आश्चर्य से दोनों के चेहरों की ओर देख रहा था। वह कल्पना कर रहा था कि दोनों में अब कुश्तमकुश्ता होगी। अब इस नाटक को देखकर बुरी तरह खिलखिलाकर हँस पड़ा, "अभी तो दोनों एक-दूसरे को बुरी तरह गालियाँ दे रहे थे, क़समें खा रहे थे और अब मिलते ही मान गए कि उस बेचारे से छीनकर आधा-आधा खा गए हो।" फिर हँसना बंद करके बोला, "मैं तुम्हारी दोनों की नस-नस जानता हूँ। लाओ, निकालो सारे पैसे बाएँ हाथ से। और जसवंत बाबू, वो चदरा किसका था जिसका सौदा हुआ था ?"

दोनों ने हारे हुए जुआरियों की तरह कुछ नोट और पैसे निकालकर मेज़ पर रख दिए। बिस्सो गिनने लगा।

"अब छोड़ो भाई, यह क़िस्सा खत्म कर दो।" झेंपते हुए खुशामद के स्वर में जसवंत ने कहा और दोनों ने दो तरफ मुँह फेर लिया। एक बार आँखें मिलीं, लेकिन हँस दोनों में से कोई नहीं सका। बिस्सो गिनता रहा।

"लेकिन ये तो साढ़े नौ ही हैं ?" बिस्सो ने गिना, सिर उठाकर पूछा।

"तुम्हारे यहाँ चाय पी ली, सिगरेट और पान खा लिए। अभी ही तो लिए हैं।" जसवंत के स्वर में क्षमा-याचना ध्वनित हो रही थी।

"अच्छा ख़ैर, लेकिन दोस्त, घरवालों को निशाना मत बनाया करो।" और उसने पैसे स्वेटर के नीचे जेब में डाल लिए। अँगीठी के पास आ गया।

तीनों चुप थे। निगम बैंच पर दीवार से पीठ टिकाकर बैठा काली छत ताक रहा था। लोहे के मूढ़े पर बैठा जसवंत दोनों कुहनियाँ मेज़ पर टिकाए, हथेलियों पर ठोड़ी रखे, पपड़ाए होंठों पर उँगली सहलाता एकटक मेज़ को देख रहा था। केतली चढ़ाकर

बिस्सो बाबू चुपचाप कान कुरेद रहा था। तीनों इस तरह चुप थे, जैसे वर्षों से कोई किसी से नहीं बोला हो, जैसे ये युगों से इसी तरह बैठे सोचते रहे हों ! पहले बिस्सो थोड़ी देर तो उन दोनों की चालाकियों पर मन-ही-मन हँसता रहा। लेकिन जैसे-जैसे क्षण-पर-क्षण बीतते जाते, वह कभी-कभी आँख उठाकर देख लेता, और उसके हृदय में इन दोनों के प्रति न जाने क्यों एक अनजान करुणा, कोमलता और ममता उमड़ती चली आ रही थी कि नासमझ बच्चों की तरह दोनों को छाती से लगाकर समझा दे; उनके आँसुओं को पोंछ दे। वे बेचारे भी आखिर करें क्या ? कब तक बेकारी और नैतिकता के संघर्ष को सहते रहें ? यदि वास्तव में किशोरी से उसका इतना घनिष्ठ सम्बन्ध न होता तो वह फिर सारे पैसे उन्हें वापस लौटा देता...

एक गहरी साँस लेकर अचानक जसवंत उठा, "अच्छा बिस्सो बाबू, चलें अब।"

"बैठो, तुम्हारे लिए चाय बन रही है।" कुछ स्नेह की आत्मीयता से उसने कहा।

"पैसे नहीं हैं।" जसवंत का स्वर बड़ा निरीह था। निगम ने वहीं बैठे हुए गर्दन घुमाकर उधर देखा। उसकी आँखों में कातर-द्रवता उतर आई थी।

"देखी जाएगी।" उसने तीन कप का पानी छान दिया, लेकिन अचानक उसे कुछ याद आ गया और एक कप वापस केतली में उलट दिया। दो कप चाय बनाकर दोनों के सामने रख दी। निगम सीधा हो गया। दोनों प्लेटों में डाल-डाल के पीने लगे। बिस्सो बाबू खड़ा बीड़ी पीता रहा।

क्या चूहे-बिल्ली का-सा खेल है, ज़रा चूके तो गए। कोड़ा जमालशाही खेल में पकड़ लिए गए तो हार गए, नहीं तो दाँव चल ही रहा है—आख़िरी दम तक। हँसी भी आती है और झुँझलाहट भी। तभी एक कल्पना बिस्सो बाबू के मन में स्वतः साकार हो उठी : सरकस में शेर-चीतों के साथ खेलने वाले की स्थिति में वह रह रहा है। कितना ख़तरनाक खेल होता है वह, उन खौफ़नाक जानवरों का ज़रा भी ऐसा-वैसा रुख़ देखा कि 'शाँय' से हंटर फुफकारा—घात लग गई तो 'लैग-गार्ड्स' पर दाँत मार दिए, वर्ना पालतू कुत्तों की तरह घूमते रहे। ये सब क्या हैं, कौन हैं, जिनके बीच में वह रहता है ? वह ज़रा-सा चूक जाए तो बोटी-बोटी नोच ले जाएँ, नहीं तो अपनी कोई हरकत पकड़े जाने का ग़म नहीं, शरम नहीं—फिर लगेगा दाँव ! एक तो कर गया चोट ! और बिस्सो बाबू इनमें से किसे नहीं जानता ? निगम को नहीं जानता, जसवंत को नहीं जानता, कक्कड़ को नहीं जानता ? हर समय होने वाला द्वंद्व उसके मन में फिर जाग उठा कि इन सबको एक ही बार मना कर दे, उसकी दुकान बदनाम होती है। उसे याद आया, उसके दोस्त मिस्तरी ने कहा था, 'ऐसे लोगों को तुमने नहीं रोका बिस्सो, तो देख लेना, कोई भला आदमी फटकेगा नहीं।' इनमें से हर आदमी कब वारण्टी हो जाएगा, कोई नहीं जानता। किसी ने भी उसका नाम झूठे को ही ले लिया तो पुलिसवाले नाक में दम कर मारेंगे। उन्हें तो बस बहाना चाहिए। लेकिन फिर उसकी दुकान चले कैसे ? ग्राहक कौन हो ? यही दो-चार लोग हैं, कुछ-न-कुछ तो चुका ही देते हैं।

"अच्छा, बिस्सो बाबू, माफ़ करना आज की ग़लती को।" निगम ने दाँत निपोरकर

कहा और दोनों सिर झुकाए पिटे-से बाहर निकल गए।

बिस्सो बाबू हिसाब लिखने लगा।

"बिस्सो बाबू, मेरे पैसों का क्या हुआ ?" एकदम आते ही किशोरी ने पूछा।

"पैसे रखे हैं, अब ?" बिस्सो ने कुटिलता से उसकी ओर देखकर कहा, "दोनों खा-पी गए बेटा, अब ठंडक में सोओ जाकर।"

किशोरी का उतरा हुआ चेहरा और मुरझा गया। सिर झुका लिया, "बिस्सो बाबू, मैं मर जाऊँगा। मैंने चादरे के लिए पैसे इसलिए दे दिए थे कि रात को ओढ़-बिछा लूँगा, दिन में बदन पर लपेट लूँगा, सारे कपड़ों का काम देगा।" आगे उसका स्वर घुट गया।

"ले, पहले तो दे मरा, अब रोता क्यों है ? खबरदार जो अब बिना पूछे किसी को कुछ दिया !" बिस्सो बाबू स्वेटर के नीचे हाथ डालकर जेब से पैसे निकालने लगा। दोनों की बातों का ध्यान कर उसके चेहरे पर मुसकान आ गई।

"सब, पूरे ?" उमंगकर एकदम किशोरी ने पूछा, उसकी आँखें जैसे चमक उठीं, "बिस्सो बाबू, तुमने मुझे बचा लिया।"

बिस्सो का जेब से पैसे निकालता हुआ हाथ वहीं रुक गया। उसने एक क्षण किशोरी की उसके प्रति कृतज्ञता और विश्वास से चमकती हुई आँखों में देखा, उत्सुक मुख-मुद्रा को देखा और उसके मुँह से निकल गया, "हाँ, सब। लेकिन बताए देता हूँ, आज से फिर किसी के चक्कर में नहीं पड़ना।" बिस्सो उस घटना का खूब रस लेकर नाटकीय वर्णन सुनाने जा रहा था, लेकिन अब चुप हो गया। अपने पैसों में से मिलाकर उसने पूरे दस रुपये किशोरी के हाथों पर रख दिए—आज दोपहर की कमाई सहित। उसकी ज़ेब में अब दो पैसे शेष थे, लेकिन चेहरे पर बड़प्पन था। उसने कहा, "बड़ी देर लगा दी, ज़रा पहले आता तो बड़ा मज़ेदार तमाशा दिखाता।"

बड़ी उत्सुकता और प्रसन्नता से किशोरी ने पैसे गिनकर जेब में रख लिए, फिर जैसे उससे सहानुभूति दिखाते हुए कहा, "बिस्सो बाबू, भाभी से तुम लड़ आए हो, क्यों ? पहले दूध लेती ही नहीं थी, बड़ी मुश्किल से लिया, रो पड़ी। वहीं तो लग गई इतनी देर।"

दो घाघों से रुपये निकलवा लेने की सारी प्रसन्नता और किशोरी को बचाकर सहायता करने का सारा बड़प्पन जैसे झटके से उड़ गया। बिस्सो बाबू एकदम सुस्त हो गया—अन्ना के प्रति आज का व्यवहार ! ज़रूर घर में वह भूखी बैठी होगी, और यहाँ जान-बूझकर उसने भी तो चाय की एक बूँद गले से नीचे नहीं जाने दी है। वह बेचारी कह क्या रही थी ? यही तो कह रही थी कि इस ढाई आने से अमल के लिए दूध आएगा। उसने समझाना चाहा था कि अगर इन पैसों का अमल के लिए दूध आ गया तो आज दुकान का काम कैसे चलेगा ? सुबह ही जो दो-चार ग्राहक आते हैं, देर हो गई तो लौट जाएँगे। इसलिए अच्छा हो कि वह उसे जाने दे, और पैसे आते ही अभी वह दो मिनट में दूध भेजता है। पर अन्ना को जैसे ज़िद आ गई थी कि नहीं,

दुकान चाहे चले, चाहे न चले; इसका तो अमल को दूध ही आएगा। काफ़ी देर वाद-विवाद हुआ और आख़िर दुकान को देर हो जाने की झुँझलाहट में वह उसे ज़ोर से धकेलकर दुकान की ओर चला आया था। और अब दिनभर की कमाई किशोरी को पकड़ा दी !

कातर करुणा का एक फव्वारा-सा जैसे उसके भीतर फूट पड़ने को मचल पड़ा। एक धुंध और धुआँ। सोभा जो कुछ ले गया है, उसका नुकसान फिर उसकी आँखों के आगे कभी न पूरी की जा सकने वाली कमी की तरह लगा। उसे लगा—इन मुसीबतों और उलझनों से वह पार नहीं पा सकेगा—नहीं पा सकेगा, और एक दिन यों ही अनजान-सा साँस तोड़ देगा।

बिना किशोरी की बात का जवाब दिए वह शो-केस इत्यादि बाहर से उठा-उठाकर भीतर रखने लगा। बिना बोले ही किशोरी ने भी सहायता कराई। सब सामान उल्टा-सीधा रखकर दो लोटे पानी अँगीठी में डाला। ज़ल्दी से दुकान के तख्ते लगाए और किशोरी को वहीं छोड़कर चल दिया—निर्लक्ष्य...दिग्भ्रांत-सा, निरुद्देश्य...

दो बुर्क़े

लम्बा सफ़र, थर्ड क्लास का डिब्बा। सुबह आठ बजे से गाड़ी चली आ रही थी, और अब रात के दस बज रहे थे। प्रत्येक स्टेशन पर वही निश्चित आवाज़ें, उतरना-चढ़ना। 'कहिए, कहाँ से आ रहे हैं ?'...'भाई साहब, ज़रा सरकना उधर।'...'ऐ पूरी वाले, ज़रा इधर आना।' मन बुरी तरह ऊब गया था, और अब प्रबल इच्छा हो रही थी, कुछ परिवर्तन हो, कुछ नया आए। दिन-भर ऊपर की सीट पर जाकर सोया, इच्छा हुई—काश, एकाध लड़की—स्त्री ही चढ़ आती तो शायद इस एकरसता में कुछ परिवर्तन होता। पर डिब्बा लम्बा था और वह सबसे गहरे में बैठा था। वहाँ तक कोई आ नहीं पाता था। हरेक स्टेशन पर उधर ही दरवाज़े की तरफ कोई उतरता, कोई चढ़ता, मन बुरी तरह व्याकुल हो रहा था और वह थक गया था।

भोपाल स्टेशन आया।

तभी वह चौंककर ज़रा सँभला। दो रेशमी बुर्केवाली स्त्रियाँ उसकी सीट की ओर बढ़ी चली आ रही थीं। बुर्के बढ़िया काले साटन के थे और ऊपर के पंखों की हवा और बिजली की रोशनी में झलमला रहे थे, जैसे चाँदनी रात में जमुना का पानी। एकदम मुँह की ओर देखा—आगे वाली स्त्री ने अपने बुर्के के सामने वाला पर्दा उलटकर सिर पर डाल दिया था। ओफ़ ! कैसा चाँद-सा अँधेरे की परतों में चमचमा रहा था। उसे लगा कि वह युग-युग तक इसे यों ही देखता रहेगा। शायद उससे अधिक सुन्दर चेहरा उसने ज़िन्दगी में कभी भी नहीं देखा। लम्बी-लम्बी पलकें, सुती-सुथरी नाक, गुलाब की कली-से होंठ। हूर और अप्सराओं की कल्पना जैसे उसके सामने साकार हो उठी थी। वह बौखलाया हुआ ा आँख और मुँह खोले उसे देखता रहा। एक क्षण को ऐसा लगा, जैसे न जाने किस युग से और किस निर्जल रेगिस्तान में वह थका-प्यासा भटकता रहा है ! और आज वह साक्षात् नख़लिस्तान-सी उसकी दृष्टियों को विराम देने आ गई है। वह उसका स्वर सुनने को तरस उठा। दूसरा बुर्का अभी नहीं उठा था। बुर्क़े वाली के गोरे और मक्खन जैसे हाथ बाहर दिखाई दे रहे थे। सोचा, कहीं यह स्वप्न तो नहीं है, जहाँ उसकी कविता साकार हो उठी है ! बड़ी प्रबल इच्छा हुई, वे उसके सामने बैठ जाएँ और वह अपलक देखता रहे। आनन्द के उच्छ्वास से उसका हृदय पुलकित हो उठा। वह कल्पना करने लगा कि दूसरी कितनी सुन्दर होगी, क्योंकि उसका बुर्का अधिक कीमती और सुन्दर था। आगे वाली की अपेक्षा वह अधिक सुन्दर है—ऐसी कल्पना,

विश्वास का रूप धारण करके उसके हृदय में जमी जा रही थी। एक बार फिर उस खुले उन्मुक्त मुँह को देखा। वहाँ एक विचित्र हृदयस्पर्शी करुणा की छाप थी। लगा, जैसे उसके हृदय की करुणा उसके मुँह पर अभिव्यक्त हो आई है। अचानक फिर निगाह पीछे वाले बुर्कापोश पर चली गई। आह ! वह न जाने कितनी सुन्दर होगी ! उसका बुर्का अगली वाली की अपेक्षा अधिक कीमती था, उसके हाथ इसकी अपेक्षा अधिक सुडौल, सुन्दर और आकर्षक थे। उसका आकार अधिक सानुपातिक था। निश्चय ही वह उससे अधिक सुन्दरी है। लेकिन कमबख्त ने अपने मुँह पर पर्दा डाल रखा है। बड़ी प्रबल इच्छा हुई, अत्यन्त कोमल हाथों से वह उसका नकाब उठाकर पीछे डाल दे।

रास्ता अपने-आप निकलता आया। वे उसकी सीट के सामने आकर खड़ी हो गईं—आगे-पीछे। बिलकुल ऐसा लगा जैसे रेल का इंजन अपनी सर्चलाइट चमचमाता सामने आ खड़ा हुआ है, जिसकी ओर देखते हुए आँखें चौंधिया जाती हैं। पीछे कुली था।

"आप बड़े बदतमीज़ मालूम पड़ते हैं। दो घंटे से लेडीज़ खड़ी हैं और आप हैं कि मस्त टाँगें फैलाए पड़े हैं।" वह बुरी तरह चौंक उठा, क्योंकि इस आवाज़ और शक्ल के प्रभाव में ज़रा भी तुलना नहीं थी। आवाज़ इतनी तीखी कि कलेजे को चीरती चली जाए। और जब तक उसकी आवाज़ के इस अप्रत्याशित प्रहार से वह सँभले, धमाके से उन्होंने उसके बगल में कुली से अपना ढाई मन का बिस्तरा रखवा दिया। दो पोटलियाँ, दो झोले, पानदान, बर्तनों की बोरी, सुराही और भी न जाने क्या-क्या !

इस वास्तविकता से उसकी सारी भावुकता और रोमांस उड़ गया। बर्तनों की बोरी, पोटलियाँ, बिस्तर रखने से उसका बिस्तर कुचल ही नहीं गया था—बुरी तरह गन्दा भी हो गया था, क्योंकि बाहर पानी बरस रहा था। वह झल्ला उठा—यह भी कोई हरकत है ! कुली को डाँटा, "दिखाई नहीं देता, सारा बिस्तरा गन्दा कर दिया !"

"तो हम लोग अपने सिर पर रख लें ? जहाँ जगह होगी वहीं तो सामान रखा जाएगा।" वह गुर्राई और अपना सामान गिनने लगी।

"इसका मतलब यह तो नहीं कि आप मेरे सिर पर रख दें ?"

"आपका सिर अगर सारे डिब्बे में फैला होगा तो वह भी होगा," उसने निहायत बदतमीज़ी से उत्तर दिया। सुनकर उसका चेहरा तमतमा आया। ऐसा गुस्सा आया कि खींचकर एक तमाचा दे गाल पर कि होश ठिकाने आ जाए। बड़ी आई सिर की बच्ची ! दाँत पीसकर चुप रह गया—कोने में सिमटा हुआ-सा।

कुली पैसों की राह में खड़ा था। वे बार-बार खिड़की से बाहर झाँककर देख लेतीं—बड़बड़ा उठतीं कि बाबू जी नहीं आए। काफी देर पश्चात् जब कुली से नहीं रहा गया तो उसने कह दिया, "बाबू जी आते रहेंगे; मुझे तो पैसे दे दीजिए। और कुछ काम देखूँगा।" उसने आगे हाथ फैला दिया। उस स्त्री ने उसे ऐसे देखा जैसे आँखों से ही पीस देगी। फिर बड़े अहसान से बुर्के के भीतर से एक दुअन्नी निकालकर उसके हाथ पर रख दी।

कुली तमतमा गया, लौटाते हुए बोला, "अच्छा हो बीबी जी, इस दुअन्नी को भी आप रख लीजिए—इतना सामान..."

"इतना सामान है तो तेरे नाम अपनी जायदाद कर दें ?" उसने चीखकर कहा।

"ऐसी ही बात थी तो पहले ही तय कर लेतीं, बीबी जी !"

"औरतों से यह ज़बानदराज़ी करते तुझे शर्म नहीं आ रही ? मक्कार, मरदूद !" उसकी पतली भौंहें तलवार की तरह लपक उठीं, "लेने हों तो ले जा, नहीं तो चला जा।" और उधर से बिलकुल उपेक्षा का भाव दिखाकर वह उस बिस्तरे पर बैठ गई। सामान ऊँचा था, जहाँ से उसकी कीचड़ सनी कामदार जूतियाँ उसके नये बिस्तरबन्द तक लटकती थीं। पास ही उसने दूसरी को भी बैठा लिया। सारा डिब्बा स्तब्ध उन्हें ही देख रहा था। आते ही उन्होंने कोहराम-सा मचा दिया था। उसकी उस भोली सुन्दरता और उस व्यवहार में तनिक भी समानता नहीं थी।

बुरी तरह का मुँह बनाकर बड़बड़ाता हुआ कुली चला गया। वह ऊपर बैठी निश्चिंत भाव से पानदान खोलकर खटर-खटर पान लगाने लगी। उनके उस बिस्तरे-सामान से नीचे का होल्डौल, भीतर के तकिया-चादर सब भीग रहे होंगे। उनकी कीचड़ में सनी जूतियों से उसके कपड़े खराब होने का अन्देशा था।

वह हिम्मत करके उठ खड़ा हुआ और साहस बटोरकर बोला, "आप लोग नीचे उतर जाइए तो मैं अपना बिस्तर समेट लूँ, बेकार गन्दा हो रहा है।"

"आप हमारे पीछे क्यों पड़े हैं ? तहज़ीब से बैठे रहिए। हम झगड़ा नहीं करना चाहतीं। लेकिन तंग करेंगे तो ठीक नहीं होगा।" उसने दृढ़ता और उदण्डता से कहा, फिर पान बनाने लगी।

उसके काटो तो शरीर में लहू नहीं। दूसरे सभी आदमी इस कैंची-सी ज़ुबान वाली औरत को देख रहे थे। तभी उसने देखा, साथ वाली दूसरी औरत ने भी अपना बुर्का पलट दिया था। और उस खूबसूरत, आकर्षक, रहस्यमय, कीमती, चमकदार बुर्के के पीछे, जिसके जादू ने सारे डिब्बे को मोह लिया था, एक निहायत ही बदशक्ल चुँधी आँखों, चेचक के दाग़ों वाले मुँह की भद्दी औरत का चेहरा निकल आया था।

सुन्दर पर्दा हट गया था और यथार्थ सामने था।

गाड़ी दौड़ रही थी।

बेटी का बाप

इस बार भी कवि भास्कर नहीं गए।

व्यंग्य से हँसकर उन्होंने, बुलाने के लिए आए हुए व्यक्ति से कहा, "जाओ, कह देना अपने सेठ से, कवि भास्कर इतना सस्ता नहीं है।" उनका चेहरा आत्मसम्मान के तेज से दीप्त हो उठा—वह देश का सबसे बड़ा क्रान्तिकारी कवि है, यह गर्व, यदि यह गर्व है तो उसे शोभा देता है।

नम्रता की प्रतिमूर्ति मैनेजर ने, जो ढीली लाँगवाली धोती और कोट पहने था, हाथ जोड़कर विनती की, "महाराज, ऐसा थोड़े ही है, जो कुछ बन पड़ेगा, पत्र-पुष्प आपकी सेवा में अर्पित होगा ही। इस बार आपको अपनी चरण-रज से कुटिया पवित्र करनी है।"

कवि हँसे। यह सामंत-कालीन संबोधन—महाराज ! पहले मन हुआ, भगा दें, हमें सेठों और साहूकारों से क्या मतलब है ? जिसे कविता से प्रेम होगा, खुद आएगा यहाँ। फिर भी उन्होंने तिरछे होंठों की हँसी में ज़रा परिहास से कह ही दिया, "जाओ, कह देना अपने सेठ से, एक बार कष्ट करने के दस हज़ार रुपये लेता हूँ मैं, देगा वह ?" और अपने एक भक्त द्वारा भेंट दिया गया स्टेट-एक्सप्रेस का डिब्बा निकालकर सिगरेट निकाली और बड़े आत्मतोष से पीने लगे। उनके होंठों पर मुसकराहट तिरछी होकर फैल गई। हूँ, खाली व्यापारिक नम्रता से जीतना चाहता है ! कुछ खर्च भी नहीं और साहित्य-कला की सेवा भी हो जाए। हर जगह बचत देखता है—व्यवसायी है न !

और सचमुच इस बार सेठजी स्वयं आ गए। ढीला-ढाला, बहुत बढ़िया गैबर्डीन का जयपुरिया कोट, कढ़ी हुई दुपल्ली टोपी, अँगूठियों में जगमगाते नगों वाले हाथ जोड़ते, झुके-झुके वे कार से निकले और अत्यन्त ही श्रद्धा से नमस्कार करके बोले, "महाराज, कुटिया पर तो आपके चरण पड़ने ही हैं। आप देश के रत्न हैं, हमारा जन्म सफल हो जाएगा।" वे बड़े झिझके-से खद्दर की चादर बिछे उस गद्दे के कोने पर बैठ गए, जहाँ मसनद लगाये कवि भास्कर दीवार से टिके बड़े अन्यमनस्क-से सिगरेट पी रहे थे। उन्होंने सुना, "यह तो हमारे नगर की परम्परा नहीं रही कि बाहर से इतना बड़ा कवि आए और यों चला जाए ! आपको वहाँ ही ठहरना चाहिए था..."

"यह भी तो सब सेठ जी आपका ही है।" कांग्रेसी कार्यकर्त्ता, कवि के आतिथेय मित्र ने कहा।

"हाँ-हाँ, सो तो है ही, सो तो है ही।" सेठ जी जल्दी से बोले और अत्यन्त आशा-भरी निगाह से कवि की तरफ देखते रहे, "फिर महाराज, आज्ञा ?"

कवि भास्कर जैसे सपने से चौंके। अपने पहले परिहास को मुक्ति का बहाना मानकर, ज़रा गहरा रंग देते हुए उन्होंने आगे झुककर व्यस्तता से सिगरेट की राख को ऐश-ट्रे में झाड़ते हुए गम्भीरतापूर्वक कहा, "मैंने आपके मैनेजर साहब से कहा न !"

"उसकी आप क्यों चिन्ता करते हैं महाराज, ऐसा थोड़े ही है; जो पत्रम्-पुष्पम् होगा सो तो करेंगे ही..." सेठ जी के स्वर में दीनता थी, लेकिन उसके पीछे जो गर्व था वह शब्दों के अर्थ से ध्वनित होता था। कुछ सोचकर वे फिर बोले, "हम किस लायक हैं महाराज, ज़रा कला और साहित्य का सौख है, सो भरसक उसकी सेवा करते हैं, नहीं तो आप खुद जानो, यह कुछ सौदा-व्यापार की चीज़ तो है नहीं।" इस बार उनके अंजली-बद्ध हाथों में एक हरा चैक पान के पत्ते की तरह फैला हुआ था...

कवि ने देखा और चौंककर ज़ोर से सिगरेट का कश खींचा, फिर ढेर-सा धुआँ उगल दिया। उसके और सेठ जी के बीच में क्षण को धुएँ की एक दीवार खड़ी हो गई। उसके पार से उन्होंने विश्वास करने के लिए जैसे देखा--हाँ, वहाँ चार बिन्दियाँ ही दीख रही थीं !--तो सच ? उन्हें अपनी आँखों पर विश्वास नहीं हुआ।

अब कवि ने जाना कि उनके सामने एक करोड़पति सेठ बैठा है। कवि भास्कर के दिमाग़ की चर्खी जैसे एक साथ ज़ोर से भन्नाकर चल उठी।

"नहीं...नहीं, इसे रखिए सेठ जी, वह सब तो परिहास की बात थी !" कवि ने निश्चय कर लिया कि वह सब नहीं लेगा--रंडियों की तरह अपने मुजरे का पैसा तय करना कितना हीन है ! यदि जाना होगा तो वैसे ही जाएगा।

"नहीं...नहीं महाराज, यह तो पत्र-पुष्प है। आप कुछ और मत सोचिए..." सेठ जी कह रहे थे। लेकिन उनकी मुद्रा में विजय का विश्वास था।

एक हाथ से कवि लगातार धाँय-धाँय सिगरेट फूँक रहे थे और उत्तेजना से दूसरे हाथ से अपने पैर के अँगूठे और अँगुली को चटखा रहे थे। इस बार उनकी इच्छा हुई कि झपटकर सेठ की अंजली में नीचे से ज़ोर का हाथ मार दें कि चैक कटी पतंग की तरह हवा में डगमगाकर नीचे जा गिरे...उनका नाम हो जाएगा...लोग वाह-वाह कर उठेंगे--कवि भास्कर सच्चा क्रांतिकारी कवि है, उसने करोड़पति सेठ के दस हज़ार पर लात मार दी...एक ऐतिहासिक घटना हो जाएगी !

"आपका बड़ा नाम है। हमारी तो बहुत दिनों से अभिलाषा थी कि आपके दर्शन करेंगे। वैसे तो महाराज, आप जानो यह बिज़नैस का चक्कर ही ऐसा है कि न दिन को चैन, न रात को नींद, पर फिर भी महाराज, ज़रा सौख है सो कभी-कभी चरन-धूल ले लेते हैं..." उन्होंने चैक को चादर पर रख दिया।

ऊपर चलते पंखे की हवा से चैक फड़फड़ाकर औंधा हो गया और एक ओर उड़ने के लिए मुड़ने लगा...कवि ने बड़ी तटस्थता से उसे देखा और हाथ बढ़ाकर पीतल की मछलीनुमा ऐश-ट्रे उस पर रख दी--उनके हर व्यवहार से ऐसा ही प्रगट होता था, जैसे

वह एक अत्यन्त ही तुच्छ कागज़ को उड़ने से दबा रहे हों। अब तक उनके मन में चैक को स्वीकार करने की बात नहीं थी।

उड़ते चैक की फड़फड़ाहट से उन्हें अचानक ऐसा लगा कि क्यों वे एक क्षण की भावुकता में बहकर लक्ष्मी को लौटा रहे हैं ? मिलना तो दूर रहा, इतने रुपये की तो उन्हें कभी एक साथ कल्पना भी नहीं हुई। कौन जाने इतिहास में उन्हें कौन किस रूप में याद करे ! और याद करे भी या नहीं। ज़िन्दगी-भर क्रांति के गीत गाए, स्वतन्त्रता लाने में अपना हिस्सा अदा किया, जिस नाम पर दुनिया-भर के कष्ट और मुसीबतें सहीं, क्या मिला उन्हें उस सबके बदले में ? प्रकाशकों ने किताबें बेचीं, कोर्स में लगवाईं; लड़कों और पाठकों ने क्रांतिकारी कविताएँ पढ़ीं; एक-एक शब्द का कवि की कल्पना में भी न आ सकने वाला अर्थ कर-करके पढ़ाने वालों ने अपना ज्ञान बघारा; नकलबाज़ों ने कुंजियाँ लिखीं, स्टेजों पर बड़े हाव-भाव से मुट्ठियाँ बाँध-बाँधकर, दाँत भींच-भींचकर साभिनय उनका पाठ किया गया—श्रोताओं ने अपनी नसों में चींटियाँ रेंगने की सुरसुराहट और खाल पर कदम्ब जैसे रोमांच अनुभव किए—पर फिर... ? इम्तहान पास करके विद्यार्थी लोग जीवन में अच्छी-अच्छी जगहों पर जम गए; क्रांतिकारी कवि को क्या मिला ? एक सारहीन सन्तोष, एक स्थगित किया हुआ काल्पनिक आशावादी विश्वास कि शायद कभी तो इन सत्ताधारियों को ध्यान आएगा कि लोगों में जोश भरने में उसका भी हाथ रहा है...तब उसके जीवन में एक परिवर्तन आएगा...अभी तक तो वह परिवर्तन आया नहीं...कौन जाने उसके जीवन में ही वह आएगा भी या नहीं...उसका एक और भी तो साथी कवि था...बड़े क्रांति के गीत गाता था, स्वतन्त्रता के राग अलापता था, और जब उसने इस स्वतंत्रता की शक्ल देखी तो पागल हो गया। और पच्चीस साल पुराना उसका यह क्लास-फ़ैलो आतिथेय है, जो अवसरवादी किस्म का छोटा-मोटा काँग्रेसी रहा, और जिसके यहाँ बैठकर वह जीवन में दूसरी या तीसरी बार स्टेट-एक्सप्रेस सिगरेट पी रहा है...झूठे यश के सन्तोष और भुलावे की कल्पना में उसकी लड़की बिना इलाज मर गई।

"तो फिर थोड़ा कष्ट कीजिए महाराज, बाहर गाड़ी खड़ी है।" सेठ जी की वाणी उन्हें कहीं दूर से सुनाई दी।

कवि भास्कर के मन में फिर एक बार आया कि दुहरा दें—'संतन कहा सीकरी सों काम...' वे मुख पर शान्त निर्विकार तटस्थता को प्रयासपूर्वक स्थिर रखे हुए सिगरेट तो पिए जा रहे थे; लेकिन उन्हें लग ऐसा रहा था जैसे सामने बैठा सेठ, उनका आतिथेय मित्र, कन्धे उचकाता मैनेजर, पंखे की हवा से हिलते पर्दे—सबको वे बौछार खाते खिड़की के शीशे के पार से देख रहे हों...सब धुँधला-धुँधला ! उनके मन में एक तर्क आया, अगर मैं उससे एकदम मना कर दूँ तो क्या होगा ?—शायद यह चला जाएगा—मुझे मन-ही-मन घमण्डी समझता हुआ, गालियाँ देता ! इस व्यापारिक कीचड़ के बीच में भी जो कला और साहित्य के प्रति इसके हृदय में प्रेम है, हो सकता है, उसे भी यह क्रोध की प्रतिक्रिया में कुचल दे ! शायद कोई उसके लिए इसके पीछे डंडा लेकर नहीं पड़ा

कि वह कला और साहित्य को ही अपना शौक बनाए—इधर से निराश होकर हो सकता है, अपना शौक़ वह इधर-उधर की चीज़ों पर केन्द्रित कर दे ! क्या इस सबका कारण कवि भास्कर नहीं होंगे ? अपना नुकसान करके, उनके बीस नख़रे बर्दाश्त करके जो यह उन्हें ले जा रहा है, उसके बदले में क्या भौतिक लाभ इसे होगा ? सिवा इसके कि एक सन्तोष हो, थोड़ा-सा गर्व हो और यश मिले कि देश का सबसे बड़ा क्रांतिकारी कवि...सेठ का अतिथि। लेकिन इस यश और आत्म-सन्तोष से क्या लाभ ?—क्या कवि भास्कर इस तरह के यश और आत्म-संतोष को पिछले पच्चीस वर्ष से निरन्तर नहीं प्राप्त कर रहा ? उससे अधिक अच्छी तरह इस बात को और कौन जानेगा कि इस सबका सचमुच कोई अर्थ नहीं होता; कि इससे खोखली चीज़ कोई दूसरी नहीं है ! अच्छा है, इस झूठे सुख-संतोष को अब यही प्राप्त करे, मुझे कुछ और चाहिए।

"महाराज, हम लोगों ने गोष्ठी का समय तय कर दिया है, देर हो रही है—कुछ जल्दी हो जाती तो अच्छा था !" सेठ के अंग-चालन में एक ऐसा गर्व था जैसे वह हर क्षण अनुभव कर रहा हो कि गुणियों और पण्डितों के सामने हमारी नम्रता और चिरौरी ही शोभा देती है। सेठ के बाप का भी यही रवैया था—हम लोगों ने हमेशा पण्डितों और गुणियों का आदर किया है, गुण को परखा और बढ़ावा दिया है। उसी महान् परम्परा के उज्ज्वल रत्न अपने आपको वे समझ रहे थे।

क्या महाराज-महाराज करता है ! कवि भास्कर मन-ही-मन झुँझलाए। दिल में आया कि झिड़क दें। भीतर-ही-भीतर वे जाने को तैयार हो गए थे, लेकिन एक हिचकिचाहट थी—प्रसिद्ध क्रांतिकारी कवि कहाँ पहुँचा ! लेकिन उन्होंने समझाया, वह सब बेकार की बातें हैं। जब हमें अपनी आवाज़, अपना सन्देश घर-घर पहुँचाना है तो यही वर्ग हमारे ज़रा-से दम्भ में क्यों बच जाए ? मेरी क्रांतिकारी कविता हरएक के दिल को झकझोर सकती है तो क्या इसके दिलों को छुएगी भी नहीं ? कोई-कोई क्षण ऐसा होता है जब एक ज़रा-सी बात आदमी के दिल पर ऐसा असर कर जाती है जिसे कोई सोच भी नहीं सकता; कौन जाने वैसा ही कोई क्षण मेरी कविता भी पकड़ ले। मैंने मुसीबतों से घबराकर चाहे जो सोचा हो, लेकिन अपनी क्रांतिकारी वाणी को अवसर के अनुकूल तराशने की बात भी मेरे मन में नहीं आई। ठीक है, मैं उस दिन आत्महत्या कर लूँगा या कर लेना ज्यादा पसन्द करूँगा, जिस दिन प्रत्यक्ष या अप्रत्यक्ष रूप से मेरी वाणी को बदलने की माँग की जाएगी और मैं उसे स्वीकार कर लूँगा। और अब वह जैसी है उसे घर-घर पहुँचाना है।

कवि भास्कर उठ खड़े हुए। उन्होंने कन्धे पर पड़े हुए चदरे को झटककर फिर रखा और गम्भीर वाणी से बोले, "सेठ जी, मैं चल रहा हूँ लेकिन यह सब नहीं चलेगा। वह तो सिर्फ़ मज़ाक था..."

"हिं हिं हिं, यह तो तुच्छ भेंट है।" इस बार सेठ जी ने प्रसन्नता से खीसें निपोर दीं और आदर से इतने झुक गए जैसे चरण ही छू लेंगे।

पानी पर नाव-सी सरकती कैडलॉक गाड़ी में बगल में बैठे कवि भास्कर से सेठ

जी ने कहा, "दसवें किलास में आपकी एक कविता थी किताब में, हमने कंठ कर ली थी सो आज भी याद है...देश के लिए जो भी थोड़ा-बहुत प्रेम पैदा हुआ है सो समझो, उसी की शुरुआत से...आपकी कविता रिकॉर्ड तो कर लें न... ?"

कवि भास्कर मुसकराए और चारों तरफ देखकर सोचने लगे—गाड़ी एयरकण्डीशण्ड है।

उन्हें अन्यमनस्क देखकर सेठ जी ने ड्राइवर से कहा, "देवीसिंह, ताराबाबू से फ़ौरन जाते ही मशीन को कह देना।"

शायद उसके चौथे-पाँचवें दिन की बात है।

अपने आतिथेय मित्र के साथ कवि भास्कर यों ही घूमने जा रहे थे। दूर हवाओं में सिनेमा के गीतों की लाउडस्पीकरों पर गूँजती आवाज़ें सुनकर दोनों की बातचीत का विषय सिनेमा के गीतों पर आ गया। सामने एक पाँच-मंज़िला बहुत खूबसूरत नई बिल्डिंग खड़ी थी, उस पर रंग-बिरंगे बल्ब सजाए गए थे और नीचे उसका द्वार चमकदार कपड़ों के बितानों से सजा था। मण्डप बड़े कलापूर्ण ढंग से बनाया गया था। बहुत ही खूबसूरती के साथ 'स्वागतम्' लिखे हुए काँच के केस में लाउडस्पीकर बज रहा था। सामने बीसियों कारें खड़ी थीं—चहल-पहल, स्वागत-सत्कार और सुगन्धियुक्त फूलों की बौछार थी। लाउडस्पीकर से अत्यन्त अश्लील किस्म का कोई गीत बज रहा था। जिन लोगों ने वह सिनेमा देखा था, वे उसकी स्थिति को कल्पना में लाकर मुसकरा रहे थे। उनके दोस्त ने बताया कि जिस आदमी ने यह सिनेमा बनाया है, उसने गाँधी फण्ड में कितना रुपया दिया है; और इससे गन्दे दूसरे सिनेमा को बनाने से पहले विनोबा की भूदान-यात्रा पर एक न्यूज़-रील बना डाली है। जब वह इस विशेष गीत के विषय में बताने लगे कि कितने आपत्तिजनक ढंग से भाव-भंगियों सहित यह गीत गाया गया है, तब दोनों हाथ छाती पर बाँधे कवि भास्कर अत्यन्त गम्भीरता से मुसकराते चले जा रहे थे। कभी आवश्यक समझते तो कोई राय भी दे देते। लेकिन इस विषय में वे पूरी तरह सचेत थे कि वे शेष लोगों से कुछ भिन्न हैं—राह चलते हर आदमी की श्रद्धापूर्ण दृष्टियों के केन्द्र हैं। और जब कोई व्यक्ति उन्हें अपरिचित दृष्टियों से देखता गुज़र जाता तो वे अत्यन्त दया और सहानुभूति से सोचते, इस बेचारे को क्या पता, कितना महत्त्वपूर्ण आदमी चल रहा है।

अचानक अपना नाम लाउडस्पीकर पर सुनकर वे चौंके। लाउडस्पीकर कह रहा था—'अब आप प्रसिद्ध क्रांतिकारी कवि भास्कर जी से उनकी ओजस्विनी कविता सुनिए !'...और उस समय तो स्तब्ध होकर वे मुँह फाड़े रह गए जब उन्होंने सुना...एक भारी आत्मविश्वास भरी और जोशीली आवाज़ उन्हीं की कविता दुहराने लगी—नहीं, वह भूल नहीं कर सकते, यह उन्हीं की आवाज़ थी।

तब उन्होंने एकदम ध्यान दिया, अरे यह तो उसी सेठ की बिल्डिंग है। दोस्त इस समय बताते-बताते रुक गया था कि 'देखो, उस दिन तुम्हें बुलाया था...आज अपने लड़के के मुण्डन के नाम पर यह टीम-टाम कर दी है और अर्थ-मन्त्री को निमन्त्रित कर

लिया है, लाखों के ब्लैक और इनकम-टैक्स का गोलमाल है...'

लेकिन भास्कर का तमतमाया चेहरा देखकर वह चुप हो गया। कवि भास्कर के शरीर में जैसे आग लग गई थी। उन्होंने कहा, "ज़रा चलना तो।"

द्वार पर ही सेठ जी अपनी उसी वेशभूषा में, जुड़े हुए हाथों को माथे तक लगा-लगाकर अतिथियों का स्वागत कर रहे थे—कवि भास्कर को देखकर गद्गद हो उठे। बिना उनकी भंगिमा पर ध्यान दिए, कृतज्ञता के आवेश में उनके दोनों हाथ पकड़कर बोले, "अरे महाराज, आप कहाँ ? हम तो समझे थे कि आप चले गए हैं। हमारे धन्य भाग्य जो आप स्वयं ही आ गए—आइए, अपने बेटे को आशीर्वाद दे दीजिए..."

लेकिन कवि भास्कर ने यह सब नहीं सुना, उनकी कविता का रिकॉर्ड खत्म हो गया था; लेकिन उसकी घिसिर-घिसिर उनके दिमाग़ में अभी चल रही थी। उन्होंने दाँत पीसकर कहा, "सेठ जी, यह कविता इसीलिए रिकॉर्ड कराई गई थी ?"

सेठ जी ने कवि का आवेश समझा और नम्रता में भी उपेक्षा से हाथों को विवशता की मुद्रा में फैलाकर हँसे, "अरे महाराज, सब चलता है, इसमें हर्ज की बात ही क्या है ?...आखिर आपकी कविता को सुनने का अधिकार तो सभी को है... ।"

कवि को लगा कि एकदम धरती घूम गई है, एक क्षण को वे निरुत्तर हो गए। अब लाउडस्पीकर पर फिर एक भद्दा फ़िल्मी गीत आ रहा था। कवि की नस-नस खौल उठी। उन्होंने गरजकर कहा, "सेठ जी, ठीक है, मेरी कविता सुनने का अधिकार सभी को है; लेकिन कविता मेरी है, आवाज़ मेरी है, मैं जानता हूँ किस अवसर पर वह सबको सुनानी है और कब नहीं। आप इस तरह हरगिज़-हरगिज़ इसे बाज़ारू गीतों के साथ नहीं बजवा सकते..."

सेठ जी ने बहुत शान्त, अप्रभावित और दबी विजय के स्वर में उत्तर दिया, "इतने तेज़ क्यों होते हैं ? थोड़ा शान्त होइए महाराज़ ! यह कविता और आवाज़ अब आपकी रही कहाँ ? इसे तो हमने दस हज़ार रुपये देकर खरीदा है। राज़ी-राज़ी; बेटी तो महाराज, तभी तक बाप की है जब तक उसके घर रहे। फिर तो ज़िम्मेदारी सारी ससुराल पर आ जाती है... ।"

कवि का चेहरा एकदम फक् पड़ गया—जैसे लकवा मार गया हो। उनके ज़ोर से भिंचे हुए दाँत ढीले पड़ गए और मुट्ठियाँ खुल गईं। डूबते हुए उन्होंने सुना, "यहाँ क्यों खड़े हैं, भीतर चलकर विराजिए न महाराज, ठण्डा जल-वल पीजिए... ।"

और सेठ जी के इशारे पर फिर कवि भास्कर का रेकॉर्ड चढ़ा दिया गया था...

क्या यह आवाज़ कवि भास्कर की ही है... ?

जहाँ लक्ष्मी क़ैद है

ज़रा ठहरिए, यह कहानी विष्णु की पत्नी लक्ष्मी के बारे में नहीं, लक्ष्मी नाम की एक ऐसी लड़की के बारे में है जो् अपनी क़ैद से छूटना चाहती है। इन दो नामों में ऐसा भ्रम होना स्वाभाविक है जैसा कि कुछ क्षण के लिए गोविन्द को हो गया था।

एकदम घबराकर जब गोविन्द की आँखें खुलीं तो वह पसीने से तर था और उसका दिल इतने ज़ोर से धड़क रहा था कि उसे लगा, कहीं अचानक उसका धड़कना बन्द न हो जाए। अँधेरे में उसने पाँच-छः बार पलकें झपकाईं, पहली बार तो उसकी समझ में ही न आया कि वह कहाँ है, कैसा है—एकदम दिशा और स्थान का ज्ञान उसे भूल गया। पास के हॉल की घड़ी ने एक का घंटा बजाया तो उसकी समझ में ही न आया कि वह घड़ी कहाँ है, वह स्वयं कहाँ है और घंटा कहाँ बज रहा है ? फिर धीरे-धीरे उसे ध्यान आया, उसने ज़ोर से अपने गले का पसीना पोंछा और उसे लगा, उसके दिमाग़ में फिर वही खट्खट् गूँज उठी है, जो अभी गूँज रही थी...।

पता नहीं, सपने में या सचमुच ही, अचानक गोविन्द को ऐसा लगा था, जैसे किसी ने किवाड़ पर तीन-चार बार खट्-खट् की हो और बड़े गिड़गिड़ाकर कहा हो—'मुझे निकालो, मुझे निकालो !' और वह आवाज़ कुछ ऐसे रहस्यमय ढंग से आकर उसकी चेतना को कोंचने लगी कि वह बौखलाकर जाग उठा—सचमुच ही यह किसी की आवाज़ थी या महज़ उसका भ्रम ?

फिर उसे धीरे-धीरे याद आया कि यह भ्रम ही था और वह लक्ष्मी के बारे में सोचता हुआ ऐसा अभिभूत सोया था कि वह स्वप्न में भी छाई रही। लेकिन, वास्तव में यह आवाज़ कैसी विचित्र थी, कैसी साफ़ थी !—उसने कई बार सुना था कि अमुक स्त्री या पुरुष से स्वप्न में आकर कोई कहता—'मुझे निकालो, मुझे निकालो।' फिर वह धीरे-धीरे स्थान की बात भी बताने लगता और वहाँ खुदवाने पर कंड़ाहे या हाँडी में भरे सोने-चाँदी के सिक्के या माया उसे मिलती और वह देखते-देखते माला-माल हो जाता। कभी-कभी ऐसा भी हुआ कि किसी अनधिकारी आदमी ने उस द्रव्य को निकलवाना चाहा तो उसमें कौड़ियाँ और कोयले निकले या फिर उसके कोढ़ फूट आया या घर में कोई मृत्यु हो गई। कहीं इसी तरह, धरती के नीचे से उसे कोई लक्ष्मी तो नहीं पुकार रही है ? और वह बड़ी देर तक सोचता रहा, उसके दिमाग़ में फिर लक्ष्मी का क़िस्सा साकार होने लगा। वह मोहाछन्न-सा पड़ा रहा...

दूर कहीं दूसरे घड़ियाल ने फिर वही एक घण्टा बजाया।

गोविन्द से अब नहीं रहा गया। रज़ाई को चारों तरफ़ से बन्द रखे हुए ही बड़े सँभालकर उसने कुहनी तक हाथ निकाला, लेटे ही लेटे अलमारी के ख़ाने से किताब-कॉपियों की बग़ल से उसने अधजली मोमबत्ती निकाली, वहीं कहीं से खोजकर दियासलाई निकाली और आधा उठकर, ताकि जाड़े में दूसरा हाथ पूरा न निकालना पड़े, उसने दो-तीन बार घिसकर दियासलाई जलाई, मोमबत्ती रोशन की और पिघले मोम की बूँद टपकाकर उसे दवात के ढक्कन के ऊपर जमा दिया। धीरे-धीरे हिलती रोशनी में उसने देख लिया कि किवाड़ पूरे बन्द हैं, और दरवाज़े के सामने वाली दीवार में बने, जाली लगे रौशनदान के ऊपर, दूसरी मंज़िल से हल्की-हल्की जो रोशनी आती है, वह भी बुझ चुकी है। सब कुछ कितना शान्त हो चुका है। बिजली का स्विच यद्यपि उसके तख़्त के ऊपर ही लगा था, लेकिन एक तो जाड़े में रज़ाई समेत या रज़ाई छोड़कर खड़े होने का आलस्य, दूसरे लाला रूपाराम का डर, सुबह ही कहेगा, 'गोविन्द बाबू, बड़ी देर तक पढ़ाई हो रही है आजकल।' जिसका सीधा अर्थ होगा कि बड़ी बिजली ख़र्च करते हो।

फिर उसने चुपके से, जैसे कोई उसे देख रहा हो, तकिए के नीचे से रज़ाई के भीतर-ही-भीतर हाथ बढ़ाकर वह पत्रिका निकाल ली और गर्दन के पास से हाथ निकालकर उसके सैंतालीसवें पन्ने को बीसवीं बार खोलकर बड़ी देर घूरता रहा। एक बजे की पठानकोट-एक्सप्रेस जब दहाड़ती हुई गुज़र गई तो सहसा उसे होश आया। 47 और 48—जो पन्ने उसके सामने खुले थे उनमें जगह-जगह नीली स्याही से कुछ पंक्तियों के नीचे लाइनें खींची गई थीं—यही नहीं, उस पन्ने का कोना मोड़कर उन्हीं लाइनों की तरफ़ विशेष रूप से ध्यान खींचा गया था। अब तक गोविन्द उन या उनके आस-पास की लाइनों को बीस बार से अधिक घूर चुका था। उसने शंकित निगाहों से इधर-उधर देखा और फिर एक बार उन पंक्तियों को पढ़ा।

जितनी बार वह उन्हें पढ़ता, उसका दिल एक अनजान आनन्द के बोझ से धड़ककर डूबने लगता और दिमाग़ उसी तरह भन्ना उठता जैसा उस समय भन्नाया था, जब यह पत्रिका उसे मिली थी। यद्यपि इस बीच उसकी मानसिक दशा कई विकट स्थितियों से गुज़र चुकी थी; फिर भी वह बड़ी देर तक काली स्याही से छपे कहानी के अक्षरों को स्थिर निगाहों से घूरता रहा—धीरे-धीरे उसे ऐसा लगा, यह अक्षरों की पंक्ति एक ऐसी खिड़की की जाली है, जिसके पीछे बिखरे बालोंवाली एक निरीह लड़की का चेहरा झाँक रहा है। और फिर उसके दिमाग़ में बचपन की सुनी कहानी साकार होने लगी—शिकार खेलने में साथियों का साथ छूट जाने पर भटकता हुआ एक राजकुमार अपने थके-माँदे घोड़े पर बिलकुल वीराने में, समुद्र के किनारे बने एक विशाल सुनसान क़िले के नीचे जा पहुँचा। वहाँ ऊपर खिड़की में उसे एक अत्यन्त सुन्दर राजकुमारी बैठी दिखाई दी, जिसे एक राक्षस ने लाकर वहाँ क़ैद कर दिया था... छोटे-से-छोटे विवरण के साथ खिड़की में बैठी राजकुमारी की तस्वीर गोविन्द की आँखों के आगे स्पष्ट और मूर्त होती गई। और उसे लगा, जैसे वही राजकुमारी उन रेखांकित,

छपी लाइनों के पीछे से झाँक रही है–उसके गालों पर आँसुओं की लकीरें सूख गई हैं, उसके होंठ पपड़ा गए हैं...चेहरा मुरझा गया है और रेशमी बाल मकड़ी के जाले जैसे लगते हैं–जैसे उसके पूरे शरीर से एक आवाज़ निकलती है–'मुझे छुड़ाओ, मुझे छुड़ाओ !'

गोविन्द के मन में उस अनजान राजकुमारी को छुड़ाने के लिए जैसे रह-रहकर कोई कुरेदने लगा। एक-आध बार तो उसकी बड़ी प्रबल इच्छा हुई कि अपने भीतर रह-रहकर कुछ करने की उत्तेजना को वह अपने तख़्त और कोठरी की दीवार के बीच में बची दो फ़ीट चौड़ी गली में घूम-घूमकर दूर कर दे।

तो क्या सचमुच, लक्ष्मी ने यह सब उसी के लिए लिखा है ? लेकिन उसने तो लक्ष्मी को देखा तक नहीं। अगर अपनी कल्पना में किसी जवान लड़की का चेहरा लाए भी तो वह आख़िर कैसी हो ?...कुछ और भी बातें थीं कि वह लक्ष्मी के रूप में एक सुन्दर लड़की के चेहरे की कल्पना करते डरता था–उसकी ठीक शक्ल-सूरत और उम्र भी नहीं मालूम उसे...

गोविन्द यह अच्छी तरह जानता था कि यह सब उसी के लिए लिखा गया है; ये लाइनें खींचकर उसी का ध्यान आकृष्ट किया गया है। फिर भी वह इस अप्रत्याशित बात पर विश्वास नहीं कर पाता था। वह अपने को इस लायक़ भी नहीं समझता था कि कोई लड़की इस तरह उसे संकेत करेगी। यों शहरों के बारे में उसने बहुत काफ़ी सुन रखा था, लेकिन यह सोचा भी नहीं था कि गाँव से इण्टर पास करके शहर आने के एक हफ़्ते में ही उसके सामने एक 'सौभाग्यपूर्ण' बात आ जाएगी...

वह जब-जब इन पंक्तियों को पढ़ता तब-तब उसका सिर इस तरह चकराने लगता जैसे किसी दस मंजिले मकान से नीचे झाँक रहा हो। जब उसने पहले-पहल ये पंक्तियाँ देखी थीं तो इस तरह उछल पड़ा था, जैसे हाथ में अंगारा आ गया हो !

बात यह हुई कि वह चक्की वाले हॉल में ईंटों के तख़्त जैसे बने चबूतरे पर बड़ी पुरानी काठ की सन्दूकची के ऊपर लम्बा-पतला रजिस्टर खोले दिन-भर का हिसाब मिला रहा था, तभी लाला रूपाराम का सबसे छोटा नौ-दस साल का लड़का रामस्वरूप उसके पास आ खड़ा हुआ। यह लड़का एक फटे-पुराने से चैस्टर की, जो साफ़ ही किसी बड़े भाई के चैस्टर को कटवाकर बनवाया गया होगा, जेबों में दोनों हाथों को ठूँसे पास खड़ा होकर उसे देखने लगा।

गोविन्द जब पहले ही दिन आया था और हिसाब कर रहा था, तभी यह लड़का भी आ खड़ा हुआ था। उस दिन लाला रूपाराम भी थे, इसलिए सिर्फ़ यह दिखाने को कि वह उनके सुपुत्र में भी काफ़ी रुचि रखता है, उससे नियमानुसार नाम, उम्र और स्कूल-क्लास इत्यादि पूछे थे; नाम रामस्वरूप, उम्र नौ साल, चुंगी-प्राइमरी स्कूल में चौथे क्लास में पढ़ता था। फिर तो सुबह-शाम गोविन्द उसे चैस्टर की छाया से ही जानने लगा, शक्ल देखने की ज़रूरत ही नहीं होती थी। चैस्टर के नीचे नेकर पहने होने के कारण उसकी पतली टाँगें खुली रहतीं और वह पाँवों में बड़े पुराने किरमिच के जूते पहने

रहता, जिनकी फटी-निकली जीभों को देखकर उसे हमेशा दुम-कटे कुत्ते की पूँछ का ध्यान हो आता था।

थोड़ी देर उसका लिखना ताकते रहकर लड़के ने चैस्टर के बटनों के कसाव और छाती के बीच में रखी पत्रिका निकालकर उसके सामने रख दी और बोला, ''मुंशी जी, लक्ष्मी जीजी ने कहा है, हमें कुछ और पढ़ने को दीजिए।''

''अच्छा, कल देंगे...'' मन-ही-मन भन्नाकर उसने कहा।

यहाँ आकर उसे जो 'मुंशी जी' का नया खिताब मिला है, उसे सुनकर उसकी आत्मा ख़ाक हो जाती। 'मुंशी' नाम के साथ जो एक कान पर क़लम लगाए, गोल-मैली टोपी, पुराना कोट पहने, मुड़े-तुड़े आदमी की तस्वीर सामने आती है—उसे बीस-बाईस साल का युवक गोविन्द सँभाल नहीं पाता।

लाला रूपाराम उसी के गाँव के हैं—शायद उसके पिता के साथ दो-तीन जमात पढ़े भी थे। शहर आते ही आत्म-निर्भर होकर पढ़ाई चला सकने के लिए किसी ट्यूशन इत्यादि या छोटे पार्ट-टाइम काम के लिए लाला रूपाराम से भी वह मिला तो उन्होंने अत्यन्त उत्साह से उसके मृत बाप को याद करके कहा, 'भैया, तुम तो अपने ही बच्चे हो, ज़रा हमारी चक्की का हिसाब-किताब घंटे-आध घंटे देख लिया करो और मजे में चक्की के पास जो कोठरी है उसमें पड़े रहो, अपने पढ़ो। आटे की यहाँ तो कमी है ही नहीं।' और अत्यन्त कृतज्ञता से गद्गद वह उनकी कोठरी में आ गया। पहली रात हिसाब लिखने का ढंग समझाते हुए लाला रूपाराम, मोतियाबिन्द वाले चश्मे के मोटे-मोटे काँचों के पीछे से मोरपंखी के चंदोवे-सी दीखती आँखों और मोटे होंठों से मुसकराते, उसका सम्मान बढ़ाने को 'मुंशी जी' कह बैठे तो वह चौंक पड़ा। लेकिन उसने निश्चय कर लिया कि यहाँ जम जाने के बाद वह विनम्रता से इस शब्द का विरोध करेगा। रामस्वरूप से 'मुंशी जी' नाम सुनकर उसकी भौंहें तन गईं, इसीलिए उसने उपेक्षा से वह उत्तर दिया था।

''कल ज़रूर दीजिएगा।'' रामस्वरूप ने फिर अनुरोध किया।

''हाँ भाई, ज़रूर देंगे।'' उसने दाँत पीसकर कहा; लेकिन चुप ही रहा। वह अक्सर लक्ष्मी का नाम सुनता था। हालाँकि उसकी कोठरी बिलकुल सड़क की तरफ़ अलग ही पड़ती थी; लेकिन उसमें पीछे की तरफ़ जो एक जालीदार छोटा-सा रौशनदान था, वह घर के भीतर नीचे की मंज़िल के चौक में खुलता था। लाला रूपाराम का परिवार ऊपर की मंज़िल पर रहता था और नीचे सामने की तरफ़ पनचक्की थी, पीछे कई तरह की चीज़ों का स्टोर-रूम था। इस 'लक्ष्मी' नाम के प्रति उसे उत्सुकता और रुचि इसलिए भी बहुत थी कि चाहे कोठरी में हो या बाहर, पनचक्की के हॉल में, हर पाँचवें मिनट पर उसका नाम विभिन्न रूपों में सुनाई देता था—'लक्ष्मी बीबी ने यह कहा है', 'रुपये लक्ष्मी बीबी के पास हैं', 'चाबी लक्ष्मी बीबी को दे देना।' और उसके जवाब में जो एक पतली तीखी-सी अधिकारपूर्ण आवाज़ सुनाई देती थी, उसे गोविन्द पहचानने लगा था। अनुमान से उसने समझ लिया कि यही लक्ष्मी की आवाज़ है। लेकिन स्वयं वह कैसी

है ? उसकी एक झलक-भर देख पाने को उसका दिल कभी-कभी बुरी तरह तड़प-सा उठता। लेकिन पहले कुछ दिनों उसे अपना प्रभाव जमाना था, इसलिए वह आँख उठाकर भी भीतर देखने की कोशिश न करता। मन-ही-मन उसने समझ लिया कि यही लक्ष्मी है, काफ़ी महत्त्वपूर्ण है...दिक्क़त यह थी कि भीतर कुछ दिखाई भी तो नहीं देता था। सड़क के किनारे तीन-चार दरवाज़े वाले इस चक्की के हॉल के बाद एक आठ-दस फ़ीट लम्बी गली थी और चौक के ऊपर लोहे का जाल पड़ा था, उस पर से ऊपर वाले लोग जब गुज़रते थे तो लोहे की झनझनाहट से पहले तो उसका ध्यान हर बार उधर चला जाता था। बच्चे तो कभी-कभी और भी उछल-उछलकर उस पर कूदने लगते थे। यहाँ से जब तक किसी बहाने पूरी गली पार न की जाए, कुछ भी दीखना असम्भव था। चूँकि गुसलख़ाना और नल इत्यादि उसी चौक में थे, जिनकी वजह से नीचे प्रायः सीलन और गीलापन रहता था, इसलिए सुबह चौक में जाते हुए अत्यन्त सीधे लड़के की तरह निगाहें नीची किए हुए भी वह ऊपर की स्थिति को भाँपने का प्रयत्न करता था। ऊपर सिर उठाकर आँख-भर देख पाने की उसमें हिम्मत न थी। अपनी कोठरी का एकमात्र दरवाज़ा बन्द करके, तख़्त पर चढ़कर मकड़ी के जाले और धूल से भरे ज़ालीदार रौशनदान से झाँककर उसने वहाँ की स्थिति को भी जानने की कोशिश की थी; लेकिन यह कमबख़्त जाली कुछ इस ढंग से बनी थी कि उसके 'फ़ोकस' में पूरा सामने वाला छज्जा और एकाध फुट लोहे का जाल भर आता था। वहाँ कई बार उसे लगा जैसे दो छोटे-छोटे तलुए गुज़रे...बहुत कोशिश करने पर टखने दीखे—हाँ, हैं तो किसी लड़की के पैर, क्योंकि साथ में धोती का किनारा भी झलका था...उसने एक गहरी साँस ली और तख़्त से उतरते हुए बड़े एक्टराना अन्दाज़ में छाती पर हाथ मारा और बुदबुदाया, "अरे लक्ष्मी जालिम, एक झलक तो दिखा देती..."

"मुंशी जी, तुम तो देख रहे हो, लिखते क्यों नहीं ?" रामस्वरूप ने जब देखा कि गोविन्द धीरे-धीरे होल्डर का पिछला हिस्सा दाँतों में ठोंकता हुआ हिसाब की कापी में अपलक कुछ घूर रहा है तो पता नहीं कैसे यह बात उसकी समझ में आ गई कि वह जो कुछ सोच रहा है, उसका सम्बन्ध सामने रखे हिसाब से नहीं है...

उसने चौंककर लड़के की तरफ़ देखा...और चोरी पकड़ी जाने पर झेंपकर मुसकराया, तभी अचानक एक बात उसके दिमाग़ में कौंधी—यह लक्ष्मी रामस्वरूप की बहन ही तो है। ज़रूर उसका चेहरा इससे काफ़ी मिलता-जुलता होगा। इस बार उसने ध्यान से रामस्वरूप का चेहरा देखा कि वह सुन्दर है या नहीं। फिर अपनी बेवकूफ़ी पर मुसकराकर एक अँगड़ाई ली। चारों तरफ़ ढीले हुए कम्बल को फिर से चारों ओर कस लिया और अप्रत्याशित प्यार से बोला, "अच्छा मुन्ना, कल सुबह दे देंगे।"...उसकी इच्छा हुई कि वह उससे लक्ष्मी के बारे में कुछ बात करे; लेकिन सामने ही चौकीदार और मिस्तरी सलीम काम कर रहे थे...

असल में आज वह थक भी गया था। अचानक व्यस्त होकर बोला और जल्दी-जल्दी हिसाब करने लगा। दुनिया-भर की सिफ़रिशों के बाद उसका नाम कॉलेज के नोटिसबोर्ड

पर आ गया कि वह ले लिए गए लड़कों में से है। आते समय कुछ किताब और कॉपियाँ भी ख़रीद लाया था, सो आज वह चाहता था कि जल्दी-से-जल्दी अपनी कोठरी में लेटे और कुछ आगे-पीछे की बातें...दुनिया-भर की बातें सोचता हुआ सो जाए...सोचे, लक्ष्मी कौन है...कैसी है...वह उसके बारे में किससे पूछे ?...कोई उसका हम-उम्र और विश्वास का आदमी भी तो नहीं है। किसी से पूछे और रूपाराम को पता चल जाए तो ? लेकिन अभी तीसरा ही तो दिन है...मन-ही-मन अपने पास रखी पत्रिकाओं और कहानी की पुस्तकों की गिनती करते हुए वह सोचने लगा कि इस बार उसे कौन-सी देनी है... आगे जाकर जब काफ़ी दिन हो जाएँगे तो वह चुपचाप उसमें एक ऐसा छोटा-सा पत्र रख देगा जो किसी दोस्त के नाम लिखा गया होगा या उसकी भाषा ऐसी होगी कि पकड़ में न आ सके...भूल से चला गया, पकड़े जाने पर वह आसानी से कह सकेगा—उसे तो ध्यान भी नहीं था कि वह पर्चा इसमें रखा है। बीस जवाब हैं। अपनी चालाक बेवकूफ़ी की कल्पना पर वह मुसकराने लगा।

जिसके विषय में वह इतना सब सोचता है, वह उसी लक्ष्मी के पास से आई हुई पत्रिका है—उसने इसे अपने कोमल हाथों से छुआ होगा, तकिये के नीचे, सिरहाने भी यह रही होगी...लेटकर पढ़ते हुए हो सकता है, सोचते-सोचते छाती पर भी रखकर सो गई हो...और उसका तन-मन गुदगुदा उठा। क्या लक्ष्मी उसके विषय में बिलकुल ही न सोचती होगी ? हिसाब लिखने की व्यस्तता में भी उसने गर्दन मोड़कर एक हाथ से पत्रिका के पन्ने पलटने शुरू कर दिए और एक कोना-मुड़े पन्ने पर अचानक उसका हाथ ठिठक गया—यह किसने मोड़ा है ? एक मिनट में हज़ारों बातें उसके दिमाग़ में चक्कर लगा गईं। उसने पत्रिका उठाकर हिसाब की कॉपी पर रख ली। मुड़ा पन्ना पूरा खुला था। छपे पन्ने पर जगह-जगह नीली स्याही से निशान देखकर वह चौंक पड़ा। यह किसने लगाए हैं ? उसे खूब अच्छी तरह ध्यान है, वे पहले नहीं थे...

'मैं प्राणों से अधिक प्यार करती हूँ...' उसने एक नीली लाइन के ऊपर पढ़ा...

"अयँ ! यह क्या चक्कर है... ?" वह एकदम जैसे बौखला उठा, उसने फ़ौरन ही सामने बैठे मिस्तरी सलीम और दिलावरसिंह को देखा, वे अपने में ही व्यस्त थे। उसकी निगाह अपने-आप दूसरी लाइन पर फ़िसल गई।

'मुझे यहाँ से भगा ले चलो...'

"अरे... !"

तीसरी लाइन—'मैं फाँसी लगाकर मर जाऊँगी...'

और गोविन्द इतना घबरा गया कि उसने फट से पत्रिका बन्द कर दी। शंका से इधर-उधर देखा, किसी ने ताड़ तो नहीं लिया ? उसके माथे पर पसीना उभर आया और दिल चक्की के मोटर की तरह चलने लगा। पत्रिका के उन पन्नों के बीच में ही उँगली रखे हुए उसने उसे घुटने के नीचे छिपा लिया। कही दूर से रंग-बिरंगी कवर की तस्वीर को देखकर यह क़मबख्त चौकीदार ही न माँग बैठे। उन पंक्तियों को एक बार देखने की दुर्निवार इच्छा उसके मन में हो रही थी; लेकिन जैसे हिम्मत न पड़ती थी। क्या

सचमुच यह निशान लक्ष्मी ने ही लगाए हैं ? कहीं किसी ने मज़ाक तो नहीं किया ? लेकिन मज़ाक उससे कौन करेगा, क्यों करेगा ? ऐसा उसका कोई परिचित भी तो नहीं है यहाँ कि तीन दिन में ही ऐसी हिम्मत कर डाले।

उसने फिर पत्रिका निकालकर पूरी उलट-पलट डाली। नहीं, निशान वही है, बस। वह उन तीनों लाइनों को फिर एक साथ पढ़ गया और उसे ऐसा लगा जैसे उसके दिमाग में हवाई जहाज भन्ना उठा हो। गोविन्द का दिमाग़ चकरा रहा था, दिल धड़क रहा था, और जो हिसाब वह लिख रहा था, वह तो जैसे एकदम भूल गया। उसने क़लम के पिछले हिस्से से कान के ऊपर खुजलाया, खूब आँखें गड़ाकर जमा और ख़र्च के खानों को देखने की कोशिश की, लेकिन बस नस-नस में सन्-सन् करती कोई चीज़ दौड़े जा रही थी। उसे लगा, उसका दिल फट जाएगा और आतिशबाजी के अनार की तरह दिमाग़ फूट पड़ेगा...अब वह किससे पूछे ? यह सब निशान किसने लगाए हैं ? क्या सचमुच लक्ष्मी ने ?

इस मधुर-सत्य पर विश्वास नहीं होता। 'मैं चाहे उसे न देख पाया होऊँ, उसने तो ज़रूर ही मुझे देख लिया होगा। अरे, ये लड़कियाँ बड़ी तेज़ होती हैं।' गोविन्द की इच्छा हुई, अगर उसे इसी क्षण शीशा मिल जाए तो वह लक्ष्मी की आँखों से एक बार अपने को देखे– कैसा लगता है ?

लेकिन यह लक्ष्मी कौन है ? विधवा, कुमारी, विवाहिता, परित्यक्ता, क्या ? कितनी बड़ी है ? कैसी है ? उसकी नस-नस में एक प्रबल मरोड़-सी उठने लगी कि वह अभी उठे और दौड़कर भीतर के आँगन की सीढ़ियों से धड़ाधड़ चढ़ता हुआ ऊपर जा पहुँचे—लक्ष्मी जहाँ भी, जिस कमरे में बैठी हो, उसके दोनों कंधे झकझोरकर पूछे, 'लक्ष्मी, लक्ष्मी, यह सब तुमने लिखा है ? तुम नहीं जानती लक्ष्मी, मैं कितना अभागा हूँ।' और सचमुच इस अप्रत्याशित सौभाग्य से गोविन्द का हृदय इस तरह पसीज उठा कि उसकी आँखों में आँसू आ गए। डोरी से लटकते हुए बल्ब को अपलक देखता हुआ वह अपने अतीत और भविष्य की गहराइयों में उतरता चला गया; फिर उसने धीरे से अपनी कोरों में भरे आँसुओं को उँगली पर लेकर इस तरह झटक दिया जैसे देवता पर चन्दन चढ़ा रहा हो। उसका ढीला पड़ा हाथ अब भी पत्रिका के पन्ने को पकड़े था।

एक बार उसने फिर उन पंक्तियों को देखा—मान लो लक्ष्मी उसके साथ भाग जाए ? कहाँ जाएँगे वे लोग ? कैसे रहेंगे ? उसकी पढ़ाई का क्या होगा ? बाद में पकड़ लिए गए तो ?

लेकिन आख़िर यह लक्ष्मी है कौन ?

लक्ष्मी के बारे में प्रश्नों का एक झुण्ड उसके दिमाग़ पर टूट पड़ा, जैसे शिकारी कुत्तों का बाड़ा खोल दिया गया हो या एक के बाद एक सिर पर कोई हथौड़े की चोटें कर रहा हो, बड़ी निर्ममता और क्रूरता से। जैसे छत पर से अचानक गिर पड़ने वाले आदमी के सामने सारी दुनिया एक झटके के साथ, एक क्षण में चक्कर लगा जाती है, उसी तरह उसके सामने सैकड़ों-हज़ारों चीज़ें एकसाथ चमककर गायब हो गईं।

ईंटों के ऊँचे चौकोर तख्तनुमा चबूतरे पर पुरानी छोटी-सी सन्दुक़्ची के आगे बैठा गोविन्द हिसाब लिख रहा था और अभी हिसाब न मिलने के कारण जो कच्चे पुर्ज़े इधर-उधर बिखरे थे, वे सब यों ही बिखरे रहे। उसने खुले लेजर-रजिस्टर पर दोनों कुहनियाँ टिका दीं और हथेलियों से आँखें बन्द कर लीं... कनपटी के पास की नसें चटख रही थीं। ऐसा तो कभी देखा-सुना नहीं...सिनेमा, उपन्यासों में भी नहीं देखा-पढ़ा। सचमुच इन निशानों का क्या मतलब है ? क्या लक्ष्मी ने ही ये लाइनें खींची हैं ? हो सकता है, किसी बच्चे ने ही खींच दी हों... इस संभावना से थोड़ा चौंककर गोविन्द ने फिर पन्ना खोला—नहीं, बच्चा क्या सिर्फ़ इन्हीं लाइनों के नीचे निशान लगाता ? और लकीरें इतनी सधी और सीधी हैं कि किसी बच्चे की हो ही नहीं सकतीं। किसी ने उसे व्यर्थ परेशान करने को तो निशान नहीं लगा दिए ? हो सकता है, वह लक्ष्मी बहुत चुहलबाज़ हो और ज़रा छकाने को उसी ने सब किया हो...

यद्यपि गोविन्द इस तरह आँखें बन्द किए सोच तो रहा था; लेकिन उसे मन-ही-मन डर था कि मिस्तरी और दरबान उसे देखकर कुछ समझ न जाएँ। सबसे बड़ा डर लाला रूपाराम का था। अभी रूई-भरी, सकल-पारों वाली सिलाई की, मैली-सी पूरी बाँहों की मिरज़ई पहने और उस पर मैली चीकट, युगों पुरानी अण्डी लपेटे, धीरे-धीरे हाँफते हुए बेंत टेकते बड़े कष्ट से सीढ़ियाँ उतरकर वे आएँगे...

अचानक बेंत की खट्-खट् से चौंककर उसने जो आँखों के आगे से हाथ हटाए तो देखा, सच ही लाला रूपाराम चले आ रहे हैं। अरे कमबख्त याद करते ही आ पहुँचा—बैठे हुए देख तो नहीं लिया ? उसने झट पत्रिका को घुटने के नीचे और भी सरका लिया और सामने फैले पुर्जों पर आँखें टिकाकर व्यस्त हो उठा। मिस्तरी और चौकीदार की खुसुर-पुसुर बन्द हो गई। गली-सी पार करके लाला रूपाराम ने प्रवेश किया।

मोटे-मोटे शीशों के पीछे से उनकी आँखें बड़ी होकर भयंकर दीखती थीं। आँखों और पलकों का रंग मिलकर ऐसा दिखाई देता था जैसे पीछे मोरपंख के चँदावे लगे हों। सिर पर रूई-भरा कन्टोपा था, उसके कानों को ढकने वाले मोटर के 'मडगार्ड' जैसे कोने अब ऊपर मुड़े थे और पौराणिक राक्षसों के सींगों का दृश्य उपस्थित कर रहे थे। चेहरा उनका झुर्रियों से भरा था और चश्मे का फ्रेम नाक के ऊपर से टूट गया था, उसे उन्होंने डोरा लपेटकर मज़बूत कर लिया था। दाँत उनके नक़ली थे और शायद ढीले भी थे; क्योंकि उन्हें वे हमेशा इस तरह मुँह चला-चलाकर पीछे सरकाए रखते थे जैसे 'चुइंगम' चबा रहे हों। गोविन्द को उनके इस मुँह चलाने और मुँह से निकलती तरह-तरह की आवाज़ों से बड़ी उबकाई-सी आती थी और जब वे उससे बात करते तो वह प्रयत्न करके अपना ध्यान उस ओर से हटाए रखता। लाला रूपाराम की गर्दन हमेशा इस तरह हिलती रहती जैसे खिलौने वाले बुड्ढे की गर्दन का स्प्रिंग ढीला हो गया हो। घुटनों तक की मैली-कुचैली धोती और मिलिटरी के कबाड़िया बाज़ार से खरीदकर लाए गए मोज़ों पर बाँधने की पट्टियाँ, जो शायद उन्हें गठिया के दर्द से भी बचाती थीं; बिना फ़ीते के

खींसे निपोरते फटे-पुराने बूट—उन्हें देखकर हमेशा गोविन्द को लगता कि इस आदमी का अन्त समय निकट आ गया है।

जब लाला रूपाराम पास आ गए तो उनके सम्मान में चेहरे पर चिकनाई वाली मुसकान लाकर उनकी ओर देखते हुए स्वागत किया। ईंटों के चबूतरे पर लगभग दो सौ स्याही के दाग़ और छेद वाली दरी पर, रामस्वरूप के उससे सटकर खड़े होने से, एक मोटी-सी सिकुड़न पड़ गई थी, उसे हाथ से ठीक करके उसने कहा, "लाला जी, यहाँ बैठिए...।"

लाला जी ने हाँफते हुए बिना बोले ही इशारा कर दिया कि नहीं, वे ठीक हैं। और वे टीन की कुर्सी पर ही उसकी ओर मुँह करके बैठ गए और हाँफते रहे। असल में उन्हें साँस की बीमारी थी और वे हमेशा प्यासे कुत्ते की तरह हाँफते रहते थे।

उनके वहाँ आ बैठने से एक बार तो गोविन्द काँप उठा, कहीं कमबख़्त को पता तो नहीं चल गया ? कुछ पूछने-ताछने न आया हो। हालाँकि लाला रूपाराम इस समय खा-पीकर एक बार चक्कर ज़रूर लगाते थे, लेकिन उसे विश्वास हो गया कि हो-न-हो बुड्ढा ताड़ गया है। उसका दिल धसक चला। रूपाराम अभी हाँफ रहे थे। गोविन्द सिर झुकाए ही हिसाब-किताब जोड़ता रहा। आख़िर स्थिति सँभालने की दृष्टि से उसने कहा,"लाला जी, आज मेरा नाम आ गया कॉलेज में।"

"अच्छा !" लाला जी ने खाँसी के बीच में ही कहा। वह एक हाथ से डंडे को धरती पर टेके थे, दूसरे हाथ में कलाई तक गोमुखी बँधी थी, जिसके भीतर उँगलियाँ चला-चलाकर वह माला घुमा रहे थे और उनका वह हाथ टोंटा-सा लग रहा था।

वातावरण का बोझ बढ़ता ही चला जा रहा था कि एक घटना हो गई।

उन्होंने साँस इकट्ठी करके कुछ बोलने को मुँह खोला ही था कि भीतर आँगन का टट्टर (लोहे का जाल) भयंकर रूप से झनझना उठा, जैसे कोई बहुत ही भारी चीज़ ऊपर से फेंक दी गई हो। और फिर ज़ोर से बजती हुई खनखनाती कल्छी जैसी चीज़ नीचे आ गिरी; उसके पीछे चिमटा, सँडासी...और फिर तो उसे ऐसा लगा जैसे कोई बाल्टी, कढ़ाई, तवा इत्यादि निकालकर टट्टर पर फेंक रहा है और पानी और छोटी मोटी चीज़ें नीचे गिर रही हैं। उसके साथ कुछ कोलाहल और कुहराम भीतर सुनाई दिया, जैसे आग लग गई हो !

गोविन्द झटककर सीधा हो गया!—कहीं सचमुच आग-वाग तो नहीं लग गई ? उसने प्रश्नसूचक दृष्टि से चौंककर लाला की तरफ़ देखा और वह आश्चर्य से अवाक् रह गया। लाला परेशान ज़रूर दिखाई देता था लेकिन कोई भयंकर घटना हो गई और उसे दौड़कर जाना चाहिए, ऐसी कोई बात उसके चेहरे पर नहीं थी। मिस्तरी और चौकीदार, दोनों बड़े दबे व्यंग्य से एक दूसरे की ओर देखते, मुसकराते, लाला की ओर निगाहें फेंक रहे थे। किसी को भी कोई ख़ास चिन्ता नहीं थी। भीतर कोलाहल बढ़ रहा था, चीजें फिंक रही थीं और टट्टर की खड़खड़ाहट-घनघनाहट गूँजती जा रही थी। आख़िर यह क्या हो रहा है ? उत्तेजना से उसकी पसलियाँ तड़कने को हो आईं। वह लाला से यह पूछने

ही वाला था कि यह क्या है, तभी बड़े कष्ट से हाथ की लकड़ी पर सारा ज़ोर देकर वह उठ खड़ा हुआ...और घिसटता-सा जहाँ से आया उसी गली में चला गया। जाते हुए उलटकर धीरे से उसने किवाड़ बन्द कर दिए। मिस्तरी और चौकीदार ने मुक्त होकर बदन ढीला किया, एक-दूसरे की ओर मुसकराकर देखा, खँखारा और फिर एक बार खुलकर मुसकराए। लाला का पीछा करती गोविन्द की निगाह अब उन लोगों की ओर मुड़ गई। और जब उससे नहीं रहा गया तो वह खड़ा हो गया। मुर्ग़े के पंखों की तरह कम्बल को बाँहों पर फड़फड़ाकर उसने लपेटा और उस पत्रिका को देखता हुआ चबूतरे से नीचे उतर गया। थोड़ी देर यों ही असमंजस में खड़ा रहा, फिर उस गलियारे के दरवाज़े तक गया कि कुछ दिखाई-सुनाई दे। कोलाहल में चार-पाँच आवाज़ें एक साथ किवाड़ की दरार से घुटी-घुटी सुनाई दीं और उसमें सबसे तेज़ आवाज़ वही थी जिसे उसने लक्ष्मी की आवाज़ समझ रखा था। हे भगवान्, क्या हो गया ? कोई कहीं से गिर पड़ा, आग लग गई, साँप-बिच्छू ने काट लिया ? लेकिन जिस तरह ये लोग बैठे देख रहे थे, उससे तो ऐसा लगता था जैसे यह कोई ख़ास बात नहीं है। यह कमबख्त किवाड़ क्यों बन्द कर गया ? इस वक्त टट्टर इस तरह धमाधम बज रहा था, जैसे उस पर कोई ताण्डव कर रहा हो ! उस ऊँची, चीख़ती महीन आवाज़ में वह नारी कंठ, जिसे वह लक्ष्मी की आवाज़ समझता था, इतनी तेज़ और ज़ोर से बोल रहा था कि लाख कोशिश करने पर भी वह कुछ नहीं समझ सका।

"परेशान क्यों हो रहे हो बाबूजी ?" चौकीदार की आवाज़ सुनकर वह एकदम सीधा खड़ा हो गया। मुसकराता हुआ वह कह रहा था, "आज चंडी चेत रही है।" उसकी इस बात पर मिस्तरी हँसा।

गोविन्द बुरी तरह झुँझला उठा। कोई इतनी बड़ी बात, घटना हो रही है और ये बदमाश इस तरह मज़ा लूट रहे हैं ! फिर भी वह अत्यन्त चिन्तित और उत्सुक-सा उधर मुड़ा।

इस बड़े कमरे या छोटे हॉल में हर चीज़ पर आटे का महीन पाउडर छाया हुआ था। एक ओर आटे में नहाई चक्की, काले पत्थर के बने हाथी की तरह चुपचाप खड़ी थी और उसका पिसे आटे को सँभालने वाला गिलाफ़-सा सूँड की तरह लटका था। उसी की सीध में दूसरी दीवार के नीचे मोटर लगी थी, जहाँ से एक चौड़ा पट्टा चक्की को चलाता था। इतने हिस्से में सुरक्षा के लिए एक रेलिंग लगा दिया गया था। सामने की दीवार में चिपके लम्बे-चौड़े लाल चौकोर तख्ते पर एक खोपड़ी और दो हड्डियों के क्रॉस के नीचे 'खतरा' और 'डेंजर' लिखे थे। उसके चबूतरे की बगल में ही छत से जाती ज़ंजीर में एक बड़ी लोहे की तराज़ू, कथाकली की मुद्रा में एक बाँह ऊँची किए लटकी थी, क्योंकि दूसरे पलड़े में मन से लेकर छटाँक तक के बाटों का ढेर लगा था। यद्यपि लाला रूपाराम अक्सर चौकीदार को डाँटते थे कि रात में इसे उतारकर रख दिया कर; लेकिन किसी-किसी दिन आधी रात तक चक्की चलती और दुकान-दफ्तर वाले तो सुबह पाँच बजे से ही आने लगते—उस समय बर्फ़ जैसी ठंडी तराज़ू को छूना और

टाँगना दिलावरसिंह को अधिक पसन्द नहीं था। वह उसे यह कहकर टाल देता कि लड़ाई में सुबह-ही-सुबह काफ़ी ठंडी बन्दूकें लेकर मार्च और परेड कर लिया, अब क्या ज़िन्दगी भर ठंडा लोहा ही छूना उसकी किस्मत में बदा है ? इसीलिए वह उसे टँगी ही रहने देता। हालाँकि ठीक बीच में होने के कारण वह जब भी दरवाज़ा खोलने उठता तो खुद ही उससे टकराता-उलझता और रात के एकान्त में फौज़ी गालियों का स्वगत भाषण करता। पुराना कैलेण्डर, एक ओर पिसाई के लिए भरे अन्न या पिसे आटे के बोरे, कनस्तर, पोटलियाँ और ऊपर चढ़कर अन्न डालने का मज़बूत-सा स्टूल। इस समय दोनों टाँगें, जिनमें कीलदार फुल-बूट डटे हुए थे, धरती पर फैलाए चौकीदार मज़े में खाट की पाटी पर झुका बैठा अपना पुराना—पहली लड़ाई के सिपाहीपने की याद—ग्रेटकोट चारों ओर लपेटे शान से बीड़ी धौंक रहा था और धीरे-धीरे सामने बैठे मिस्तरी सलीम से बातें भी करता जा रहा था।

उसके और मिस्तरी के बीच में एक बरोसी जल रही थी; जब कभी ध्यान आ जाता तो पास रखे कोयले-लकड़ी कुछ डाल देता और कभी-कभी अत्यन्त निस्पृहता से हाथ या पाँव उस दिशा में बढ़ाकर गर्मी सोखता। सलीम सिर झुकाए, गर्म पानी की बाल्टी में ट्यूब डुबा-डुबाकर उनके पंक्चर देखने में व्यस्त था। उसके आस-पास दस-बारह काले-लाल ट्यूब, रबर की कतरनें, कैंची, पेंच, प्लास, सोल्यूशन, चमड़े की पेटी और एक ओर टायर लटके दस-बारह साइकिल के पहियों का ढेर था। अपने इस सामान से उसने आधे से ज़्यादा कमरा घेर लिया था।

जब गोविन्द उसके पास आया तो वह सिर झुकाए ही हँसता हुआ ट्यूब के पंक्चर को पकड़कर कान में लगी कॉपीइंग पेन्सिल को थूक से गीला करते हुए (हालाँकि ट्यूब पानी से भीगा था और सामने पानी-भरी बाल्टी भी रखी थी) निशान लगाता हुआ जवाब दे रहा था, "यह कहा जमादार साहब ने ?" फिर एक भौंह को ज़रा तिरछी करके बोला, "लाला कुछ नामा ढीला करे तो...उसकी लड़की पर जिन का साया है, उसका इलाज तो हम अपने मौलवी बदरुद्दीन साहब से मिनटों में करा दें।"

गोविन्द का माथा ठनका : लाला की किसी लड़की पर क्या कोई देवी आती है ? उसे अपने गाँव की एक ब्राह्मणी विधवा, तारा का एकदम ध्यान हो आया। उसे भी जब देवी आती थी तो घर के बर्तन उठा-उठाकर फेंकती थी, उसका सारा बदन ऐंठने लगता था, मुँह से झाग जाने लगते थे, गर्दन मरोड़ खाने लगती थी, आँखें और जीभ बाहर निकलने लगती थीं। कौन लड़की है लाला की ? लक्ष्मी तो नहीं ? भगवान करे लक्ष्मी न हो; उसका दिल आशंका से डूबने-सा लगा। उसने सुना, कोलाहल अब लगभग शान्त हो गया था और कहीं दूर से रह-रहकर एक हल्की रोने की आवाज़ भर सुनाई देती थी। शायद किसी को दौरा-वौरा ही आ गया है, तभी तो ये लोग निश्चिन्त हैं।

गोविन्द को सुनाकर चौकीदार बोला, "नामा ? तुम भी यार मिस्तरी, किसी दिन बेचारे बुड्ढे का हार्टफेल कराओगे। और बेटा, इस 'जिन' का इलाज तुम्हारे मौलवी के पास नहीं है, समझे ? वह तो हवा ही दूसरी है। आओ बाबूजी, बैठो।"

चौकीदार ने बैठे-बैठे स्टूल की तरफ इशारा किया। असल में वह गोविन्द को 'बाबू जी' ज़रूर कहता था; लेकिन उसका विशेष आदर नहीं करता था। एक तो गोविन्द क़स्बे से आया था, और उसे शहर में चौकीदारी करते हो चुके थे नक़द बीस साल; दूसरे वह फ़ौज में रहा था और कैरो तक घूम आया था—उम्र, अनुभव, तहज़ीब सभी में वह अपने को गोविन्द से ज़्यादा ही समझता था। लेकिन गोविन्द को इस समय इस सबका ध्यान नहीं था। उसने स्टूल से टिककर ज़रा सहारा लेते हुए चिंतित स्वर में पूछा, "क्यों भई, यह शोर-गुल क्या था ? क्या हो रहा था ?"

मिस्तरी ने सिर उठाकर उसे देखा और चौकीदार की मुसकराती नज़रों से उसकी आँखें मिलीं। उसने अपनी खिचड़ी मूँछों पर हथेली फेरते हुए कहा, "कुछ नहीं बाबू जी, ऊपर कोई चीज़ किसी बच्चे ने गिरा दी होगी...।

मिस्तरी ने कहा, "जमादार साहब, झूठ क्यों बोलते हो ? साफ़-साफ़ क्यों नहीं बता देते ? अब इनसे क्या छिपा रहेगा ?"

"तू खुद क्यों नहीं बता देता ?" चौकीदार ने कहा और जेब से बीड़ी का बंडल निकाल लिया, कागज़ नोचकर आटे की लोई बनाने की तरह उसे ढीला किया, फिर एक बीड़ी निकालकर मिस्तरी की ओर फेंकी। दूसरी को दोनों तरफ से फूँका और जलाने के लिए किसी दहकते कोयले की तलाश में बरोसी में निगाहें घुमाते हुए ज़रा व्यस्तता से बात जारी रखी, "तुझे क्या मालूम नहीं है ?"

इन दोनों की चुहल से गोविन्द की झुँझलाहट बढ़ रही थी। उसे लगा, ज़रूर ही दाल में काला है, जिसे लोग टाल रहे हैं। मिस्तरी जीभ निकाले पंक्चर के स्थान को रेगमाल से घिस रहा था। वह जब भी कोई काम एकाग्रचित्त से करता तो अपनी जीभ को निकालकर ऊपर के होंठ की तरफ मोड़ लेता था। उसकी चाँद के बीच में उभरते गंज को देखकर गोविन्द ने सोचा कि गंजापन तो रईसी की निशानी है; लेकिन यह कमबख़्त तो आधी रात में यहाँ पंक्चर जोड़ रहा है। उसने उसी तरह सिर झुकाए ही कहा, "अब मैं बाबू जी को किस्सा बताऊँ या इन ट्यूबों से सिर फोड़ूँ ? साले सड़कर हलुआ तो हो गए हैं, पर बदलेगा नहीं। मन तो होता है, सबको उठाकर इस अँगीठी में रख दूँ, होगा सुबह सो देख जाएगा..."

"ये इतने ट्यूब हैं काहे के ?" ज़रा आत्मीयता जताने को गोविन्द ने पूछा, "हालत तो सचमुच इनकी बड़ी ख़राब हो रही है।"

"आपको नहीं मालूम ?" इस बार काम छोड़कर मिस्तरी ने ग़ौर से गोविन्द को देखा, "यह आपके लाला के जो दो दर्जन रिक्शा चलते हैं, उनका कूड़ा है। यह तो होता नहीं कि इतने रिक्शे हैं, रोज़ टूट-फूट मरम्मत होती ही रहती है; हमेशा के लिए लगा ले एक मिस्तरी; दिन भर की छुट्टी हुई। सो तो नहीं; ट्यूब-टायर मेरे सिर हैं और बाक़ी टूट-फूट मिस्तरी अली अहमद ठीक करते हैं।" फिर उनसे यूँ ही पूछा, "आप बाबू जी, नए आए हैं ?"

"हाँ, दो-तीन दिन ही तो हुए हैं। मैं यहाँ पढ़ने आया हूँ।" गोविन्द ने कहा। उसके

पेट में खलबलाहट मच रही थी, लेकिन वह नए सिरे से पूछने का सूत्र खोज रहा था।

"तभी तो," मिस्तरी बोला, "तभी तो आप यह सब पूछ रहे हैं; रात को इसका हिसाब रखते हैं न ? हाँ, थोड़े दिनों में अपने फ़रज़न्द को भी आपसे पढ़वाएगा।" अपने 'फ़रज़न्द' शब्द में जो व्यंग्य उसने दिया था उससे खुद ही प्रसन्न होकर मुसकराते हुए उसने चौकीदार की दी हुई बीड़ी सुलगाई।

"अबे, उन्हें यह सब क्या बताता है ? वे तो उसके गाँव से ही आए हैं। उन्हें सब मालूम है।" चौकीदार बोला।

"नहीं, सच, मुझे कुछ नहीं मालूम।" गोविन्द ने ज़रा आश्वासन के स्वर में कहा, "इन लाला के तो पिता ही यहाँ चले आए थे न, सो हम लोगों को कुछ भी नहीं मालूम। बताइए न, क्या बात है ?" गोविन्द ने आदरपूर्वक ज़रा खुशामद के लहज़े में पूछा।

शायद उसकी जिज्ञासु व्याकुलता से प्रभावित होकर ही मिस्तरी बोला, "अजी कुछ नहीं, लाला की बड़ी लड़की जो है न, उसे मिरगी का दौरा आता है। कोई कहता है उसे हिस्टीरिया है, पर हमारा तो क़यास है कि बाबू जी, दौरा-वौरा कुछ नहीं, उस पर किसी आसेब का साया है...उस बेचारी को तो कुछ होश नहीं रहता।"

"विधवा है ?" जल्दी से बात काटकर गोविन्द धक्-धक् करते दिल से पूछ बैठा—हाय, लक्ष्मी ही न हो।

इस बार पुनः दोनों की निगाहों का आपस में टकराकर मुसकराना उससे छिपा न रहा। बीड़ी के लम्बे कश के धुएँ को लीलकर इस बार चौकीदार ज़बरदस्ती गम्भीर बनकर बोला, "अजी, इसने उसकी शादी ही कहाँ की है ?"

"नाम क्या है ?" गोविन्द से नहीं रहा गया।

"लक्ष्मी।"

"लक्ष्मी...!" उसके मुँह से निकल गया और जैसे एकदम उसकी सारी शक्ति किसी ने सोख ली हो, जिज्ञासा और उत्तेजना से तना शरीर ढीला पड़ गया।

चौकीदार इस बार अत्यन्त ही रहस्यमय ढंग से हँसा, जैसे कह रहा हो—अच्छा, तुम भी जानते हो ?

गोविन्द के मन में स्वाभाविक प्रश्न उठा, उसकी उम्र क्या है ?

लेकिन चौकीदार ने पूछा, "तो सचमुच बाबू जी, आप इनके घर के बारे में कुछ भी नहीं जानते ?"

"नहीं भाई, मैंने बताया तो, मैं इनके बारे में कुछ भी क़तई नहीं जानता।" एक तरह आत्म-समर्पण के भाव से गोविन्द बोला।

"लेकिन लक्ष्मी का क़िस्सा तो सारे शहर में मशहूर है," चौकीदार बोला।

"आप शायद नए आए हैं, यही वजह है।" फिर मिस्तरी की ओर देखकर बोला, "क्यों मिस्तरी साहब, तो बाबू जी को किस्सा बता ही दूँ ?"

"अरे लो, यह भी कोई पूछने की बात है ! इसमें छिपाना क्या ? यहाँ रहेंगे तो कभी-न-कभी जान ही जाएँगे।"

"अच्छा, तो फिर सुन ही लो यार, तुम भी क्या कहोगे..." चौकीदार ने आनन्द में आकर कहना शुरू किया, "आप शायद जानते हैं, यह हमारा लाला शहर का मशहूर कंजूस और मशहूर रईस है...।"

"लामुहाला जो कंजूस होगा वो रईस तो होगा ही।" मिस्तरी बोला।

"नहीं मिस्तरी साहब, पूरा किस्सा सुनना हो तो बीच में मत टोको।" चौकीदार इस हस्तक्षेप पर नाराज़ हो गया।

"अच्छा-अच्छा, सुनाओ।" मिस्तरी बुड्ढों की तरह मुसकराया।

"इसकी यह चक्की है न, सहालगों में इस पर हज़ारों मन पिसता है, वैसे भी दो-ढाई सौ मन तो कम-से-कम पिसता ही है रोज़। अफसरों और क्लर्कों को कुछ खिला-पिलाकर लड़ाई के ज़माने में इसे मिलिटरी के कुछ ठेके मिल ही जाते थे। आप जानो, मिलिटरी का ठेका तो जिसके पास आया सो बना। आप उन दिनों देखते 'लक्ष्मी फ़्लोर मिल' के हल्ले। बोरे यों चुने रखे रहते थे जैसे मोर्चे के लिए बालू भर-भरकर रख दिए हों। इसमें इसने खूब रुपया पीटा, मिलिटरी के गेहूँ बेच दिए औने-पौने भाव, और रद्दी सस्तेवाले ख़रीद कर कोटा पूरा किया; उसमें खड़िया मिला दी। पिसाई के उलटे-सीधे पैसे तो इसने मारे ही, ब्लैक, चार-सौ बीसी, चोरी—क्या-क्या इसने नहीं किया। इसके अलावा एक बड़ी साबुन की फैक्टरी और एक काफ़ी बड़ा जूतों का कारख़ाना भी इसका है। उसे इसके बेटे सँभालते हैं। पच्चीस-तीस रिक्शे और पाँच मोटर-ट्रक चलते हैं। दस-बारह से ज्यादा इसके मकान हैं, जिनका किराया आता है। रुपये सूद पर देता है। शायद गाँव में काफ़ी ज़मीन इसने ले रखी है। एक काम है साले का ! इतना तो हमें पता है, बाक़ी इसकी असली आमदनी तो कोई भी नहीं जानता, कुछ-न-कुछ करता ही रहता है। भगवान् ही जाने ! रात-दिन किसी-न-किसी तिकड़म में लगा ही रहता है। करोड़ों का आसामी है। और सबसे ताज्जुब की बात तो यह है कि सब सिर्फ़ इसी पच्चीस-छब्बीस साल में जमा की हुई रक़म है।" चौकीदार दिलावरसिंह मिलिटरी में रह आने के कारण खूब बातूनी था और मोर्चे के अपने अफसरों के किस्सों को, अपनी बहादुरी के कारनामों को खूब नमक-मिर्च लगाकर इतनी बार सुना चुका था कि उसे कहानी सुनाने का मुहावरा हो गया था। हर बात के उतार-चढ़ाव के साथ उसकी आँखें और चेहरे की भंगिमाएँ बदलती रहती थीं।

उसकी बातें ग़ौर और रुचि से सुनते हुए भी गोविन्द के मन में एक बात टकराई : लक्ष्मी को दौरे आते हैं, कहीं ऐसा तो नहीं कि उसने जो यह निशान लगाकर भेजे हैं, यह भी दौरों की दशा में ही लगाए हों, और उनका कोई विशेष गहरा अर्थ न हो ? इस बात से सचमुच उसे बड़ी निराशा हुई, फिर भी उसने ऊपर से आश्चर्य प्रकट करके पूछा, "सिर्फ़ पच्चीस-छब्बीस साल ?"

नई बीड़ी जलाते हुए चौकीदार ने ज़ोर से सिर हिलाया।

गोविन्द ने सोचा, 'और लक्ष्मी की उम्र क्या होगी ?'

"और कंजूसी की तो हद आपने देख ही ली होगी ! बुड्ढा हो गया है, साँस का

रोग हो रहा है, सारा बदन काँपता है; लेकिन एक पैसे का भी फ़ायदा देखेगा तो दस मील धूप में हाँफता हुआ पैदल जाएगा, क्या मजाल जो सवारी कर ले ! गर्मी आई तो पूरा शरीर नंगा; कमर में धोती—आधी पहने, आधी बदन में लपेटे। जाड़ा हुआ तो यही ड्रैस, बस इसी में पिछले दस साल से तो मैं देख रहा हूँ। कभी किसी मकान की मरम्मत न कराना, सफेदी-सफ़ाई न कराना और हमेशा यही ध्यान रखना कि कौन कितनी बिजली खर्च कर रहा है, कहाँ बेकार नल या पंखा चल रहा है। लड़का है सो उसे मुफ़्त के चुंगी के स्कूल में डाल दिया है; लड़की घर पर बैठा रखी है। एक-एक पैसे के लिए घण्टों रिक्शावालों, ट्रकवालों से लड़ना, बहसें करना और चक्की वालों की नाक में दम रखना, उन्हें दिन-रात यह सिखाना कि किस चालाकी से आटा बचाया जा सकता है। बीसियों रुपये का आटा रोज़ होटलवालों को बिकता है, सो अलग। जिस दिन से चक्की खुली है, घर के लिए तो आटा बाजार से आया ही नहीं। आप विश्वास मानिए, कम-से-कम बारह-पन्द्रह हज़ार की आमदनी होगी इसकी, लेकिन सूरत देखिए, मक्खियाँ भिनभिनाती रहती हैं। किसी आने-जाने वाले के लिए एक कुर्सी तक नहीं—पान-सुपाड़ी की तो बात ही दूर है। कौन कह देगा कि यह पैसे वाला है ? यह उम्र होने आई, सुबह से शाम तक बस, पैसे के पीछे हाय-हाय ! दुनिया के किसी और काम से इसे मतलब ही नहीं है। सभा हो, सोसाइटी हो, हड़ताल हो, छुट्टी हो, कुछ भी हो—लेकिन लाला रूपाराम अपनी ही धुन में मस्त ! नौकरों को कम-से-कम देना पड़े, इसलिए खुद ही उनके काम को देखता है। मुझसे तो कुछ इसलिए नहीं कहता कि मुझ पर थोड़ा विश्वास है; दूसरे मेरी ज़रूरत सबसे बड़ी है। लेकिन बाकी हर नौकर रोता है इसके नाम को। और मज़ा यह कि सब जानते हैं कि झक्की है। कोई इसकी बात को ध्यान से सुनता नहीं। बाद में सब इसका नुकसान करते हैं, आस-पास के सभी हँसते और गालियाँ देते है...''

''बच्चे कितने...हैं ?'' चौकीदार को इन बेकार की बातों में बहकता देखकर गोविन्द ने सवाल किया।

''उसी बात पर आता हूँ,'' चौकीदार इत्मीनान से बोला, ''सच बाबू जी, मैं यह देख-देखकर हैरान हूँ कि इस उम्र तक तो इसने यह दौलत जुटाई है, अब इसका यह कमबख्त करेगा क्या ? लोग जमा करते हैं कि बैठकर भोगें; यह राक्षस तो जमा करने में ही लगा रहता है। इसे जमा करने की ही ऐसी हाय-हाय रही है कि दौलत किसलिए जमा की जाती है, इस बात को यह बेचारा बिलकुल भूल गया है।'' फिर बड़े चिन्तित और दार्शनिक मूड में दिलावरसिंह ने आग वाली राख को देखते हुए कहा, ''इस उम्र तक तो इसे जोड़ने की ऐसी हवस है, अब इसका यह भोग कब करेगा ? सचमुच बाबू जी, जब कभी मैं सोचता हूँ तो बेचारे पर बड़ी दया आती है। देखो, आज की तारीख तक यह बेचारा भाग-दौड़कर, लू-धूप की चिन्ता छोड़कर जमा कर रहा है। एक पाई उसमें से खा नहीं सकता, जैसे किसी दूसरे का हो—अब मान लीजिए, कल यह मर जाता है तो यह सब किसके लिए जमा किया गया ? बेचारे के साथ कैसी लाचारी है,

मरकर-जीकर, नौकर की तरह जमा किए जा रहा है, न खुद खा सकता है, न देख सकता है कि कोई दूसरा छू भी ले—जैसे धन के ऊपर बैठा साँप, खुद उसे खा नहीं सकता, खाने तो ख़ैर देगा ही क्या ? उसकी रखवाली करना और जोड़ना..." और लाला रूपाराम के प्रति दया से अभिभूत होकर चौकीदार ने एक गहरी साँस ली। फिर दूसरे ही क्षण दाँत किटकिटाता हुआ बोला, "और कभी-कभी मन होता है, छुरा लेकर साले की छाती पर जा चढ़ूँ, और मुरब्बे के आम की तरह गोदूँ। अपने पेट में जो इसने इतना धन भर रखा है, उसकी एक-एक पाई उगलवा लूँ। चाहे खुद न खाए लेकिन, जिसे अपने बच्चों को भी खिला-पिला नहीं सकता, उस धन का क्या होगा ?"

"इसके बच्चे कितने हैं ?" इस बार फिर गोविन्द अधीर हो आया। असल में वह चाहता था कि दार्शनिक उद्‌गारों को छोड़कर वह जल्दी-से-जल्दी मूल विषय पर आ जाए : लक्ष्मी के विषय में बताए।

वर्णन में बह जाने की अपनी कमज़ोरी पर चौकीदार मुसकराया और बोला, "इसके बच्चे हैं चार; बीवी मर गई, बाक़ी किसी नातेदार, किसी रिश्तेदार को झाँकने नहीं देता, ऊपर तो कोई नौकर भी नहीं है। बस; एक मरी-मराई सी बुढ़िया पाल ली है, लोग बड़े भाई की बीवी बताते हैं। बस, वही सारी देख-भाल करती है। और तो किसी को मैंने साथ देखा नहीं। खुद के तीन लड़के और एक लड़की..."

"बड़े दो लड़के तो साथ नहीं रहते..." इस बार मिस्तरी बोला।

"हाँ, वो लोग अलग ही रहते हैं। दिन में एकाध चक्कर लगा जाते हैं। एक जूतों का कारखाना देखता है, दूसरा साबुन की फैक्टरी सँभालता है। इस साले को उन पर भी विश्वास नहीं है। पूरे कागज़-पत्तर, हिसाब-किताब अपने पास ही रखता है; नियम से शाम को वहाँ जाता है वसूली करने। लेकिन लड़के भी बड़े तेज़ हैं, ज़रा शौक़ीन तबियत पाई है। इसके मरते ही देख लेना मिस्तरी, वो इसकी सारी कंजूसी निकाल डालेंगे।" फिर याद करके बोला, "और क्या कहा तुमने ? साथ रहने की बात, सो भैया, जब तक अकेले थे, तब तक तो कोई बात ही नहीं थीं; लेकिन अब तो उनकी बीवियाँ आ गई हैं न, एकाध बच्चा भी आ गया है घर में, सो उसे दिन भर गोद में लटकाए फिरता है। इसके घर में एक चण्डी जो है न, उसके साथ सबका निभाव नहीं हो सकता।"

एकदम गोविन्द के मन में आया : लक्ष्मी। और वह ऊपर से नीचे तक सिहर उठा। "कौन, लक्ष्मी ?" उसके मुँह से निकल गया।

"जी हाँ, उसी की बदौलत तो यह सारा खेल है, वही तो इस भंडारे की चाबी है। वह न होती तो यह सब ताम-झाम आता कहाँ से ? उसने तो इसके दिन ही पलट दिए, नहीं तो था क्या इसके पास ?" इस बार यह बात चौकीदार ने ऐसे लटके से कही, जैसे सचमुच किसी रहस्य की चाबी दे दी हो।

"कैसे भाई, कैसे ?" गोविन्द पूछ बैठा। उसका दिमाग़ चकरा गया। यह क्या विरोधाभास है ? एक पल को उसके दिमाग़ में आया—कहीं यह रुपया कमाने के लिए

तो लक्ष्मी का उपयोग नहीं करता ? राक्षस ! चाण्डाल !

उसकी व्याकुलता पर चौकीदार फिर मुसकराया, और बोला, "बाप तो इसका ऐसा रईस था भी नहीं, फिर वह कच्ची गृहस्थी छोड़कर मर गया था। ज़्यादा-से-ज़्यादा हज़ार-हज़ार रुपया दोनों भाइयों के पल्ले पड़ा होगा। शादियाँ दोनों की हो ही चुकी थीं। कुछ कारबार खोलने के विचार से यह सट्टे में अपने रुपये दूने-चौगुने करने जो पहुँचा तो सारे गँवा आया। बड़े भइया रोचूराम ने एक पनचक्की खोल डाली। पहले तो उसकी भी हालत डाँवाडोल रही थी; लेकिन सुनते हैं कि जब से उसकी लड़की गौरी पैदा हुई, उसकी हालत सँभलती ही चली गई। यह उसी के यहाँ काम करता था, मियाँ-बीवी वहीं पड़े रहते। ऐसा कुछ उस लड़की का पाँव आया कि लाला रोचूराम सचमुच के लाला हो गए। इन लोगों के बड़े-बूढ़ों का कहना था कि लड़की उनके खानदान में भागवान होती है। अब तो अपना लाला कभी इस ओझा के पास जा, कभी उस पीर के पास जा, कभी इसकी 'मानता', कभी उसका 'संकल्प'—दिन-रात बस यही कि हे भगवान्, मेरे लड़की हो। और पता नहीं कैसे, भगवान् ने सुन ली और लड़की ही आई। आप विश्वास नहीं करेंगे, फिर तो सचमुच ही रूपाराम के नक्शे बदलने लगे। पता नहीं गड़ा हुआ मिला या छप्पर फाड़कर मिला—लाला रूपाराम के सितारे फिर गए...। इसे विश्वास होने लगा कि यह सब बेटी की कृपा है और वास्तव में यह कोई देवी है। इसने उसका नाम लक्ष्मी रखा और साहब, कहना पड़ेगा कि लक्ष्मी सचमुच लक्ष्मी ही बनकर आई। थोड़े दिनों में ही 'लक्ष्मी फ़्लोर मिल' अलग बन गई। अब तो इसका यह हाल है कि यह मिट्टी भी छू दे तो सोना बन जाए और कंकड़ को उठा ले तो हीरा दीखे। फिर आ गई लड़ाई और इसके पंजे-छक्के हो गए। इसे ठेके मिलने लगे। समझिए, एक के बाद एक मकान खरीदे जाने लगे—सामान लाने-ले जाने वाले ट्रक आए। इधर रोचूराम भी फल रहा था, और दोनों भाई गर्व से कहते थे : 'हमारे यहाँ लड़कियाँ लक्ष्मी बनकर ही आती हैं।' लेकिन फिर एक ऐसा वाक़या हो गया कि तस्वीर की शक्ल बदल गई..."

चौकीदार दिलावरसिंह जानता था कि यह उसकी कहानी का क्लाईमैक्स है। इसलिए श्रोताओं की उत्सुकता को झटका देने के लिए उसने उँगलियों में दबी, व्यर्थ जलती बीड़ी को दो-तीन कश लगाकर खत्म किया और बोला, "गौरी शादी लायक़ हो गई थी। शायद किसी पड़ोसी लड़के को लेकर कुछ ऐसी-वैसी बातें भी लाला रोचूराम ने सुनी। लोगों ने उँगलियाँ उठाना शुरू कर दिया तो उन्होंने गौरी की शादी कर दी। बस, उसकी शादी होना था कि जैसे एकदम सारा खेल उजड़ गया। उसके जाते ही लाला एक बहुत बड़ा मुक़दमा हार गया और भगवान् की लीला देखिए, उन्हीं दिनों उसकी पनचक्की में आग लग गई। कुछ लोगों का कहना तो यह है कि किसी घरेलू दुश्मन का काम था। जो भी हो, बड़े हाथी की तरह जो एकबारगी गिरे तो उठना दुश्वार हो गया। लोग रुपये दाब गए और उनका दिवाला निकल गया। दिवाला क्या जी, एक तरह से बिल्कुल मटियामेट हो गया। सब कुछ चौपट हो गया और छल्ला-छल्ला तक

बिक गया। एक दिन लाला जी की लाश तालाब में फूली हुई मिली। अब तो हमारे लाला रूपाराम को साँप सूँघ गया, उनके कान खड़े हो गए और लक्ष्मी पर पहरा बैठा दिया गया। उसे स्कूल से उठा लिया गया। और वह दिन सो आज का दिन, बेचारी नीचे नहीं उतरी। घर के भीतर न किसी को आने देता है, न जाने देता है। मास्टर रखकर पढ़ाने की बात पहले उठी थी; लेकिन जब सुना कि मास्टर लोग लड़कियों को बहकाकर भगा ले जाते हैं तो वह विचार एकदम छोड़ दिया गया। लक्ष्मी खूब रोई-पीटी; लेकिन इस राक्षस ने उसे भेजा ही नहीं। सुनते हैं, लड़की देखने-दिखाने लायक..."

बात काटकर मिस्तरी बोला, "अरे देखने-दिखाने लायक़ क्या, हमने खुद देखा है। जिधर से निकल जाती उधर बिजली-सी कौंध जाती। सौ में एक...।"

उसकी बात का विरोध न करके, अर्थात् स्वीकार करके चौकीदार बोला, "स्कूल में भी सुनते हैं बड़ी तारीफ़ थी; लेकिन सबकी साले ने रेड़ कर दी। उसे यह विश्वास हो गया कि लड़की सचमुच लक्ष्मी है और जब यह दूसरे की हो जाएगी तो इसका भी एकदम सत्यानाश हो जाएगा। इसी डर से न तो किसी को आने-जाने देता है और न उसकी शादी करता है। उसकी हर बात पर पुलिस के सिपाही की तरह नज़र रखता है। उसकी हर बात मानता है। बुरी तरह उसकी इज़्जत करता है; उसकी हर ज़िद पूरी करता है, लेकिन निकलने नहीं देता। लक्ष्मी सोलह की हुई, सत्रह की हुई, अठारह, उन्नीस...साल पर साल बीत गए। पहले तो वह सबसे लड़ती थी। बड़ी चिड़चिड़ी और ज़िद्दी हो गई थी कभी-कभी सबको गाली देती और मार भी बैठती थी, फिर तो मालूम नहीं क्या हुआ कि घण्टों रात-रात भर पड़ी ज़ोर-ज़ोर से रोती रहती, फिर धीरे-धीरे उसे दौरा पड़ने लगा..."

"अब क्या उम्र है ?" गोविन्द ने बीच में पूछा।

"उसकी ठीक उम्र तो किसी को भी पता नहीं; लेकिन अन्दाज़ से पच्चीस-छब्बीस से कम क्या होगी ?" घृणा से होंठ टेढ़े करके चौकीदार ने अपनी बात जारी रखी, "दौरा न पड़े तो बेचारी जवान लड़की क्या करे ? उधर पिछले पाँच-छः साल से तो यह हाल है कि दौरे में घण्टे-दो घण्टे वह बिलकुल पागल हो जाती है। उछलती-कूदती है, बुरी-बुरी गालियाँ देती है, बेमतलब रोती-हँसती है, चीज़ें उठा-उठाकर इधर-उधर फेंकती है। जो चीज़ सामने होती है, उसे तोड़-फोड़ देती है। जो हाथ में आता है, उससे मार-पीट शुरू कर देती है, और सारे कपड़े उतारकर फेंक देती है। बिलकुल नंगी हो जाती है और जांघें पीट-पीटकर बाप से कहती है, 'ले, तूने मुझे अपने लिए रखा है, मुझे खा, मुझे चबा, मुझे भोग... !' यह पिटता है, गालियाँ खाता है; और सब कुछ करता है, लेकिन पहरे में ज़रा ढील नहीं होने देता। चुपचाप सिर पर हाथ रखकर बैठा-बैठा सुनता रहता है। क्या ज़िन्दगी है बेचारी की ! बाप है सो उसे भोग नहीं सकता और छोड़ तो सकता ही नहीं। मेरी तो उम्र नहीं रही, वर्ना कभी मन होता है, ले जाऊँ भगाकर, जो होगा सो देखा जाएगा...।" और एक तीखी व्यथा से मुसकराता चौकीदार देर तक आग को देखता रहा, फिर धीरे-से होंठ चबाकर बोला, "इसकी बोटी-बोटी गर्म

लोहे से दाग़ी जाए और फिर टिकटी बाँधकर गोली से उड़ा दिया जाए।''

गोविन्द का भी दिल भारी हो आया था। उसने देखा, बुड्ढे चौकीदार की गीली आँखों में सामने की बरोसी की धुँधली आग की परछाईं झलमला रही है।

आधी रात को अपनी कोठरी में लेटे लक्ष्मी के बारे में सोचते हुए मोमबत्ती की रोशनी में उसकी सारी बातों का एक-एक चित्र गोविन्द की आँखों के आगे साकार हो आया और फिर उसने अन्धकार की प्राचीरों से घिरी, गर्म-गर्म आँसू बहाती मोमबत्ती की धुँधली रोशनी में रेखांकित पंक्तियाँ पढ़ीं :

'मैं तुम्हें प्राणों से अधिक प्यार करती हूँ।'

'मुझे यहाँ से भगा ले चलो...।'

'मैं फाँसी लगाकर मर जाऊँगी...।'

गोविन्द के मन में अपने-आप एक सवाल उठा : क्या मैं ही पहला आदमी हूँ जो इस पुकार को सुनकर ऐसा व्याकुल हो उठा हूँ या औरों ने भी इस आवाज़ को सुना है और अनसुना कर दिया है ? और क्या सचमुच जवान लड़की की आवाज़ को सुनकर अनसुना किया जा सकता है ?

●●●